AF637028

TRAINING DEUTSCH

Realschule

Materialgestütztes Argumentieren und Erschließen von Texten 9./10. Klasse

Simone Sabathil
Katja Barinsky
Dörte König

STARK

Bildnachweis

Umschlagbild: diignat/Adobe Stock
S. 3: Olesia Bilkei/Shutterstock.com
S. 8: Arrows – Fotolia.com
S. 12: denys_kuvaiev – Fotolia.com
S. 13: majivecka – Fotolia.com
S. 17: Mmaxer/Shutterstock.com
S. 18: CoraMax/Shutterstock.com
S. 25: Monkey Business Images/Shutterstock.com (links), Monkey Business Images/Shutterstock.com (Mitte), Tracy Whiteside. Shutterstock (rechts)
S. 26: picture alliance/dpa | Tobias Kleinschmidt
S. 29: © Herbert Stolz
S. 31: picture alliance/ZB | Jens Büttner
S. 32: © Thomas Plaßmann
S. 33: philidor – Fotolia.com (links), wavebreakmedia/Shutterstock.com (rechts)
S. 42: leungchopan/Shutterstock.com
S. 43: beboy/Shutterstock.com
S. 49: leremy – Fotolia.com (oben, Mitte oben, unten), Makkuro_GL – Fotolia.com (Mitte unten)
S. 50: Nicholas Piccillo/Shutterstock.com
S. 52: Jacek Chabraszewski/Shutterstock.com
S. 68: BortN66/Shutterstock.com
S. 69: highwaystarz – Fotolia.com
S. 71: Creative icon styles/Shutterstock.com
S. 75: picoStudio/Fotolia.com
S. 77: wavebreakmedia/Shutterstock.com
S. 79: SergiyN – Fotolia.com
S. 80: W. Heiber Fotostudio – Fotolia.com
S. 81: Utemov Alexey. Shutterstock (oben), Pavel Losevsky – Fotolia.com (unten)
S. 83: © hibrida13 – Fotolia.com
S. 86: Monkey Business/Fotolia.com (links), stockfour/Shutterstock.com (rechts)
S. 88: Quang Ho/Shutterstock.com
S. 90: Divers Vector/Shutterstock.com
S. 91: shootingankauf – Fotolia.com
S. 98: Pieter Bregman – Fotolia.com
S. 100: Oleksiy Mark/Shutterstock.com
S. 102: Dmitrii Shironosov/123rf.com (links), Pakhnyushchy/Shutterstock.com (rechts)
S. 111: Imago images/Westend61
S. 118: GordonGrand/AdobeStock.com
S. 121: sabri deniz kizil/Shutterstock.com
S. 133: Steffen Voigt/Wikipedia, CC BY-SA 4.0
S. 140: OSTILL is Franck Camhi/Shutterstock.com
S. 145: mangostock/Shutterstock.com
S. 155: picture-alliance/ZB | Karlheinz Schindler
S. 158: urfin/Shutterstock.com
S. 159: Ivonne Wierink/Shutterstock.com
S. 160: Booyabazooka/Meph666 modified by Niabot/Wikipedia, CC BY-SA 3.0
S. 164: © antoniomas. Shutterstock
S. 170: sharpner/Shutterstock.com

© 2023 Stark Verlag GmbH
www.stark-verlag.de

Das Werk und alle seine Bestandteile sind urheberrechtlich geschützt. Jede vollständige oder teilweise Vervielfältigung, Verbreitung und Veröffentlichung bedarf der ausdrücklichen Genehmigung des Verlages. Dies gilt insbesondere für Vervielfältigungen, Mikroverfilmungen sowie die Speicherung und Verarbeitung in elektronischen Systemen.

Inhalt

Erschließen eines pragmatischen oder literarischen Textes ... 105

Anhang: Zitate, Textsorten und Stilmittel ... 167

Lösungen ... 179

Autorinnen: Simone Sabathil, Katja Barinsky und Dörte König

Vorwort

Liebe Schülerin, lieber Schüler,

mit dem Trainingsband Deutsch „Materialgestütztes Argumentieren und Erschließen von Texten“ kannst du dir alle wichtigen Grundkenntnisse zu diesen Aufsatzarten der 9. und 10. Klasse aneignen, sie vertiefen und für die Abschlussprüfung wiederholen. Das Buch ist folgendermaßen aufgebaut:

- Die Kapiteleinteilung orientiert sich an den verschiedenen Arbeitsschritten, die beim Schreiben einer gelungenen materialgestützten Argumentation bzw. beim Erschließen eines pragmatischen oder literarischen Textes notwendig sind.
- Du findest zu jedem Aspekt zunächst eine kurze Erklärung, die an einem Beispiel veranschaulicht wird.
- Im Anschluss daran werden dir unterschiedliche und abwechslungsreiche Übungsaufgaben geboten. Die Lösungsvorschläge hierzu befinden sich am Ende des Buches. Bei vielen Aufgaben kann es mehr als nur eine richtige Lösung geben, weshalb die im Buch angegebene lediglich als Orientierungshilfe anzusehen ist.
- Im Anhang findest du außerdem eine Übersicht zu Zitiertechniken sowie zu wichtigen Textsorten und Stilmitteln, die dir grundsätzlich beim Schreiben von Aufsätzen helfen kann.

Wir wünschen dir viel Spaß und Erfolg beim Üben!

Simone Sabathil   Katja Barinsky   Dörte König

Materialgestütztes Argumentieren

Das materialgestützte Argumentieren ist eine Aufsatzart, bei der du ein Thema von verschiedenen Seiten beleuchten (erörtern) sollst. Dazu stehen dir mehrere **Informationsquellen** zur Verfügung, z. B. Statistiken, Texte oder Bilder.

Eine Aufgabenstellung kann zum Beispiel so aussehen:

Beispielthema: „Inklusion an Schulen"

Beispiel

- **Erörterungsfrage:** Schüler*innen mit Behinderung haben ein Recht auf freie Schulwahl. Welche Vor- und Nachteile hat es, wenn Kinder mit Behinderung eine Regelschule besuchen? Welche Maßnahmen sollten ergriffen werden, damit der gemeinsame Unterricht von behinderten und nicht behinderten Kindern erfolgreich verlaufen kann?
- **Verweis auf das Informationsmaterial:** Beziehen Sie die beigefügten Materialien sowie eigenes Wissen und eigene Erfahrungen sinnvoll in Ihre Argumentation ein. Wenn Sie Informationen aus den Materialien wörtlich oder sinngemäß übernehmen, müssen sie dies in Ihrem Aufsatz angeben.

Für Prüfungen und Klassenarbeiten werden häufig mehrere Materialien zusammengestellt, die insgesamt bis zu **drei DIN-A4-Seiten** umfassen können. Sie können aus unterschiedlichen Medien stammen, zum Beispiel aus Sachbüchern, Zeitungen und Zeitschriften, Radio- und Fernsehsendungen sowie aus dem Internet.

Es kann sich um folgende **Arten von Materialien** handeln:

- einzelne Zitate
- kürzere Texte, Textauszüge und Begriffserklärungen
- Interviews und Umfragen
- Statistiken in Form von Tabellen, Diagrammen und Karten
- Bilder wie z. B. Karikaturen, Cartoons, Fotos, Zeichnungen und Plakate
- Internetbeiträge aus Blogs, Foren und sozialen Netzwerken

Es müssen nicht alle Informationen aus den Materialien in deiner Erörterung verwendet werden. Hier ist Vorsicht geboten: Für jede Aussage muss geprüft werden, ob sie zum Thema passt. Von Bedeutung ist zudem, dass du unterscheiden kannst, was wichtig und was unwichtig ist. Außerdem ist etwas

Übung nötig, damit du nicht der Versuchung erliegst, die Materialien abzuschreiben. Denn es werden natürlich eigenständige Formulierungen verlangt.

Die Informationsmaterialien beantworten die Frage, die erörtert werden soll, in der Regel auch nicht vollständig. Neben Argumenten und Beispielen, die du aus den Materialien ableiten kannst, wird von dir verlangt, **eigene Argumente und Ideen** zu formulieren. Das heißt, du musst **Sachwissen** und **Allgemeinbildung** einbringen, die du dir durch Zeitunglesen und Verfolgen der Nachrichten aneignen kannst. Auch die Informationen, die du aus dem Internet und aus dem Unterricht verschiedener Schulfächer gewinnst, kannst du sicherlich gut in deine Erörterung einfließen lassen.

Beziehe dich in deiner Argumentation also nicht nur auf die **Materialien**, sondern auch auf dein **eigenes Wissen:**

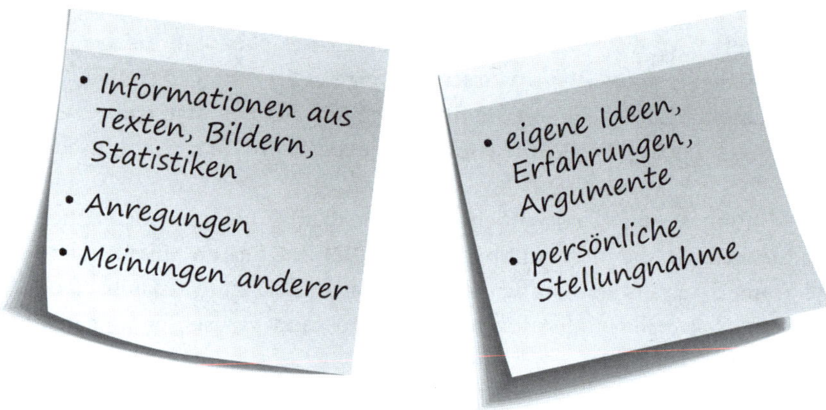

In den folgenden Kapiteln werden die einzelnen Arbeitsschritte vom Erschließen der Themafrage bis zur fertigen Erörterung Schritt für Schritt erläutert. Mit vielfältigen Übungen kannst du jeden Teilschritt gezielt trainieren.

1 Analyse des Themas

1.1 Zentrale Begriffe des Themas

Um das Thema genau zu erfassen, musst du seine **Kernbegriffe** (auch „**Themabegriffe**" genannt) und **Einschränkungen** erkennen. Markiere sie und lies sie auch immer wieder während deiner Ausarbeitung durch. So kannst du sicher sein, dass du das Thema umfassend und richtig bearbeitest.

Beispiel

„Welche Bedeutung hat Freizeit für Schüler*innen in Anbetracht der immer länger werdenden Schultage?"

- **Themabegriff:** Bedeutung der Freizeit
- **Einschränkungen:** für Schüler*innen; in Anbetracht der immer länger werdenden Schultage

Du erkennst den/die Themabegriff(e), wenn du die Frage beantwortest: Worum geht es? Für die Einschränkung des Themas gibt es in der Regel Signalwörter (hier: Schüler*innen, länger werdende Schultage).

1 Unterstreiche bei folgenden Themen die Themabegriffe farbig und rahme die Einschränkungen des Themas ein.

a Das regelmäßige Besuchen von Fitnessstudios erfreut sich immer größerer Beliebtheit bei jungen Leuten. Welche Vorteile ergeben sich daraus für die Jugendlichen und mit welchen negativen Seiten werden sie konfrontiert?

b Weltweit ernähren sich immer mehr Menschen von Fast Food. Erörtere die Gründe für diese Entwicklung.

c Temperaturen über 30 °C und Unterricht sind nur schwer vereinbar. Sollte es in Deutschland deshalb verpflichtend ab einer bestimmten Temperatur „hitzefrei" geben? Welche Probleme könnte eine solche Regelung mit sich bringen?

1.2 Verschiedene Erörterungsarten

Man kann grundsätzlich zwischen **eingliedrigen** und **mehrgliedrigen** Themenstellungen unterscheiden. Das folgende Schaubild gibt dir Erklärungen und Beispiele hierzu:

Thema

eingliedrig	mehrgliedrig
Eine Themafrage wird behandelt.	**Mehrere** Themafragen werden behandelt.
Welchen Nutzen hat heutzutage eine gute Schulbildung? Welche Bedeutung hat die Freizeit heutzutage?	Eine gute Schulbildung ist heutzutage unabdingbar, wenn man eine sichere und gut bezahlte Arbeit bekommen möchte. Welche Vorteile verschafft einem dabei der Besuch eines Gymnasiums und welche Vorteile bringt die Realschule mit sich? Welche Bedeutung hat die Freizeit heutzutage? Leiden deiner Meinung nach zu viele unter Freizeitstress? Was könnten diejenigen dagegen tun?

Beispiel

In der Regel werden dir in Klassenarbeiten und Prüfungen mehrgliedrige Themen gestellt. Bei ihnen unterscheidet man, ob sie (wie eingliedrige Themen) **linear** oder **dialektisch** zu erörtern sind.

Im Fall einer **linearen Erörterung**, die auch steigernde Erörterung genannt wird, sollst du die Themafrage als **unstrittig** betrachten. Das heißt, es ist vorgegeben, in welche Richtung du argumentieren sollst. Meist gilt es, Ursachen, Folgen, Risiken **oder** Chancen von etwas oder Maßnahmen **für oder gegen** etwas zu erläutern.

Bei einer **dialektischen Erörterung**, auch kontroverse oder Pro-Kontra-Erörterung genannt, sollst du ein Thema hingegen als **strittig** betrachten. Es wird also von dir verlangt, **Pro- und Kontra-Argumente** einander gegenüberzustellen und abzuwägen. Die Themen einer dialektischen Erörterung sind dementsprechend immer mehrgliedrig.

Beispiel

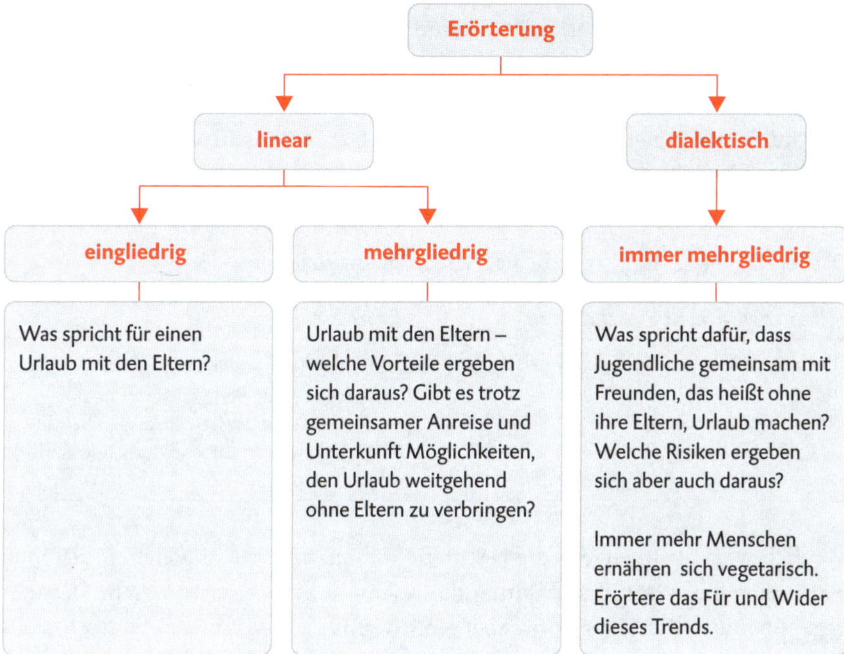

Das folgende Beispiel zeigt dir, wie du ein Thema vollständig analysieren kannst:

Beispiel

„Warum trinken bereits so viele Jugendliche regelmäßig Alkohol? Wie kann man gegen Alkoholkonsum bei Jugendlichen vorgehen?“

- **Themabegriff:** Alkoholkonsum → Es geht um das Trinken von Alkohol.
- **Einschränkung** des Themas:
  Signalwort: Jugendliche → Hier soll nur über Jugendliche, die Alkohol trinken, geschrieben werden (also nicht über Erwachsene).
- Der **Erörterungsauftrag** enthält zwei **Fragen:** „*Warum* trinken so viele Jugendliche regelmäßig Alkohol?“ und „*Wie* kann man dagegen vorgehen?“
  → Es sollen Ursachen und mögliche Gegenmaßnahmen erörtert werden.

Darüber hinaus gibt es Themen, die eine **Entscheidung von dir verlangen**. In der Regel musst du zuerst die Vor- und Nachteile erörtern und dich am Ende des Hauptteils oder im Schlussteil für eine Seite entscheiden. Achte darauf, dass du deine Meinung nachvollziehbar und ausführlich **begründest**.

Themen mit Entscheidungsfrage erkennst du an **typischen Fragestellungen:**

Beispiel

- Erörtere die Vor- und Nachteile eines Urlaubs mit den Eltern. **Würdest du** gerne mit deinen Eltern in den Urlaub fahren?
- Schüler*innen nehmen oft einen Nebenjob an. Ist das **sinnvoll**?
- **Sollte man** nach dem Realschulabschluss gleich eine Berufsausbildung beginnen oder zuerst eine weiterführende Schule besuchen?

Das letzte Thema könntest du also wie folgt analysieren:

Themabegriffe	Einschränkung	Erörterungsart
Berufsausbildung, weiterführende Schule	nach dem Realschulabschluss, gleich (Berufsausbildung), zuerst (weiterführende Schule)	mehrgliedrig – dialektisch: 1. Vorteile einer Berufsausbildung 2. Vorteile einer weiterführenden Schule 3. abschließende Entscheidung (am Ende des Hauptteils oder im Schluss)

Möglich wäre auch, jeweils die Nachteile miteinander zu vergleichen, also den Nachteilen einer Berufsausbildung die Nachteile eines weiteren Schulbesuchs gegenüberzustellen. Das wirkt aber sehr negativ. Du könntest ebenso jeweils Vor- und Nachteile von Lehre und Schule miteinander vergleichen, doch dann gäbe es viele Überschneidungen. Überlege immer, welche Vorgehensweise sinnvoll ist. In diesem Fall ist es die Abwägung der jeweiligen Vorteile.

2 Jetzt bist du an der Reihe: Bestimme die Erörterungsart.

a Erörtere, was dafür spricht, einen Sport innerhalb eines Vereins auszuüben.

____

b Was meinst du: Sollten alle Jugendlichen einmal die Erfahrung machen, vier Wochen ohne Smartphone auskommen zu müssen?

____

c Viele entscheiden sich für das begleitete Fahren mit 17. Welche Vorteile bringt es mit sich, bereits ein Jahr früher mit Begleitperson Auto fahren zu dürfen? Worin liegen die Gefahren?

____

3 **a** Kreuze an, ob die folgenden Erörterungsthemen jeweils ein- oder mehrgliedrig, linear oder dialektisch sowie mit oder ohne Entscheidungsfrage aufgebaut sind.

	eingliedrig	mehrgliedrig – linear	mehrgliedrig – dialektisch	mit Entscheidungsfrage
1. Warum sollten sich mehr Menschen vegetarisch ernähren?	☐	☐	☐	☐
2. Viele Menschen arbeiten im Homeoffice. Welche Vorteile aber auch Nachteile hat dies?	☐	☐	☐	☐
3. „Fahrradfahren nur mit Helm!“ Warum sträuben sich viele junge Leute dagegen und wie stehst du zu dieser Forderung?	☐	☐	☐	☐
4. Das Internet hat die Kommunikation des modernen Menschen revolutioniert. Erörtere die positiven Auswirkungen dieser Erfindung.	☐	☐	☐	☐
5. Selfies an gefährlichen Orten erfreuen sich immer größerer Beliebtheit. Worin siehst du die Ursachen? Gibt es Möglichkeiten, diesen Trend einzudämmen?	☐	☐	☐	☐

b Folgende Themenstellungen sind ähnlich, aber nicht gleich. Der Unterschied kann entscheidend sein. Analysiere das Thema jeweils genau und trage deine Ergebnisse in die Tabelle auf der nächsten Seite ein.

1. Tanzkurse sind wieder modern. Was spricht für den Besuch eines Tanzkurses?
2. Der Besuch eines Tanzkurses ist mit Vor- und Nachteilen verbunden. Was spricht für, was gegen den Besuch eines Tanzkurses?
3. Sollten Jugendliche einen Tanzkurs besuchen?
4. Warum stehen einige Jugendliche dem Besuch eines Tanzkurses skeptisch gegenüber? Wie könnte man sie zum Tanzenlernen motivieren?
5. Ein Tanzkurs in der Schule ist mit Vor- und Nachteilen verbunden. Wie stehst du zu dieser Aussage?
6. Welche Gründe haben manche junge Männer, sich vor einem Tanzkurs zu drücken?

Nr.	Themabegriff(e)	Einschränkung(en)	Erörterungsart
1.			
2.			
3.			
4.			
5.			
6.			

4 Analysiere das folgende Thema:
„Schüler*innen mit Behinderung haben ein Recht auf freie Schulwahl. Welche Vor- und Nachteile hat es, wenn Kinder mit Behinderung eine Regelschule besuchen? Welche Maßnahmen sollten ergriffen werden, damit der gemeinsame Unterricht von behinderten und nicht behinderten Kindern erfolgreich verläuft?“

Themabegriff(e)	Einschränkung(en)	Erörterungsart

2 Analyse der Informationsmaterialien

Damit du die Informationsmaterialien gewinnbringend für deine Erörterung nutzen kannst, musst du ihre Aussagen **korrekt** und **vollständig verstehen**. Wie du bei der Auswertung der Materialien vorgehen kannst, wird dir anhand verschiedener Materialien zum Beispielthema „Inklusion an Schulen" gezeigt.

2.1 Texte

Gebrauchstexte, die du in Fachbüchern, Zeitungen und Zeitschriften, Broschüren usw. findest, beschäftigen sich mit den verschiedensten Themen aus Gesellschaft, Politik, Sport, Gesundheit, Kunst und vielem mehr. Für deine Erörterung benötigst du **Fach- und Sachwissen**, hier helfen dir die Informationsmaterialien. Zudem ist es hilfreich, sich mit anderen Meinungen auseinanderzusetzen, um sich ein persönliches Urteil zu bilden.
In diesem Kapitel wird die Arbeit mit Texten für die Erörterung von Grund auf geübt, wobei sowohl kürzere als auch umfangreichere Texte abgedruckt sind.

Gehe bei der Analyse von Textquellen folgendermaßen vor:

- **Lies** die vorgegebenen Texte sorgfältig.
- Überprüfe die Aussagen daraufhin, ob sie **zu deinem Erörterungsthema passen**.
- Beachte dabei mögliche **Einschränkungen:** Manche Texte beschäftigen sich z. B. nur mit einem von vielen Beispielen, die für das Thema möglich und wichtig sind.
- Unterstreiche **wichtige Begriffe**, die zum Thema passen, insbesondere Fachbegriffe, die du später vielleicht verwenden kannst.
- Mache dir **Randnotizen**, zu welchem Gesichtspunkt des Erörterungsthemas der Textabschnitt passt, z. B. zu Vorteilen, Gefahren oder Maßnahmen.

In den Materialien zu unserem **Beispielthema „Inklusion an Schulen"**, die auf den nächsten Seiten folgen, stößt du immer wieder auf bestimmte Fachbegriffe und Fremdwörter. Diese solltest du nicht nur korrekt verstehen, sondern du kannst sie später auch in deinen Erörterungsaufsatz einbringen. Als Grundlage für die Materialerschließung sollst du die Bedeutung dieser Schlüsselbegriffe zunächst einmal klären.

5 Ordne die sieben Begriffe, die im Kasten rechts genannten werden, den passenden Erklärungen unten zu. Trage die Begriffe hierzu in die entsprechenden Lücken über den Erklärungen ein.

Tipp: Viele Bedeutungen lassen sich aus den Wortbestandteilen erschließen. Versuche daher zunächst ohne Hilfsmittel wie Wörterbücher oder Internet zu arbeiten.

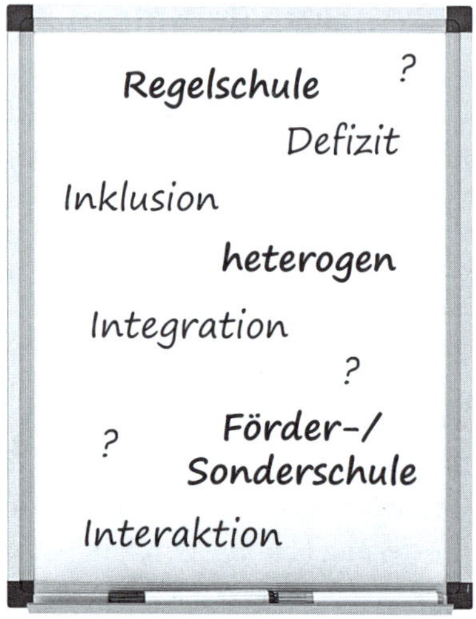

Erklärungen:

_______________:
gleichberechtigte Teilhabe behinderter Menschen am täglichen Leben (Schule, Ausbildung, Arbeit, Freizeit usw.)

_______________:
Austausch, Kontakt, Handlungen zwischen zwei oder mehreren Personen

_______________:
uneinheitlich bzw. nicht aus gleichartigen Teilen zusammengesetzt

_______________:
Einbeziehung vieler verschiedener Personen oder Gruppen in eine Gemeinschaft

_______________:
eine allgemeinbildende staatliche Schule wie Grundschule, Realschule, Gymnasium, die nicht ausschließlich auf Schüler*innen mit besonderem Förderbedarf eingestellt ist

_______________:
Schule, die speziell auf die Bedürfnisse von Kindern und Jugendlichen mit einer Behinderung oder eingeschränkten Lernmöglichkeiten zugeschnitten ist

_______________:
Mangel, Beeinträchtigung

Mit diesem Wissen kannst du nun auf den nächsten zwei Seiten das erste Informationsmaterial zum Thema „Inklusion an Schulen“ lesen.

Material 1: Reportage

Text

Inklusion nach der Grundschule

Mit Trisomie 21 aufs Gymnasium

Können Kinder mit einer geistigen Behinderung auf einer Regelschule bleiben, wenn sie älter werden? Inklusion nach Klasse vier ist selten, aber sie ist möglich.

Sieben Mädchen stehen vor der Tafel, Meryem steht mittendrin. Stolz streckt sie den Arm in die Höhe, zeigt der Klasse eine Limette. Erst hatte sie die Hand gehoben, in der sie eine Orange hielt. Eine Mitschülerin flüsterte ihr daraufhin etwas ins Ohr, Meryem korrigierte sich. Währenddessen liest ein anderes der sieben Mädchen hastig einen Text vor. Das kurze Referat ist das Ergebnis einer Erdkundestunde, die den Anbau von Südfrüchten behandelte.

Meryem hat Trisomie 21[1], sie ist geistig behindert. Dennoch geht sie aufs Gymnasium, in die fünfte Klasse der Marienschule, einer katholischen Mädchenschule in Offenbach. Die Zwölfjährige hat zwei weitere geistig behinderte Mitschülerinnen: Aysenur und Kali. Die Klasse 5a ist damit eine sogenannte Inklusionsklasse: Sie besteht aus drei behinderten und 17 nichtbehinderten Schülerinnen.

Fremdwörter und Arbeitsblätter

Das Team, das die Klasse unterrichtet, hat klar abgegrenzte Aufgaben. Der Fachlehrer unterrichtet so, wie es dem Niveau[2] am Gymnasium entspricht. Er verwendet in seinen Erklärungen Fremdwörter, die Arbeitsblätter sind vielschichtig und der Unterricht schreitet schnell voran. Dafür, dass die drei Inklusionskinder auch etwas lernen, sorgt die Förderschullehrerin Ute Heichen. Unterstützt wird sie von Inklusionshelferin Sarah. In jeder Unterrichtsstunde sind zwei Erwachsene anwesend, oft sogar drei.

Als Förderschullehrerin müsse sie einschätzen, ob die behinderten Kinder dem Stoff noch folgen können, erklärt Ute Heichen. Sie versuche deshalb, den Stoff des Gymnasialunterrichts zu vereinfachen. Wo das nicht mehr möglich sei, arbeite sie mit ihren Schützlingen an einem eigenen Lernprogramm. „In Mathe zum Beispiel rechnet die Klasse mit wahnsinnig hohen Zahlen, da können die Mädchen nicht mehr mitmachen.“ Mathematisch geschult werden sie trotzdem, nur lernen sie in einem eigenen Tempo. Für Ute Heichen steht fest, dass die Inklusionskinder auf dem Gymnasium nicht zu kurz kommen: „Im Vergleich zu Kindern, die auf die Förderschule gehen, sind die drei Mädchen definitiv weiter im Lesen, Rechnen und Schreiben.“

Damit das Miteinander von behinderten und nichtbehinderten Kindern gut funktioniert, gelten für die Klasse 5 a besondere Bedingungen. Statt wie an der Schule üblich 25 Mädchen zählt sie nur 20. Gegenüber dem Klassenzimmer können die Inklusionskinder einen eigenen Raum nutzen, etwa wenn die anderen Kinder eine Arbeit schreiben. „Insgesamt haben wir für zwei Schuljahre Mehrkosten von etwa 100 000 Euro", sagt Schulleiterin Marie Luise Trocholepczy.

Meryem, Aysenur und Kali sind seit fast einem Jahr auf der Marienschule. „Inzwischen werden die Mädchen ganz normal behandelt. Wenn sie etwas anstellen, werden sie auch ausgeschimpft", erzählt Klassenlehrerin Tanja Korn. Auf der Klassenfahrt nach Koblenz wurden die drei auf die Zimmer der anderen Mädchen verteilt. Sie hätten ihnen abends vorgelesen und sie zugedeckt. Auch die 17 nichtbehinderten Schülerinnen profitierten, sagt Korn, sie hätten „von Anfang an Rücksichtnahme gelernt". Die einzige Sorge aller Beteiligten ist der Blick in die Zukunft: „Wann kommt der Punkt, an dem wir merken: Die Unterschiede werden zu groß?"

Mit geschlossenen Augen

Diese Frage stellt sich bei anderen Behinderungen nicht. Luise Dieter sitzt im Mathematikunterricht der neunten Klasse. Auf der Tischplatte vor ihr steht ein Laptop. Mit der rechten Hand tippt Luise auf der Tastatur, gleichzeitig fährt sie mit den Fingerspitzen der linken Hand über die Braillezeile[3].

Luise ist von Geburt an blind. Auf der Braillezeile kann sie in Blindenschrift lesen, was sie auf der Tastatur geschrieben hat. Luises Klassenkameraden benutzen für die gleiche Aufgabe den Taschenrechner und tragen die Ergebnisse mit dem Kugelschreiber auf dem Arbeitsblatt ein.

In ihrer Klasse ist Luise die einzige Blinde. Auch sie ist ein Inklusionskind auf einem Regel-Gymnasium. Die meisten blinden Kinder gehen auf spezielle Schulen und Internate, etwa in Marburg. Aber das wollte Luise nicht. „Ich finde es schön, in der Heimat zu bleiben. Bei meiner Familie", sagt sie. Außerdem weiß sie zu schätzen, dass sie an der Regelschule früh gelernt hat, mit einem normalen Computer zu arbeiten und nicht eine spezielle Schreibmaschine für Blinde verwendet. „Dadurch kann ich viele Sachen selbständiger machen."

ANGELIKA FEY

Quelle: Angelika Fey: Mit Trisomie 21 aufs Gymnasium, FAZ.NET vom 16.07.2015, www.faz.net/aktuell/rhein-main/inklusion-in-offenbach-mit-trisomie-21-aufs-gymnasium-13698259.html (Text aus didaktischen Gründen gekürzt und leicht verändert) *© Alle Rechte vorbehalten. Frankfurter Allgemeine Zeitung GmbH, Frankfurt. Zur Verfügung gestellt vom Frankfurter Allgemeine Archiv*

Worterklärungen:

1 Trisomie 21: auch „Down-Syndrom" genannt: körperliche und zumeist auch geistige Behinderung aufgrund einer Veränderung im Erbgut

2 Niveau: Anspruch, Stufe

3 Braillezeile: Computer-Ausgabegerät, das Inhalte in Blindenschrift wiedergibt

6 Lies Material 1 aufmerksam. Entscheide dann, ob die folgenden Aussagen richtig, falsch oder im Text gar nicht enthalten sind.

	richtig	falsch	nicht enthalten
1. In einer Inklusionsklasse werden meist weniger Schüler*innen unterrichtet als in einer Regelklasse.	☐	☐	☐
2. Besucht ein*e Schüler*in mit Behinderung eine Regelschule, so unterrichten in der Klasse immer zwei Lehrer*innen.	☐	☐	☐
3. Lehrer*innen, die behinderte und nicht behinderte Schüler*innen unterrichten, bekommen ein höheres Gehalt.	☐	☐	☐
4. Geistig behinderte Schüler*innen, die ein Gymnasium besuchen, machen auch ihr Abitur.	☐	☐	☐
5. An Klassenfahrten können behinderte Schüler*innen nicht teilnehmen.	☐	☐	☐
6. Körperbehinderte Schüler*innen, z. B. Blinde, besuchen oftmals spezielle Schulen und Internate.	☐	☐	☐
7. Körperlich behinderten Schülerinnen und Schülern werden passende Hilfsmittel zur Verfügung gestellt, damit sie am Unterricht in Regelschulen teilnehmen können.	☐	☐	☐
8. Auch die nicht behinderten Kinder profitieren davon, dass sie mit behinderten Kindern zusammen zur Schule gehen.	☐	☐	☐
9. Maximal 15 % der Schüler*innen an Regelschulen dürfen eine Behinderung haben.	☐	☐	☐

7 Die vier richtigen Aussagen von Aufgabe 6 stehen in etwas anderen Worten im Text (Material 1). Zitiere die Textstellen wörtlich, die die jeweiligen Aussagen enthalten. So übst du das Unterscheiden zwischen wörtlicher Wiedergabe und freiem Formulieren.

Hinweis: Im Anhang auf S. 167 f. kannst du die Regeln für das korrekte Zitieren nachlesen.

Aussage Nummer	Wörtliche Wiedergabe der Textstelle

Material 2: Interview

INKLUSION

Interview mit Sonderpädagoge Dieter Rensing

Für die Politik sind Sonderschulen ein Auslaufmodell. Praktiker wie Dieter Rensing sehen die Entwicklung mit gemischten Gefühlen.

Herr Rensing, immer mehr Kinder bekommen Diagnosen wie ADHS[1], Erziehungsschwierigkeiten nehmen zu. Dennoch läuft nun mit der Pestalozzischule[2] die erste Förderschule aus. Ein Widerspruch?

Nein. Wir reden hier über eine veränderte pädagogische und politische Sichtweise. Seit den 60er-Jahren ist ein sehr spezialisiertes Förderschulsystem entstanden, zum Beispiel spezielle Schulen für Seh- oder Lernbehinderte. Heute ist die Denkweise eine andere: Wir sprechen von Inklusion und integrativen Lerngruppen an Regelschulen, in denen Kinder mit und ohne Beeinträchtigung gemeinsam unterrichtet werden.

Das heißt, Sonderschulen sind nicht mehr zeitgemäß?

Jede Form der Förderung kann erfolgreich sein. Meine Kollegen und ich haben uns bewusst entschieden, uns beruflich für Schüler mit Beeinträchtigungen einzusetzen und ihnen Teilhabe zu ermöglichen. Dazu gibt es unterschiedliche Wege. [...] Bislang bestätigen die meisten Untersuchungen noch nicht mögliche Vorteile der einen oder anderen Form sonderpädagogischer Förderung. Nur eines wissen wir: Für die Regelkinder[3] gibt es keine Nachteile in integrativen Lerngruppen.

Ich finde es schade, dass teils der Eindruck entsteht, an Sonderschulen herrschten ganz schlimme Zustände. Damit wird man den Kollegen nicht gerecht. Die Förderschulen haben gute Arbeit geleistet und tun dies nach wie vor.

Was kann eine Förderschule besser als eine Regelschule?

INTERVIEW

DIETER RENSING
Sonderpädagoge

Wir können hier eine erheblich bessere Schüler-Lehrer-Beziehung herstellen. Ein Großteil unserer Arbeit läuft über persönliche Bindung. Die Situation an einer Förderschule ist überschaubarer. Und: Die Kinder müssen sich nicht ständig mit stärkeren Kindern messen. In der Förderschule haben sie Erfolgserlebnisse, die in Regelklassen so nicht möglich sind.

Wird es mittelfristig gar keine Förderschulen mehr geben?

Wir werden nach wie vor Unterstützungszentren brauchen. Es muss weiter die Möglichkeit geben, Kinder für eine gewisse Zeit zu separieren[4] und sie zur Ruhe kommen zu lassen.
Finnland etwa beschäftigt sich schon viele Jahre mit dem Thema Inklusion. Dort werden 20 % aller Kinder in ihrer Schullaufbahn sonderpädagogisch betreut – mal nur kurz, mal länger. Diese Betreuung findet selten an separaten Schulen, sondern im gleichen Raum oder zumindest gleichen Gebäude statt. Das muss sich hier erst entwickeln, auch räumlich.
Inklusion ist also keine Sparmaßnahme. Im Augenblick sind nur wenige Schulen barrierefrei[5] ausgestattet. Personalmäßig sind integrative Lerngruppen ausgestattet wie die Förderschulen – ich hoffe, dass sich daran nichts ändert.

Was raten Sie Eltern – Förder- oder allgemeinbildende Schule?

Das hängt jeweils von den Rahmenbedingungen ab. Eine pauschale Antwort möchte ich da nicht geben.

Was unterscheidet Sie von den Lehrern etwa an Haupt- oder Sekundarschulen?

Sonderpädagogen haben einen anderen Blick auf Schüler als Regellehrer. Wir denken in Förderkategorien statt in Leistungskategorien. […]

Sie koordinieren den Einsatz von Sonderpädagogen in integrativen Lerngruppen an Regelschulen. Wo hapert es?

Es gibt schlicht zu wenig ausgebildete Lehrer. Es reicht nicht aus, mal für ein paar Tage ein Seminar besucht zu haben, um eine integrative Lerngruppe unterrichten zu können, wie es heute gehandhabt wird. Sowohl Sonderpädagogen als auch Regelschullehrer fühlen sich häufig alleingelassen. Ich denke, dass irgendwann alle Lehrer eine sonderpädagogische Grundqualifizierung erwerben müssen. […]

Wie lauten Ihre Wünsche an Politik und Gesellschaft?

Ich wünsche mir, dass nicht der Eindruck entsteht, dass an den Förderschulen schlechte Arbeit geleistet wurde. […] Wichtig ist, egal was passiert, dass der Standard erhalten bleibt, den wir uns in vielen Jahren erarbeitet haben, in denen wir nun mit Kindern mit Beeinträchtigung arbeiten. Und wichtig ist, dass bei allen politischen Diskussionen die Kinder immer im Mittelpunkt stehen.

Quelle: Kerstin Neuser, Remscheider General-Anzeiger

Worterklärungen:

1 ADHS: Aufmerksamkeits-Defizit-Hyperaktivitäts-Störung: Verhaltensstörung, die sich v. a. in mangelnder Konzentrationsfähigkeit und aufbrausendem Verhalten zeigt
2 Pestalozzischule: von Dieter Rensing geleitete Förderschule im nordrheinwestfälischen Lennep, die ab 2014 keine neuen Schüler*innen mehr aufnimmt, d. h., den Schulbetrieb schrittweise einstellt
3 Regelkinder: gemeint sind Kinder ohne Beeinträchtigung, die Regelschulen besuchen
4 separieren: trennen
5 barrierefrei: Gestaltung der Umwelt so, dass sie für Menschen mit Behinderung frei von Hindernissen („Barrieren“) ist, z. B. im Verkehr oder bei der Kommunikation

8 Das Interview (Material 2) enthält Informationen, die für deine Erörterung nützlich sind. Zunächst ist es wichtig, die Aussagen genau zu verstehen. Bearbeite deshalb nachfolgende Aufgaben. Verwende, falls nötig, ein weiteres Blatt.

a Fasse die Informationen aus dem Text in Stichpunkten zusammen.

b An wen wendet sich der Text in erster Linie?

c Was sind die Absichten des Gesprächspartners Dieter Rensing?
Hinweis: Daraus leitet sich der Zweck des Textes ab.

d Wie steht Dieter Rensing zum Thema Inklusion von behinderten Kindern an Regelschulen?

e Was hältst du von dem Text? Erfüllt er seinen Zweck?

Entscheide, welche Aussagen eines Textes zu welchem **Bereich der Themafrage passen**. Es ist zudem wichtig, nicht nur Aussagen aus dem Text zu übernehmen, sondern auch richtige und durchdachte **Schlussfolgerungen** daraus zu ziehen.

9 Welche Nachteile und Probleme für behinderte Kinder an Regelschulen kann man dem Interview (Material 2) entnehmen?

Tipp: Wenn im Text Vorteile des Förderschulbesuchs genannt werden, kannst du aus ihnen im Rückschluss Nachteile des Regelschulbesuchs ableiten.

10 Nimm auf der Grundlage deiner Überlegungen zu Material 2 in zwei bis drei Sätzen Stellung zu der Frage: „Können manche Schüler*innen in Förderschulen besser gefördert werden als in Regelschulen?“

Material 3: Zitat

„Wer als Kind einmal in eine Sonderschule überwiesen ist, der verliert fast jegliche Kontaktmöglichkeiten mit Kindern allgemeiner Schulen. [...] Aber auch die nichtbehinderten jungen Menschen verlieren dadurch die Möglichkeit zur Interaktion mit Behinderten. [...] Faktisch ist für ein Kind die Überweisung in eine Sonderschule gleichsam eine Ein-für-allemal-Entscheidung."

Jakob Muth (1986)[1]

Quelle: Jakob Muth: Integration von Behinderten. Über die Gemeinsamkeit im Bildungswesen. Essen: Neue deutsche Schule Verlagsgesellschaft mbH 1986.

Erklärung:

1 Jakob Muth (1927–1993) war ein bedeutender Schulpädagoge, der sich früh für die Integration behinderter Kinder in das allgemeine Schulwesen einsetzte.

11 Überprüfe dein Textverständnis, indem du folgende Frage beantwortest: Welches Anliegen vertritt Jakob Muth mit seiner Äußerung über Sonderschulen (Material 3)? Kreuze an.

	zutreffend	nicht zutreffend	nicht enthalten
1. Er will darauf hinweisen, dass es für Kinder, die einmal eine Sonderschule besucht haben, kaum möglich ist, an eine Regelschule zurückzugehen.	☐	☐	☐
2. Er hält den Besuch einer Sonderschule generell für falsch.	☐	☐	☐
3. Er ist der Meinung, dass die nicht behinderten Schüler*innen Vorteile haben, wenn die behinderten Kinder in Sonderschulen unterrichtet werden.	☐	☐	☐
4. Er hält es für nötig, dass behinderte und nicht behinderte Kinder miteinander Kontakt haben.	☐	☐	☐
5. Er plädiert für die Abschaffung aller Sonderschulen.	☐	☐	☐

12 Welche Vorteile des Regelschulbesuchs durch behinderte Kinder kann man dem Zitat entnehmen?

____

____

____

____

Material 4: Kommentar

Text

Mittelbayerische Zeitung — Schwerpunkt Gesellschaft

Kein Kind zurücklassen

Ulla Schmidt, Vorsitzende der Bundesvereinigung Lebenshilfe e.V.

Je früher die Inklusion Behinderter beginnt, desto erfolgreicher werden die Bemühungen sein.

Der Deutsche Bundestag hat die UN-Behindertenrechtskonvention[1] am 26. März 2009 ratifiziert[2]. Seither ist bei uns die Inklusion ein Menschenrecht. Inklusion heißt: Alle Menschen gehören dazu – und zwar von Anfang an. Ob behindert, krank, alt, arm oder Flüchtling. Niemand darf ausgeschlossen werden! Das ist eine riesige Aufgabe, die alle angeht: die Politik und die Gesellschaft. [...]

Wie kann Deutschland das Ziel der Inklusion erreichen? Zum einen ist Barrierefreiheit ganz wichtig. Inklusion kann nur gelingen, wenn die Umwelt für alle Menschen mit Behinderung zugänglich ist. Für den Rollstuhlfahrer bedeutet das Aufzüge statt Treppen. Wobei auch viele andere davon profitieren – ältere Menschen und Eltern mit Kinderwagen zum Beispiel. Für Menschen mit Lernschwierigkeiten oder sogenannter geistiger Behinderung ist komplizierte Sprache eine unüberwindbare Hürde. Sie brauchen einfache Erklärungen. [...] Und wer von uns versteht schon das Amtsdeutsch auf Formularen und das Fachchinesisch einer Gebrauchsanweisung? Die Lebenshilfe macht sich deshalb stark für leicht verständliche Sprache und geht hier selbst mit gutem Beispiel voran: Viele unserer Informationen übersetzen wir nach den Regeln der leichten Sprache.

Zum anderen müssen wir vor allem bei den Schulen ansetzen. Wenn Kinder mit und ohne Behinderung Klassenkameraden sind, dann prägt sie das für ihr ganzes Leben. Dann wird die Inklusion auch später im Erwachsenenalter, bei der Arbeit und in der Freizeit, zur Selbstverständlichkeit. Das gilt übrigens auch für die vielen Flüchtlingskinder. Hier ist ein inklusives Schulsystem, das mit heterogenen Lerngruppen umgehen, das Kinder individuell fördern kann, ohne Alternative. Wir brauchen deshalb Schulen, die alle Kinder mitnehmen und kein Kind zurücklassen.

Quelle: Mittelbayerische Zeitung, 08.01.2016, S. 4.

Worterklärungen:

1 UN-Konvention: Gesetzestext des internationalen Völkerverbundes „Vereinte Nationen“ (engl. „UN“ oder „UNO“ = United Nations Organization)

2 ratifizieren: als rechtmäßig anerkennen, unterzeichnen

13 Ordne die folgenden Aussagen zur Ansicht der Autorin (Material 4) als richtig, falsch oder nicht im Text enthalten ein.

	richtig	falsch	nicht enthalten
1. Komplizierte Sprache im öffentlichen Leben stellt kein Hindernis für Menschen mit Behinderung dar.	☐	☐	☐
2. Es muss grundlegend Barrierefreiheit geschaffen werden.	☐	☐	☐
3. Inklusive Freizeitangebote sorgen für die gesellschaftliche Teilhabe behinderter Menschen.	☐	☐	☐
4. Das Recht auf Inklusion sollte zum Menschenrecht erhoben werden.	☐	☐	☐
5. Inklusiver Schulunterricht fördert Toleranz und Akzeptanz.	☐	☐	☐
6. Die Integration von Flüchtlingskindern ist genauso wichtig wie die Inklusion von behinderten Menschen.	☐	☐	☐
7. Es ist eine wichtige Aufgabe der Gesellschaft, dafür zu sorgen, dass niemand ausgeschlossen wird.	☐	☐	☐

Einige der in Material 4 genannten Aspekte passen nicht zu unserem Beispielthema: „Schüler*innen mit Behinderung haben ein Recht auf freie Schulwahl. Welche Vor- und Nachteile hat es, wenn Kinder mit Behinderung eine Regelschule besuchen? Welche Maßnahmen sollten ergriffen werden, damit der gemeinsame Unterricht von behinderten und nicht behinderten Kindern erfolgreich verläuft?“

14 Die Tabelle auf der nächsten Seite enthält andere Erörterungsthemen. Ordne die richtigen Aussagen aus Aufgabe 13 einer jeweils passenden Themafrage zu. Trage hierzu jeweils die Nummern der Aussagen in die rechte Spalte ein.

Hinweis: Manche Aussagen der Kommentatorin können bei mehreren Themafragen eingebracht werden.

Themafragen	Passende Aussagen aus Aufgabe 13
Was spricht für die Inklusion behinderter Menschen in unsere Gesellschaft?	
Welche Vorteile hat Inklusion an Schulen?	
Welche Maßnahmen muss eine Schule ergreifen, um Inklusion zu gewährleisten?	
Durch welche Maßnahmen können behinderte Menschen uneingeschränkt am öffentlichen Leben teilnehmen?	

Schüler*innen mit Behinderung werden in Deutschland sogenannten Förderschwerpunkten zugeordnet. Im Folgenden erhältst du hierzu wichtige Informationen, die du in deiner Erörterung berücksichtigen solltest.

Material 5: Informierender Sachtext

Text

Förderschwerpunkte

Rund 6 % aller Schülerinnen und Schüler haben in Deutschland einen diagnostizierten sonderpädagogischen Förderbedarf. Das sind etwa eine halbe Million Kinder und Jugendliche. In Deutschland unterscheidet man dabei zwischen verschiedenen Förderschwerpunkten. Nicht alle Betroffenen passen in genau einen Schwerpunkt, oft treffen mehrere Bereiche zu.

Quelle: Bertelsmann Stiftung (2015): Inklusion in Deutschland. Daten und Fakten. Prof. Dr. phil. Klaus Klemm im Auftrag der Bertelsmann Stiftung.

15 **a** Lies dir die erklärenden Texte zu den einzelnen Förderschwerpunkten auf dieser und der nächsten Seite durch und ordne sie dem passenden Förderschwerpunkt zu. Trage dazu die Nummern in die freien Kreise ein.

Bezeichnung der Förderschwerpunkte

1. Emotionale und soziale Entwicklung
2. Geistige Entwicklung
3. Hören
4. Lernen
5. Körperliche und motorische Entwicklung
6. Sprache
7. Sehen

Erklärung der Förderschwerpunkte

○ Schüler*innen in diesem Förderschwerpunkt haben in der Regel körperliche Behinderungen im Bereich der Stütz- und Bewegungsorgane, Bewegungsstörungen oder schwere körperliche Erkrankungen.

○ Kinder und Jugendliche in diesem Förderschwerpunkt haben oft Schwierigkeiten im Bereich Verhalten, fühlen sich von ihrer Umwelt überfordert und reagieren darauf z. B. aggressiv oder mit Rückzug.

○ Hier sind alle Schüler*innen mit Lernstörungen und Lernbehinderungen zusammengefasst, also zum Beispiel Schüler*innen mit Lese-Rechtschreib-Schwäche, Rechenschwäche oder mit Entwicklungsstörungen bei den schulischen Fertigkeiten.

○ Diese Kinder haben Probleme im Spracherwerb, mit der Stimme oder im Redefluss und brauchen besondere Förderung in diesem Bereich, da durch die Schwierigkeiten im sprachlichen Bereich auch die Entwicklung und Leistungsfähigkeit in anderen Bereichen gestört wird.

Der Intelligenzquotient liegt in Abgrenzung zur Lernbehinderung unter 70, was die Diagnose „geistige Behinderung" zur Folge hat.

Diesem Förderschwerpunkt werden Schüler*innen zugeordnet, die taub sind oder eine schwere Hörschädigung haben.

Blinde oder sehbehinderte Kinder und Jugendliche werden diesem Schwerpunkt zugeordnet. Eine Sehbehinderung kann dabei unterschiedlich schwer sein und wird nach der Leistung des besseren Auges diagnostiziert.

Quelle: Bertelsmann Stiftung (2015): Inklusion in Deutschland. Daten und Fakten. Prof. Dr. phil. Klaus Klemm im Auftrag der Bertelsmann Stiftung.

b Überlege dir zu jedem Förderschwerpunkt ein bis zwei Probleme, die die betroffenen Schüler*innen in der Regelschule haben könnten, sowie ein bis zwei Maßnahmen, wie man diesen Problemen entgegentreten könnte.

Hinweis: Verwende ein eigenes Blatt, um dort die Lösung aufzuschreiben.

In dem Kommentar auf S. 20 wurde bereits auf die Behindertenrechtskonvention der Vereinten Nationen (UN) verwiesen. Artikel 24 dieses Gesetzestextes beschreibt die grundlegenden Rechte behinderter Menschen, unter anderem in Bezug auf Schule und Bildung. Daraus gehen auch die Pflichten der Bevölkerung und bestimmter Einrichtungen gegenüber behinderten Menschen hervor.

Material 6: Auszug aus einem Gesetzestext

Text

UN-Behindertenrechtskonvention – Artikel 24:

1 Die Vertragsstaaten anerkennen das Recht von Menschen mit Behinderungen auf Bildung. Um dieses Recht ohne Diskriminierung und auf der Grundlage der Chancengleichheit zu verwirklichen, gewährleisten die Vertragsstaaten ein integratives Bildungssystem [...].

2 Bei der Verwirklichung dieses Rechts stellen die Vertragsstaaten sicher, dass [...] Menschen mit Behinderungen gleichberechtigt mit anderen in der Gemeinschaft, in der sie leben, Zugang zu einem integrativen, hochwertigen und unentgeltlichen Unterricht an Grundschulen und weiterführenden Schulen haben.

16 Im Folgenden findest du verschiedene Meinungsäußerungen. Prüfe, ob diese Ansichten mit der geltenden Rechtslage (Material 6) vereinbar sind oder nicht.

	vereinbar	nicht vereinbar
1. Mutter einer Grundschülerin: „Ich würde es niemals zulassen, dass meine Tochter zusammen mit geistig behinderten Kindern unterrichtet wird.“	☐	☐
2. Sozialpädagoge: „Es spricht vieles dafür, dass Max wegen seiner Behinderung in einer speziellen Fördereinrichtung unterrichtet wird.“	☐	☐
3. Vater des behinderten Max: „Ich bestehe darauf, dass mein Sohn ganz normal mit den anderen Kindern aus dem Dorf in die Grundschule geht.“	☐	☐
4. Lehrer: „Leider kann ich in Klassen mit behinderten Kindern nicht unterrichten, weil ich mich dadurch überfordert fühle.“	☐	☐
5. Sprecher einer Studentenvereinigung: „Alle Universitäten müssen so mit Aufzügen, Rampen und anderen Hilfsmitteln ausgestattet werden, dass alle behinderten Studierenden ihr Studium durchführen können.“	☐	☐
6. Schulleiterin: „Da uns für den behindertengerechten Umbau unserer Schule so hohe Kosten entstanden sind, sehe ich mich gezwungen, von den Eltern der behinderten Schüler*innen Schulgeld zu verlangen.“	☐	☐
7. Schulleiter eines bayerischen Gymnasiums, für das ein Notendurchschnitt von 2,33 im Übertrittszeugnis Eingangsvoraussetzung ist: „Leider kann ich Ihr lernbehindertes Kind an meiner Schule nicht aufnehmen.“	☐	☐

Material 7: Reportage

Text

Süddeutsche.de

Am Limit

Daniela Gorgs

Für Lehrer ist es eine große Herausforderung, behinderte und nichtbehinderte Schüler gemeinsam in einer Klasse zu unterrichten. Die Schulen brauchen zusätzliches Personal, um Kinder mit Defiziten fördern zu können.

Inklusion in Schulen ist ein heikles Thema. Es geht um viel Geld und Engagement. Und die Kunst, die vorhandenen Mittel so einzusetzen, dass alle Schüler optimal gefördert werden und das soziale Miteinander im Klassenzimmer gelingt. Wenn man der Dachauer Grundschullehrerin Jutta Gerstl zuhört, bekommt man eine Ahnung, wie herausfordernd es ist, behinderte und nichtbehinderte Schüler gemeinsam zu unterrichten. Jutta Gerstl unterrichtet eine dritte Klasse an der Klosterschule in der Altstadt. Sieben von ihren 19 Kindern haben sonderpädagogischen Förderbedarf. Diese Kinder leiden unter dem Aufmerksamkeitsdefizitsyndrom (ADS), haben eine Lese-Rechtschreib-Schwäche oder Probleme, still zu sitzen und nicht bei jedem Anlass aufzubrausen.

In Jutta Gerstls Klasse kommt pro Woche für zwei Stunden eine Förderlehrerin und für drei Stunden eine Sonderschullehrerin. Die zusätzlichen Lehrerinnen arbeiten einzeln mit den jeweiligen Schülern und versuchen, Wissenslücken zu schließen. Dann hat Jutta Gerstl noch zwei Schulbegleiter im Klassenzimmer sitzen, die freilich nicht immer eine Hilfe sind. Die Begleiter sind pädagogisch nicht geschult. Es sind Freiwillige, die den inkludierten Schülern im Unterricht zur Seite stehen. Oft sind sie mit schwierigen Kindern überfordert und dann wird die gut gemeinte Hilfskraft schnell zur zusätzlichen Belastung für die Lehrerin. Natürlich sind solche Schulbegleiter ratlos, wenn Kinder sich total verweigern, unter den Tisch kriechen oder frustriert auf den Schulhof laufen und mit einem Regenschirm die Büsche zerkleinern.

Gerstl erlebt immer mehr Schüler als sozial-emotional vernachlässigt und gibt ihr Bestes, auch ihnen gerecht zu werden. Immer mit Notendruck im Nacken und konfrontiert mit überehrgeizigen Eltern, die behinderte Kinder als Bremse im Unterricht ansehen, der zum erfolgreichen Übertritt aufs Gymnasium führen soll. Inklusiver Unterricht ist ein Kompromiss zwischen dem Bedarf der Kinder nach Zuwendung und begrenzten Ressourcen[1].

[...] Martin Güll, ehemaliger Schulleiter der Hauptschule Indersdorf, SPD-Landtagsabgeordneter und Vorsitzender des Bildungsausschusses, weiß, dass vor allem die Grundschulen mit Alltagsproblemen am Limit sind. Er zeigt volles Verständnis für den Frust der Lehrer und sagt: „Die derzeitigen Ressourcen sind zu knapp und vor allem nicht passend genug.“ Die Unterstützung müsste seiner Ansicht nach besser zugeschnitten werden. Derzeit würden die Lehrkräfte mit unwahrscheinlichem Engagement und Einsatz versuchen, Inklusion vernünftig umzusetzen. „Das wird jedoch nicht lange gut gehen“, befürchtet Güll und kämpft auf höchster Ebene um mehr finanzielle Mittel.

Quelle: Daniela Gorgs: Am Limit, SZ.de vom 26. 05. 2015 (Text aus didaktischen Gründen gekürzt), http://www.sueddeutsche.de/muenchen/dachau/dachau-am-limit-1.2494762

Worterklärung:
1 Ressourcen: vorhandene Mittel (z. B. Geld) zur Umsetzung einer Sache

17 Lies dir die Reportage (Material 7) aufmerksam durch und fülle dann die Lücken in der folgenden Textzusammenfassung aus.

Die Reportage macht deutlich, dass es für Lehrer*innen einer Regelschule eine Herausforderung ist, ____________________ und ____________________ ____________________ Schüler*innen gemeinsam zu unterrichten. ____________________ und ____________________ kümmern sich um die behinderten Kinder in der Regelschule und helfen ihnen, dort zurechtzukommen. In manchen Situationen kann es allerdings sein, dass die ungeschulten freiwilligen Helfer*innen keine ____________________, sondern eine zusätzliche Belastung für die unterrichtenden Lehrkräfte sind. Manche Eltern, die unbedingt wollen, dass ihr Kind aufs Gymnasium übertritt, befürchten zudem, dass durch die behinderten Kinder in der Klasse der Lernfortschritt ____________________ wird. Viele Lehrer*innen an Regelschulen sind insgesamt aber sehr ____________________, um schulische Inklusion vernünftig umzusetzen. Zurzeit fehlt es jedoch häufig noch an ausreichenden ____________________.

18 Im Folgenden findest du Aussagen, die in deiner Erörterung vorkommen könnten. Überlege genau, welche inhaltlich korrekt sind, und streiche all die Aussagen durch, die man so nicht aus Material 7 ableiten kann. Sortiere die richtigen Aussagen anschließend mithilfe zweier verschiedener Farben nach folgenden Themen:

- Problemen/Nachteilen des Regelschulbesuchs behinderter Kinder
- Maßnahmen für den erfolgreichen inklusiven Unterricht an Regelschulen

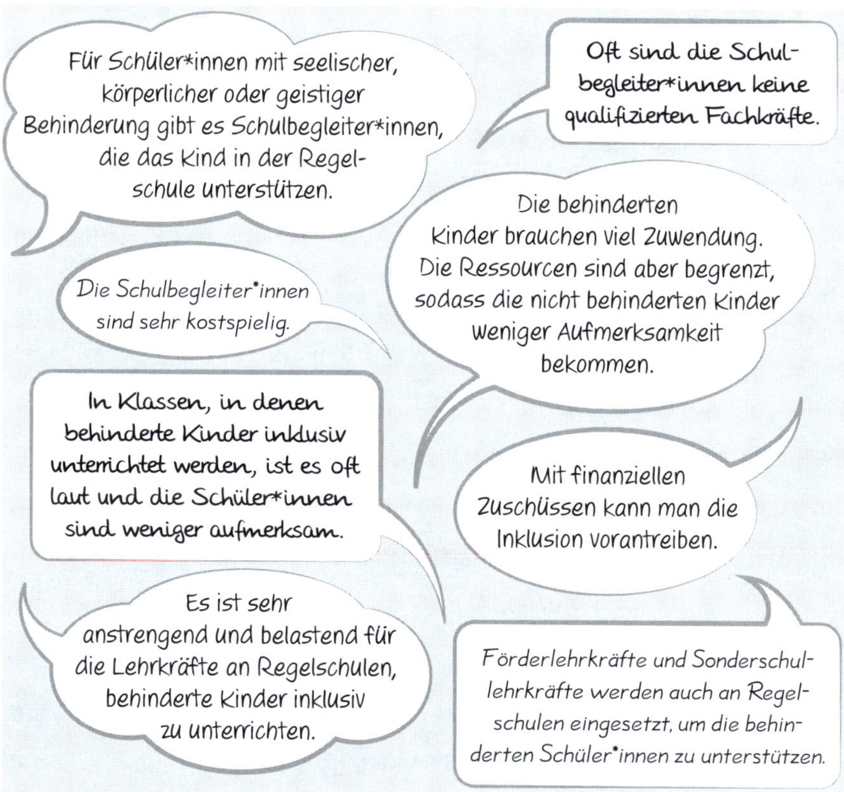

2.2 Bilder

„Ein Bild sagt mehr als tausend Worte.“ Dass dieses Sprichwort stimmt, hast du bei der Betrachtung eines Werbeplakates oder eines schönen Fotos sicher schon oft festgestellt. Bilder können bestimmte Gedanken und Gefühle als Assoziationen auslösen. Dies kannst du für deine Erörterung nutzen, wenn den Materialien ein Bild zum Thema beiliegt.

Beim Erschließen von Bildquellen solltest du Folgendes beachten:

- Nimm dir Zeit, um das Bild **gründlich zu betrachten**.
- **Notiere** deine **Assoziationen** zum Bild, also alles, was dir spontan dazu einfällt. Du kannst dir auch **Bildüberschriften** überlegen.
- Arbeite mit den **W-Fragen**, um das Bild genauer zu erschließen:
  → **Was/Wer** ist abgebildet?
  → **Welche Situation** wird gezeigt?
  → **Wo** findet das gezeigte Geschehen statt?
  → **Warum** hat der bzw. die Fotograf*in oder Grafiker*in das Bild so gestaltet?
  → **Welche Gefühle weckt das Bild** beim Betrachten?
- Überlege, welche deiner Notizen **zur Themafrage passen**. Streiche alle Notizen durch, die vom Thema abweichen.

Material 8 a: Fotografie

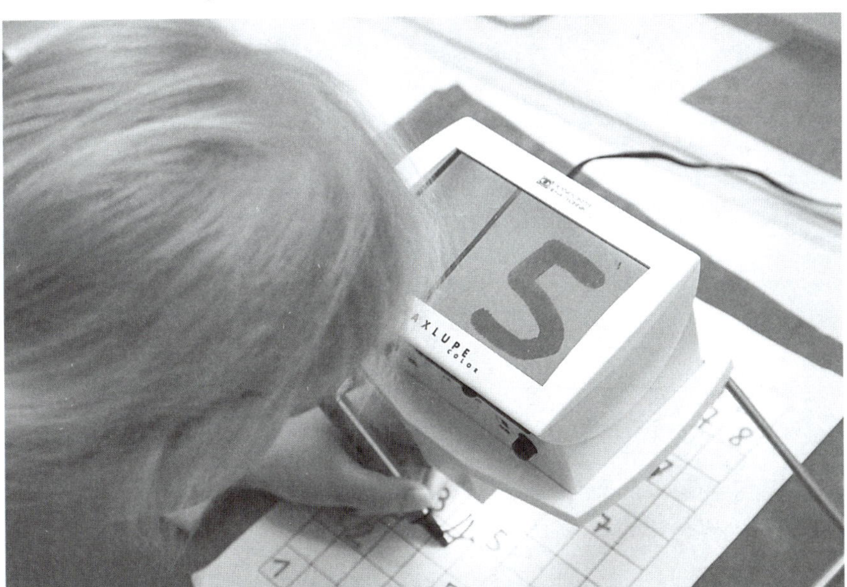

19 Die folgenden Aufgaben helfen dir, deine Gedanken zum Bild (Material 8 a) für den Aufsatz zu nutzen. Verwende, falls nötig, ein weiteres Blatt.

a Schreibe deine Assoziationen zum Bild auf.

b Beantworte die W-Fragen (siehe S. 29) zum Bild.

c Finde eine passende Bildüberschrift:

d Überlege, ob das Bild Antworten für die einzelnen Bestandteile deines Themas liefert.

Probleme des behinderten Mädchens:

Maßnahmen für erfolgreiche Inklusion:

Vorteile schulischer Inklusion:

Material 8 b: Fotografie

Bild

20 Dieses Bild (Material 8 b) aus einer Inklusionsklasse spricht deutlich die Emotionen des Betrachters oder der Betrachterin an. Mach dir spontan Notizen über deine Gedanken, Gefühle und Vermutungen zum Foto.

Die Erörterung ist eine **sachliche Aufsatzart**, die aber trotzdem emotionale Aspekte beinhaltet. Diese **persönlichen Teile** müssen als sachliche Argumente ausformuliert werden.

21 Nutze deine Gedanken aus Aufgabe 20, um Antworten zu der folgenden Frage zu formulieren: „Welche Vorteile hat es, wenn Kinder mit Behinderung eine Regelschule besuchen?" Denke daran, dass diese Frage Vorteile für das behinderte Kind, aber auch Vorteile für die nicht behinderten Klassenkameradinnen und -kameraden einschließt.

Material 9: Karikatur

Bild

© Thomas Plaßmann

22 Beantworte die folgenden Fragen zur Karikatur. Sie helfen dir, deine Gedanken zum Bild für den Aufsatz zu nutzen.

a Fasse mit eigenen Worten zusammen, was auf der Karikatur dargestellt ist.

____

____

____

____

b Die Bildunterschrift vermittelt den Eindruck, dass hier Fortschritte bei der Inklusion dargestellt werden. Welchen Fortschritt kannst du aus dem Bild ableiten?

____

____

c Nenne drei positive Verhaltensweisen nicht behinderter Kinder, die durch inklusiven Unterricht gefördert werden.

d Zu welchen weiteren Aussagen zum Erörterungsthema könnte dich die Karikatur anregen? Ein Beispiel ist dir schon vorgegeben. Finde weitere aussagekräftige Behauptungen.

▸ *Behinderte Kinder, die an Regelschulen unterrichtet werden, fühlen sich nicht aus der Gemeinschaft Gleichaltriger ausgeschlossen.*

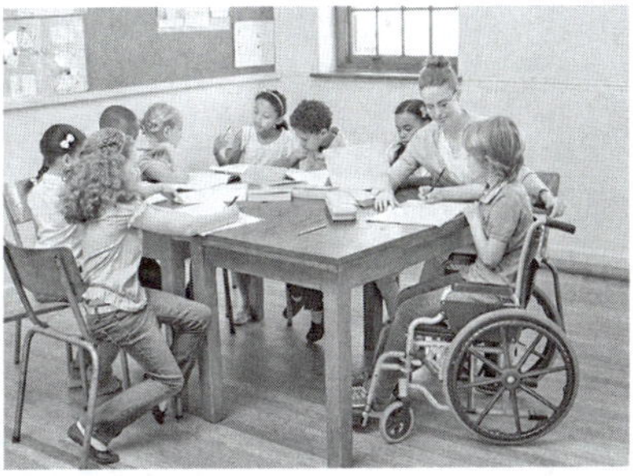

2.3 Diagramme

Um Diagramme richtig interpretieren zu können, ist es nötig, die Grundgedanken der Statistik zu kennen, denn die meisten Diagramme beziehen sich auf Statistiken.

Was ist eine Statistik?
Für eine Statistik werden bestimmte **Daten** erhoben, die anschließend entweder als **absolute Zahlen** oder in **Prozentanteilen** dargestellt werden können.
Am besten funktioniert das, wenn man die möglichen Antworten klar in Gruppen einteilen kann. Es ist z. B. leicht, statistisch zu erfassen, wie viele Kinder in einer Schule bereits volljährig sind, da auf jede Person genau eine Antwort zutrifft. Man müsste also jeder an der Schule gemeldeten Person einen Fragebogen geben, auf dem diese entweder „nicht volljährig" oder „volljährig" ankreuzt.
Bei einer Befragung zu komplexeren Themen werden oft feste Antworten zum Ankreuzen vorgegeben, man nennt das **Standardisieren**.

Beispiel

Stell dir vor, an deiner Schule werden Schüler*innen mit verschiedenen Behinderungen inklusiv unterrichtet. Aus Material 5 (siehe S. 22) weißt du bereits, dass Schüler*innen mit Behinderung sogenannten Förderschwerpunkten zugeordnet werden. Daraus geht hervor, in welchem Bereich sie eingeschränkt sind und Unterstützung brauchen.

Folgende Daten wurden erhoben:

Schüler*innen insgesamt an der Beispielschule:	960
Davon Schüler*innen mit Förderbedarf:	24
Davon folgende Förderschwerpunkte: ▶ Körperliche und motorische Entwicklung ▶ Sehen ▶ Hören ▶ Emotionale und soziale Entwicklung	 12 3 3 6

Die Ergebnisse sind hier als **absolute Zahlen** dargestellt, das heißt, es ist angegeben, um wie viele Schüler*innen es sich insgesamt handelt und wie viele davon eine der angegebenen Behinderungen haben. In statistischen Diagrammen werden die Angaben jedoch häufig als **Prozentzahlen** ausgedrückt. Die dafür benötigte Prozentrechnung ist dir aus dem Mathematikunterricht bekannt.

Prozentsatz berechnen

- Das Wort „Prozent“ (Symbol: %) kommt aus dem Lateinischen „per centum“ und bedeutet „von Hundert“. Es wird der **Anteil an der Gesamtgröße 100** angegeben.
- Drei Begriffe sind für Prozentberechnungen nötig:
  → **p** ist der sogenannte **Prozentsatz**, also die Prozentangabe
  → **G** ist der **Grundwert**, d. h. die Gesamtheit als Bezugsgröße (entspricht 100 %)
  → **P** ist der **Prozentwert** (in absoluten Zahlen) und entspricht einem Anteil des Ganzen
- Mit dieser **Formel** kannst du den Prozentsatz errechnen: $\mathbf{p\,\% = \frac{P}{G} \cdot 100\,\%}$

Beispiel

Von 960 Schülerinnen und Schülern (Grundwert) haben 24 (Prozentwert) einen speziellen Förderbedarf. Welchem Prozentsatz entspricht das?

$$p\,\% = \frac{24 \text{ Schüler*innen}}{960 \text{ Schüler*innen}} \cdot 100\,\%$$

Ergebnis: **2,5 %** der Schüler*innen haben einen Förderbedarf.

23 Wie verteilen sich die Förderschwerpunkte unter den behinderten Schülerinnen und Schülern an der Beispielschule? Schreibe die jeweiligen Anteile als Prozentzahlen auf.

Kategorien	Absolute Zahl	Prozentzahl
Grundwert: Behinderte Schüler*innen insgesamt	24	100 %
Anteil der Schüler*innen mit dem Förderschwerpunkt …		
Körperliche und motorische Entwicklung	12	
Sehen	3	
Hören	3	
Emotionale und soziale Entwicklung	6	

Statistische Daten können in einem Diagramm übersichtlich und ansprechend dargestellt werden. Die geläufigsten Diagrammarten sind:

- Säulendiagramm (siehe S. 36 und S. 41)
- Balkendiagramm (siehe S. 38)
- Kreisdiagramm (siehe S. 39)

Das folgende **Säulendiagramm** zeigt die Verteilung der behinderten Schüler*innen der Beispielschule auf die verschiedenen Förderschwerpunkte:

Beispiel

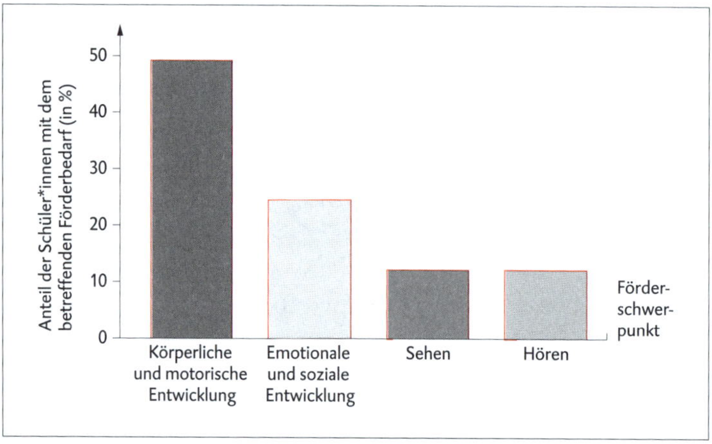

*Basis: 24 behinderte Schüler*innen der Beispielschule*

24 Stelle die Daten aus Aufgabe 23 in einem **Balkendiagramm** und in einem **Kreisdiagramm** dar (eine Skizze genügt). Verwende dabei einmal die absoluten Zahlen und einmal die Prozentzahlen.

Aussagewert von Statistiken

Bei einem Diagramm sollte immer angegeben sein, **welche Gruppe** von Menschen unter **welcher Fragestellung** untersucht wurde. Fehlen diese Basisinformationen, könnte man falsche Rückschlüsse ziehen. Die Statistik hat zudem keinen Aussagewert, wenn die **Grundgesamtheit** unbekannt ist.

> Wenn man eine Statistik erstellt, untersucht man häufig nur eine **Stichprobe**. Die Daten werden dann auf eine größere Gruppe übertragen. Man sagt auch: Die Daten werden auf eine **Grundgesamtheit** verallgemeinert.

Beispiel

Möchte man herausfinden, welche **Einstellung Eltern in Bayern zur Inklusion an Schulen** haben, wird man sich zunächst eine passende Frage überlegen, die man den Menschen stellt, zum Beispiel: „Begrüßen Sie die Inklusion behinderter Kinder an Regelschulen?“
Man wird ausschließlich Bewohner*innen Bayerns mit schulpflichtigen Kindern befragen, da man nur hierzu eine Aussage treffen will. Da es nicht

möglich ist, alle bayerischen Eltern schulpflichtiger Kinder (Grundgesamtheit) zu befragen, muss eine Stichprobe genommen werden. Das heißt, man wählt per Zufall oder anhand bestimmter Kriterien wie Alter, Geschlecht, Beruf eine Personengruppe aus, die man befragt. Das Ergebnis wird dann verallgemeinert. Je größer die Gruppe der Befragten ist, desto aussagekräftiger ist die Statistik. Verfälscht wäre das Ergebnis zum Beispiel, wenn man nur die Bewohner*innen einer bestimmten bayerischen Stadt befragen würde und die Statistik dann aber für ganz Bayern verallgemeinerte.

25 „10 % der Kinder haben einen sonderpädagogischen Förderbedarf.“
Was ist problematisch an dieser statistischen Auskunft?

____

____

____

____

Eine Besonderheit stellen Befragungen dar, bei denen **Doppelnennungen** möglich sind. In so einem Fall können die Ergebnisse nicht in einem Kreisdiagramm dargestellt werden, da das Kreisdiagramm immer von einer Höchstmenge von 100 % ausgeht (komplett gefüllter Kreis).

Beispiel Statistische Erhebung zur Frage: „An welchen Krankheiten litten Sie in den letzten zehn Jahren?“ Auch wenn man hier eine Liste mit 15 Krankheiten vorgibt, werden die meisten Menschen mehrere Krankheiten ankreuzen.

Bei der Auswertung von statistischen Materialien wie Diagrammen gehst du am besten schrittweise vor:

- **Lies** alle Angaben und Begleittexte genau durch.
- Unterstreiche wichtige **Begriffe**.
- Überlege, **was genau** untersucht wurde, **welche Personen** befragt wurden und auf welche **Grundgesamtheit** man die Ergebnisse beziehen kann.
- Markiere **auffällige Daten**, z. B. besonders hohe oder niedrige Daten.
- Überlege, welche **Schlussfolgerungen** sich daraus ziehen lassen. Ziehe aber **keine voreiligen Schlüsse**, z. B. über Ursache-Wirkung-Zusammenhänge, die so nicht ausdrücklich aus den Materialien hervorgehen.

Beispiel

Ein Beispiel für einen **voreilig gezogenen Schluss** aus einer Statistik ist die berühmte Störche-Geschichte:
In einem Landstrich wurde in einem Jahr festgestellt, dass die Geburtenrate und gleichzeitig die Anzahl der Störche gestiegen ist. Wer vermutet, dass hier ein Ursache-Wirkung-Zusammenhang besteht, also meint, dass mehr Störche mehr Babys gebracht hätten, erliegt einem Irrtum.

Nach diesen grundlegenden Informationen sollst du im Folgenden üben, Diagramme zu lesen und ihnen die richtigen Informationen zu entnehmen.

Material 10 a: Balkendiagramm

Diagramm

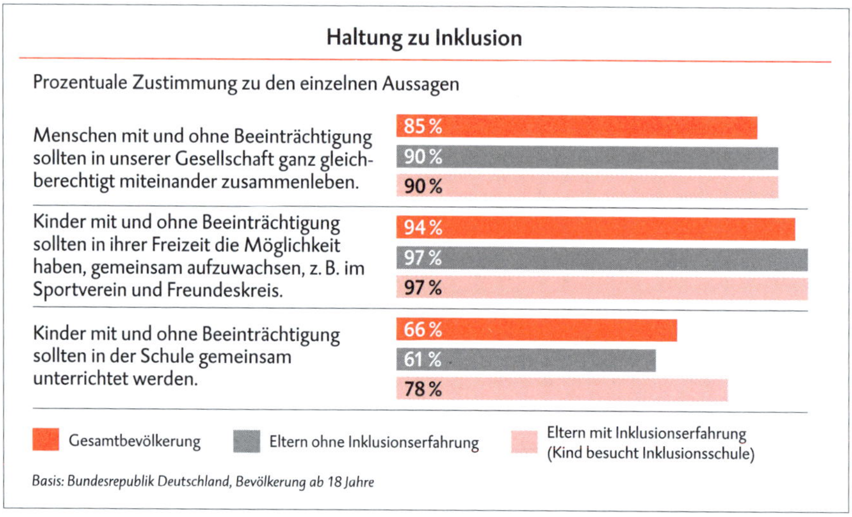

Quelle: infas Institut für angewandte Sozialwissenschaft, Forschungsbericht Schulische Inklusion (März 2019), verändert

26 Zur Auswertung von Material 10 a: Kreuze an, ob die folgenden Aussagen (siehe auch nächste Seite) richtig, falsch oder der Statistik nicht zu entnehmen sind.

	richtig	falsch	nicht enthalten
1. 15 % Prozent der Gesamtbevölkerung lehnen Inklusion ab.	☐	☐	☐
2. Inklusion in der Freizeit befürworten mehr Befragte als Inklusion an Schulen.	☐	☐	☐
3. Alle drei Aussagen beziehen sich ausschließlich auf Kinder.	☐	☐	☐

4. Jüngere befürworten Inklusion stärker als Ältere.	☐	☐	☐
5. Gut drei Viertel der Eltern mit Inklusionserfahrung befürworten den gemeinsamen Schulunterricht von Kindern mit und ohne Beeinträchtigung.	☐	☐	☐
6. Eltern sind im Vergleich zur Gesamtbevölkerung häufiger der Meinung, dass Kinder mit und ohne Beeinträchtigung gemeinsam unterrichtet werden sollten.	☐	☐	☐

27 Setze dich mit Material 10 a auseinander, indem du zur folgenden Frage zwei bis drei Sätze schreibst: Was könnten die Gründe dafür sein, dass Eltern inklusiven Unterricht häufiger befürworten, wenn ihr Kind eine Inklusionsschule besucht?

28 Was ist davon zu halten, dass deutlich weniger Befragte der Inklusion an Schulen positiv gegenüberstehen als der Inklusion in der Freizeit (Material 10 a)?

Material 10 b: Kreisdiagramm

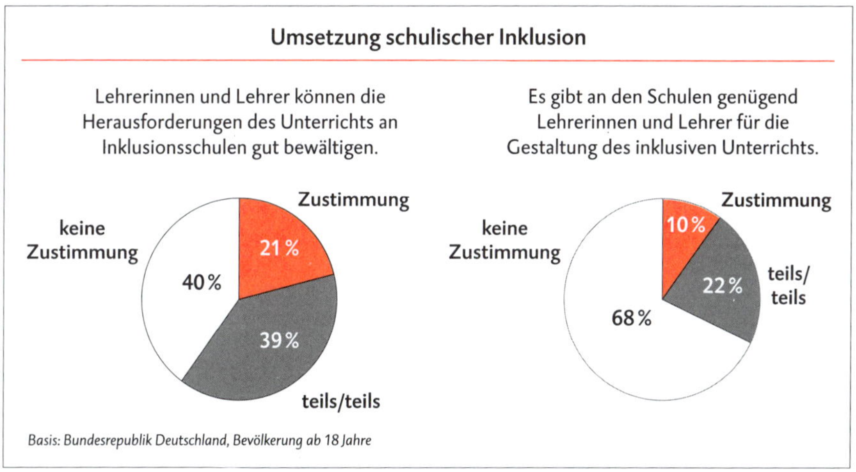

Quelle: infas Institut für angewandte Sozialwissenschaft, Forschungsbericht Schulische Inklusion (März 2019), verändert

29 Beantworte die folgenden Fragen zu Material 10 b, um sicherzustellen, dass du die Diagramme richtig verstanden hast. Antworte in **vollständigen Sätzen**.

a Die beiden Aussagen zielen auf zwei unterschiedliche Voraussetzungen für gelungene Inklusion ab. Welche sind das?

b Was bedeutet die Antwort „teils/teils"?

c Bei welcher der beiden Aussagen trauen sich die Befragten eher ein klares Urteil zu?

30 Benutze Material 10 b als Anregung, um weiterführende Fragen zu beantworten und um Überlegungen anzustellen, die du in deinem Aufsatz später verwenden kannst.

a Welche Vorbereitungen müssen Schulen treffen, um für inklusiven Unterricht bereit zu sein? Unterscheide dabei zwischen geistig und körperlich behinderten Schülerinnen und Schülern.

b Nenne Probleme, die auftreten könnten, wenn behinderte Kinder an Schulen aufgenommen werden, die schlecht auf Inklusion vorbereitet sind.

c Überlege, welchen Einfluss die Skepsis der Bevölkerung auf das Gelingen der Inklusion haben könnte.

Material 10 c: Säulendiagramm

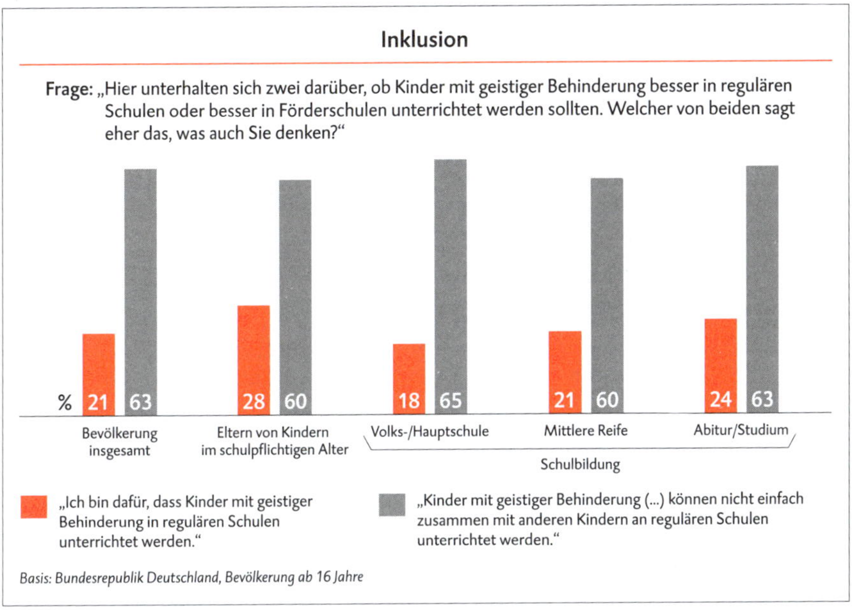

Quelle: Dr. Thomas Petersen: Parallelwelt Schulpolitik, Schaubild 2 – Inklusion, Allensbacher Archiv, IfD-Umfrage 12007 (2019), leicht verändert

31 Werte das vorliegende Diagramm (Material 10 c) vollständig aus, indem du die folgenden Fragen beantwortest. Schreibe einen zusammenhängenden Text.

- Um welche Frage geht es bei der Statistik?
- Was ist die Grundgesamtheit, über die hier eine Aussage gemacht wird?
- In welche Untergruppen ist diese Grundgesamtheit eingeteilt?
- Welche Einstellung überwiegt im Allgemeinen zur gestellten Frage?
- Wie groß sind die Unterschiede in den Untergruppen?

32 Stelle weiterführende Überlegungen zu Material 10 c an.

a Was ist für ein Kind mit geistiger Behinderung deiner Meinung nach am besten: wenn es auf eine reguläre Schule geht oder wenn es an einer speziellen Förderschule unterrichtet wird? Begründe deine Meinung.

b Stelle Vermutungen an, welches Ergebnis die Umfrage gehabt hätte, wenn es um körperbehinderte Kinder gegangen wäre. Welche Gründe könnte dieses Umfrageergebnis haben?

2.4 Internetbeiträge aus Blogs, Foren und sozialen Netzwerken

Das Internet dient heutzutage als erste und besonders leicht zugängliche Informationsquelle, wenn wir etwas über ein bestimmtes Thema erfahren wollen. Du solltest das Internet aber nicht unkritisch und gedankenlos nutzen. Es ist zwar sehr vorteilhaft, dass so viele Menschen – oft auch anonym – Zugang zu diesem Medium haben, doch hat die Tatsache, dass sich im Netz jeder frei äußern kann, auch Nachteile:

- Falsche Informationen können verbreitet werden.
- Unwahrheiten, schlecht recherchierte Geschichten oder irreführende Meinungsäußerungen lassen sich oft nicht sofort erkennen.

Es ist deshalb wichtig, zu lernen, wie bestimmte Interneteinträge einzuschätzen sind. So sollte eine verlässliche Website ein **Impressum** haben, aus dem die für die Inhalte verantwortlichen Personen hervorgehen. Gut organisierte Foren und soziale Netzwerke haben zudem **Administratorinnen und Administratoren**, also Verwalter*innen, die die Einträge regelmäßig überprüfen und rechtswidrige Inhalte entfernen.

Im Internet findet man zu allen erdenklichen Themen **Diskussionsforen**. Wahrscheinlich hast du dich selbst schon einmal an einer Diskussion im Netz beteiligt. Manchmal bieten auch echte Fachleute in Foren ihr Wissen an. Wenn man sich zum Beispiel über ein Hobby wie Modellbau mit anderen austauscht, kann man viel lernen. Trotzdem muss man gegenüber den Inhalten kritisch sein: Hier dürfen alle ihre Meinung schreiben und es kann leicht vorkommen, dass sich jemand irrt oder abwegige Ansichten vertritt. Außerdem strotzen viele Forenbeiträge leider vor Rechtschreib- und Grammatikfehlern.

Material 11: Auszug aus einem Forum für Eltern behinderter Kinder

MONIKA_23 schrieb: Sonntag, 03. Februar 20XX, 21:23 Uhr ....

Ich kann mein Kind doch nicht auf die Förderschule abschieben!?

Hallo zusammen,

ich weiß nicht mehr weiter. Es geht um die Zukunft meiner 8-jährigen Tochter. Sie geht seit einem halben Jahr in die 1. Klasse einer Regelschule. Gestern hatte ich erneut ein Gespräch mit ihrem Klassenlehrer und der meint, dass Svenja auf einer Schule mit dem Förderschwerpunkt Lernen besser aufgehoben wäre. Als Grund hat er erstens die Hyperaktivität meiner Tochter angeführt und zweitens ihre Arbeitsweise, denn sie sei angeblich viel zu langsam und brauche deshalb mehr Unterstützung. Klar, Svenja hat Probleme beim Schreiben, da sie noch nicht alle Buchstaben kennt. Und natürlich fällt ihr deswegen auch das Lesen noch schwer. Mathe ist ebenfalls problematisch … Doch dafür blüht sie im Kunst- und Musikunterricht richtig auf! Das musste auch der Klassenlehrer zugeben.

Ich denke einfach, dass mein Kind noch etwas mehr Zeit braucht, um in der Schule „anzukommen". Ich glaube, der Klassenlehrer will sie einfach loswerden, da sie ADHS hat und zu Wutausbrüchen neigt. Und das bedeutet nun mal mehr Arbeit, die er sich gerne sparen würde. Ich will aber nicht, dass mein Kind jetzt schon „aussortiert" und auf eine Sonderschule „abgeschoben" wird. Sie ist doch nicht blöd! Für Svenja ist das sicher nicht gut!

Trotzdem bin ich unsicher … Was würdet ihr in meiner Situation tun?
LG Monika

33 Schreibe eine Antwort zu Material 11, in der du persönlich Stellung nimmst: Sollte sich Monika deiner Meinung nach darauf einlassen, ihr Kind auf eine Förderschule zu schicken, oder sollte sie weiter dafür kämpfen, dass Svenja an der Regelschule bleibt?

- Deine Haltung solltest du mit mindestens zwei Argumenten begründen. Gehe dabei direkt auf das Posting von Monika ein.
- Markiere deine Argumente farbig und unterstreiche die Textstellen, an denen du auf Monikas Gedanken eingehst.

Material 12: Auszug aus einem Blog

Hinweis: Seit mehreren Monaten postet „Frau Klüger“ persönliche Erfahrungen, Eindrücke, Kommentare, lustige Geschichten und Fotos in ihrem Lehrerblog. Wer Frau Klüger ist, weiß niemand so genau – vielleicht ist sie wirklich eine Lehrerkraft, vielleicht aber auch ein*e Schüler*in oder eine Journalistin oder ein Journalist …

Text

LehrerBLOG

Frau Klüger packt aus …

Home | Neues aus der Schule | Bilder | Deine Meinung | Impressum

Heute habe ich mal wieder Vertretung, diesmal in der 5b. Ich weiß nur, dass es dort drei Inklusionsschüler gibt, einen Autisten[1] und zwei Lernbehinderte. Klar, „Förderschwerpunkt Lernen“ muss man da sagen, sonst ist es nicht korrekt …

Was mache ich auf die Schnelle? Märchen stehen im Lehrplan, also „König Drosselbart“ lesen und drüber reden, so werden die 45 Minuten schon gefüllt. Von Förderlehrern und Schulbegleitern keine Spur, vielleicht krank oder anderweitig beschäftigt, was weiß ich. Mit Adleraugen versuche ich die Behinderten ausfindig zu machen, aber ich blicke einfach nicht durch. Ich sehe nur: Einer reißt sich gerade ein paar Haare aus – der Autist? Drei gehen kurz darauf im Gang aufeinander los. „Setzt euch sofort hin!“ Ein Glück hilft das Machtwort …

Die erste Leserin ist mit Sicherheit eine von den Lernbehinderten, aber nach dem fünften Schüler bin ich mir nicht mehr sicher, ob es tatsächlich nur zwei Lernbehinderte in der 5b gibt. Als Lorenz anfängt, die ausgerissenen Haare einzeln auf dem Tisch zu sortieren, bin ich mir ziemlich sicher, dass er der Autist ist … aber weiter. „Du hast ja ein Kinn wie eine Drossel den Schnabel …“ Alle lachen und deuten auf einen Schüler: „Wie der da!“ „Bitte, so gehen wir nicht miteinander um!“ – ich habe fast nicht geschrien … Wenn die Stunde nur schon vorbei wäre. Lorenz wird beim Haareausreißen nun immer hektischer. Als ich an seinen Tisch komme, beginnt er die Arme wie Flügel zu schwingen. „Bitte lest den Text in Einzelarbeit leise zu Ende.“ Der Lärmpegel ist mittlerweile enorm. „Lisa kann gar nicht lesen, die ist doch lernbehindert“, schallt es aus einer Ecke. Ich habe nicht gesehen, wer es war. Viele lachen. Irgendwann kommt der Gong. Ich kann hier niemanden fördern. Was wurde heute in dieser Stunde gelernt?

Worterklärung:

1 Autist: Mensch mit einer angeborenen, schweren Erkrankung, durch welche die Wahrnehmung und Informationsverarbeitung gestört sind, was sich u. a. im Sozialverhalten zeigt

34 Beantworte folgende Fragen, um die Aussagen aus Material 12 einzuordnen:

a Welche Probleme des Unterrichtens von behinderten und nicht behinderten Kindern an Regelschulen werden von Frau Klüger angesprochen?

b Überlege, ob bestimmte Aussagen übertrieben oder falsch sein könnten. Notiere auch, welchen Zweck sie haben könnten.

c Notiere mögliche Maßnahmen, um den Problemen entgegenzuwirken.

3 Ideen- und Stoffsammlung

Die Stoffsammlung dient dazu, möglichst viele Informationen zum Erörterungsthema zusammenzutragen. Auf dieser Grundlage kannst du später konkrete Argumente und Beispiele zur Fragestellung ausformulieren.

3.1 Aspekte aus den Materialien entnehmen

Für deine Stoffsammlung kannst und sollst du Aspekte aus den vorgegebenen Materialien nutzen. Hierbei kommt es darauf an, **wichtige Inhalte** der Materialien mit eigenen Worten wiederzugeben, sodass du sie für deine Erörterung verwenden kannst. Um die Erörterung auch **sprachlich ansprechend** zu gestalten, solltest du sowohl den Verbalstil als auch den Nominalstil beherrschen:

Verbalstil

- Inhalte und Gedankengänge werden überwiegend durch Verben wiedergegeben
- häufig in Erzählungen, da das Geschehen **anschaulich präsentiert** wird, z. B.:
  *Spezielle Fachkräfte fördern und unterstützen behinderte Schüler*innen.*
  → Tätigkeit der Fachkräfte wird betont, das Geschehen wirkt bildhaft
- auch in Erörterungen möglich, insbesondere bei den Erläuterungen der Argumente durch Beispiele (siehe hierzu S. 48 f.)

Nominalstil

- wesentliche Aussagen werden mithilfe von Substantiven vermittelt, sodass das Wichtigste **schlagwortartig** hervorsticht
- besonders passend bei stichpunktartigen **Aufzählungen** und **Gliederungen**, da Wesentliches in knapper und aussagekräftiger Form präsentiert wird, z. B.:
  *Die Förderung und Unterstützung behinderter Schüler*innen findet durch Fachkräfte statt.*
  → Thema wird durch ein Substantiv wiedergegeben, die Aussage wirkt sachlich
- in der Erörterung geeignet, um wichtige Schlagworte und Aspekte zu betonen und eine sachliche Wirkung zu erzielen
  Achtung: übertriebene Benutzung des Nominalstils wirkt **gekünstelt**

Im Folgenden kannst du üben, wie du die Materialien am besten für die Stoffsammlung nutzen kannst.

Beispiel

Thema: „Schüler*innen mit Behinderung haben ein Recht auf freie Schulwahl. Welche Vor- und Nachteile hat es, wenn Kinder mit Behinderung eine Regelschule besuchen? Welche Maßnahmen sollten ergriffen werden, damit der gemeinsame Unterricht von behinderten und nicht behinderten Kindern erfolgreich verläuft?“

35 **a** Markiere in der Reportage „Mit Trisomie 21 aufs Gymnasium“ (Material 1, S. 11/12) alle Informationen, die du zu den Aspekten „Vorteile“, „Nachteile“ und „Maßnahmen“ findest, jeweils mit einer eigenen Farbe.

b Übertrage die markierten Textstellen anschließend in die Tabelle und forme sie in kurze Behauptungen im Nominalstil um. Ein Beispiel hierzu ist dir schon vorgegeben.

Bereich	Textstelle	Stichwort im Nominalstil
Vorteile	„Eine Mitschülerin flüsterte ihr daraufhin etwas ins Ohr, Meryem korrigierte sich.“ (Z. 5–7)	Unterstützung durch nicht behinderte Schüler*innen

Nachteile		
Maßnahmen		

Sicher ist es dir beim Schreiben einer Erörterung schon einmal so ergangen, dass dir zwar ein gutes Argument eingefallen ist, du aber lange überlegen musstest, welches **Beispiel** man dafür anführen könnte.

Beispiele in der Erörterung
Sie sollen möglichst **konkret** und **anschaulich** sein. Die Leserschaft soll durch sie überzeugt werden, dass eine Behauptung und Begründung wirklich zutrifft.

Es gibt **verschiedene Bereiche**, aus denen man Beispiele wählen kann:
- eigene Erfahrungen
- Berichte anderer Personen
- Informationen aus den Medien
- statistisches Material

Beispiel

Behauptung: „Gesunde Kinder, die zusammen mit behinderten Kindern unterrichtet werden, lernen Einfühlungsvermögen und Rücksichtnahme."

Beispiel aus dem eigenen Erfahrungsbereich
Eine Schülerin in unserer Klasse hat eine starke Sehbehinderung. Sie muss in den Pausen besonders aufpassen, dass sie sich nicht verletzt, wenn sie z. B. eine herumliegende Schultasche übersieht. Für uns ist es mittlerweile selbstverständlich, unserer Klassenkameradin zu helfen, indem wir nichts achtlos herumliegen lassen oder sie auf Gefahrenstellen hinweisen.

Beispiel aus den Medien
In der FAZ gab es vor kurzem eine Reportage über die Inklusion von drei behinderten Mädchen an einem Mädchengymnasium, wobei eines von ihnen Trisomie 21 hat. In dem Artikel wurde betont, dass auch die nicht behinderten Schülerinnen von der Inklusion profitierten, weil sie im Unterricht und auch auf Klassenfahrten Rücksichtnahme lernten.

36 Suche für die im Folgenden angeführten Argumente passende Beispiele aus den Materialien. Zitiere zunächst wörtlich aus den Materialien und formuliere die Aussagen anschließend noch einmal in eigene Worte um.

Argument	Zitat aus dem Material	Beispiel in eigenen Worten
Förderung von Selbstständigkeit (Vorteil) 	Material 1:	
Überforderung der behinderten Schüler*innen (Nachteil) 	Material 2:	
Behindertengerechter Ausbau der Regelschulen (Maßnahme) 	Material 4:	
Öffentlichkeitsarbeit zur Verbesserung der Akzeptanz (Maßnahme) 	Material 10c:	

3.2 Eigene Argumente ergänzen

Die in den Informationsmaterialien vorgegebenen Aspekte müssen im Erörterungsaufsatz durch eigene Argumente und Beispiele ergänzt werden. Um weitere Argumente zu finden, kannst du verschiedene Methoden anwenden:

- **Freies Assoziieren:** Schreibe alles auf, was dir spontan noch zum Thema einfällt.
- **Einfühlen:** Versetze dich in verschiedene Personen hinein, die Anteil an dem in der Themenstellung genannten Problem haben.
- **W-Fragen stellen:** Stelle die W-Fragen zum Thema (Wer, Was, Warum ...) und versuche sie zu beantworten.

Um eigene Ideen zu finden, kann es außerdem hilfreich sein, deine Markierungen und Randnotizen in den Materialien noch einmal durchzugehen.

Deine Ideen und Argumente kannst du auf verschiedene Arten festhalten:

- **Konventionelle Stoffsammlung:** Notiere alle Punkte untereinander, die dir auf Anhieb zum Thema einfallen.
- **Mindmap:** Vernetze deine Einfälle und Gedanken zum Thema wie auf einer Landkarte mit Linien.

Beispiel

Konventionelle Stoffsammlung zum Thema: „Welche Bedeutung hat Freizeit für Schüler*innen in Anbetracht der immer länger werdenden Schultage?“:

- Computer spielen, Internet, fernsehen, chatten
- Freundinnen/Freunde treffen
- Ausflüge und Spiele mit der Familie
- Tennis, Ski fahren, schwimmen, Fußball, skaten ...
- Abbau von Stress
- Geselligkeit und Kontakte
- Sport
- reisen, tanzen, Konzerte
- Langeweile
- soziales Engagement
- Entspannung und Erholung
- Alkoholkonsum
- Mitarbeit in Vereinen, Altersheimen, Parteien ...
- Kick durch „kriminelle Aktivitäten“
- Musik hören, basteln, lesen

Beispiel

Mindmap: „Welche Bedeutung hat Freizeit für Schüler*innen in Anbetracht der immer länger werdenden Schultage?“:

Eine **Mindmap** („Gedanken-Landkarte") ist hervorragend geeignet, um Informationen zu einem Thema übersichtlich und strukturiert darzustellen. Mithilfe einer Mindmap kannst du auf einen Blick die wichtigsten Begriffe und Zusammenhänge des Themas erkennen. Nimm dir ein Blatt Papier und schreibe in die Mitte zunächst das Thema deines Aufsatzes. Um das Thema herum notierst du die Gedanken, die dir dazu einfallen, und ordnest sie mithilfe von Linien, Verzweigungen, Kreisen oder Symbolen zu Ober- und Unterbegriffen. Dabei entwickeln sich immer neue Assoziationen und es fällt dir vielleicht leichter, Argumente zu finden. Ob dir diese Methode der Stoffsammlung zusagt oder ob du eher die herkömmliche Auflistung der Gedanken bevorzugst, musst du selbst herausfinden.

W-Fragen (Was? Wer? Wo? Wie? Warum? Mit wem? Wann?) können dir helfen, weitere Ideen für Argumente zu sammeln.

37 Beantworte die W-Fragen zum Thema: „Welche Bedeutung hat Freizeit für Schüler*innen in Anbetracht der immer länger werdenden Schultage?"

38 Erstelle eine konventionelle Stoffsammlung (vgl. S. 50) zu folgendem Thema: „Was hältst du von einer Geschwindigkeitsbegrenzung auf deutschen Autobahnen?"

39 Stelle und beantworte nun zusätzlich die W-Fragen zum Thema: „Was hältst du von einer Geschwindigkeitsbegrenzung auf deutschen Autobahnen?"

40 Lege eine Mindmap oder eine konventionelle Stoffsammlung zu diesem Thema an: „Viele junge Leute wünschen sich mit 16 einen eigenen Motorroller. Sollen die Eltern diesem Wunsch nachgeben? Welche Risiken sind damit verbunden?" Vergiss nicht, zuerst eine genaue Themaanalyse vorzunehmen (vgl. S. 3 ff.).

41 Thema: „Schüler*innen mit Behinderung haben ein Recht auf freie Schulwahl. Welche Vor- und Nachteile hat es, wenn Kinder mit Behinderung eine Regelschule besuchen? Welche Maßnahmen sollten ergriffen werden, damit der gemeinsame Unterricht von behinderten und nicht behinderten Kindern erfolgreich verläuft?"

Erweitere deine Stoffsammlung von Aufgabe 35 a und b mithilfe der oben genannten Methoden um eigene Ideen (Behauptung, Begründung, Beispiel). Halte deine Ergebnisse am besten erneut in einer Tabelle fest und achte dabei auf die Verwendung des Nominalstils.

4 Stoffordnung

Ordne nun die von dir zusammengetragenen Stichworte **nach Schwerpunkten**. Aus deinen gesammelten Ideen musst du die aussagekräftigsten Argumente auswählen. Denke dabei auch an die Zeit, die dir für die Ausformulierung des Aufsatzes zur Verfügung steht: Entscheide dich für wenige, **aber gewichtige Argumente**, die du auch vollständig ausarbeiten kannst.
Damit dir später die Zuordnung leichter fällt, ist es ratsam, bei der Stoffauswahl immer die Quellen (Materialnummern, Zeilenangaben) mit anzugeben.
Beachte bei der Stoffordnung die folgenden Schritte. Sie können dir auch helfen, deine Ideensammlung noch einmal zu überprüfen und zu verbessern:

1. **Markiere zusammengehörende Begriffe** gleichfarbig.
2. Prüfe, ob alle gesammelten Ideen für Argumente zum Thema passen. **Streiche die nicht zum Thema gehörenden Gedanken.**
3. **Fasse Punkte**, die sich inhaltlich überschneiden, **zusammen.**
4. **Formuliere** zu ausführliche Gedanken **kürzer und genauer.**
5. **Suche Oberbegriffe.** Oft enthält deine Stoffsammlung bereits passende Begriffe.
6. **Überprüfe**, ob deine Ideen für Argumente zu den Oberbegriffen passen bzw. ob die Oberbegriffe umfassend genug formuliert sind. Wenn nicht, stelle um oder formuliere neu. Zu spezielle oder unwichtige Punkte solltest du im Zweifelsfall **weglassen.**

Beispiel

zu 1 und 2: Kennzeichne die zusammengehörenden Ideen für Argumente und streiche alle Punkte durch, die nicht zum Thema „Bedeutung der Freizeit für Schüler*innen“ passen.

- Computer spielen, Internet, fernsehen
- Freunde treffen
- Ausflüge und Spiele mit der Familie
- chatten
- Tennis, Ski fahren, schwimmen, Fußball, skaten
- Abbau von Stress
- Geselligkeit und Kontakte
- Sport
- Mitarbeit in Vereinen, Altersheimen, Parteien …
- reisen, tanzen, Konzerte
- soziales Engagement
- ~~Alkoholkonsum~~
- Entspannung und Erholung
- ~~Kick durch „kriminelle Aktivitäten“~~
- Musik hören, basteln, lesen

Beispiel

zu 3 und 4: Fasse sich überschneidende und zu ausführlich formulierte Punkte zusammen.

Punkte	Oberbegriff
Computer spielen, Internet, fernsehen, chatten	Nutzung von Medien
Tennis, Ski fahren, schwimmen, Fußball, skaten	Sport
Freunde/Freundinnen treffen, Ausflüge und Spiele mit der Familie	Geselligkeit
Musik hören, basteln, lesen	Hobbys
Mithilfe in Kinderheimen, Altersheimen, Parteien …	soziales Engagement
reisen, tanzen, Konzerte	Nutzung kultureller Angebote

zu 5 und 6: Mithilfe von passenden Oberbegriffen kannst du deine Gedanken und Argumente strukturieren. Überlege, welche Oberbegriffe sich für dein Thema eignen.
Bei der Suche nach passenden Oberbegriffen wirst du feststellen, dass du bei vielen Themen dieselben Begriffsreihen verwenden kannst.

Bei der Themenstellung „**Vorteile – Nachteile**“ oder „**Folgen – Ursachen**“ bieten sich oftmals die folgenden Unterscheidungen an:

- für den Einzelnen, die Familie, die Gesellschaft, die Wirtschaft, den Staat
- für die Pflanzen, die Tiere, die Landschaft, den Menschen
- körperlich, geistig, seelisch
- beruflich, sozial, wirtschaftlich, politisch, kulturell, religiös
- ideell, materiell
- Information, Bildung, Unterhaltung

Bei der Frage nach „**Gegenmaßnahmen**“ sind diese Begriffe häufig geeignet:

- des Einzelnen, der Familie, des Freundeskreises
- der Gesellschaft, der Massenmedien, der Wirtschaft, des Staates

Die Materialien enthalten oft Fachbegriffe und geeignete Formulierungen, die du eventuell als Oberbegriffe in deiner Erörterung verwenden kannst.
Du kannst bei der Suche nach Oberbegriffen wie folgt vorgehen:

Finden passender Oberbegriffe

- **Markiere** Begriffe aus Materialien, die du eventuell als Oberbegriffe verwenden könntest. Achte dabei insbesondere auf:
  → **konkrete Substantive:** Bezeichnungen für Personengruppen (z. B. *Schüler*innen, Lehrer*innen*), Lebensbereiche (z. B. *Arbeit, Freizeit*) usw.
  → **abstrakte Substantive oder Adjektive:** Bezeichnungen für menschliche Bereiche (z. B. *Geist/geistig*), Fachgebiete (z. B. *Geografie/geografisch*) usw.
- **Erweitere** die **gefundenen** Begriffe. Folgende Fragen können dir dabei helfen:
  → Gibt es **gegensätzliche Begriffe**? (z. B. *körperlich – geistig*)
  → Welche **Begriffe aus demselben Bereich** gibt es? (z. B. *Mitschüler*innen, Freunde/Freundinnen, Kollegen/Kolleginnen, Familie*)
- **Wähle** zum Schluss für jeden Erörterungsteil **die besten Oberbegriffe aus**, sodass du alle wichtigen Argumente aus deiner Stoffsammlung unterbringst.

42 Welche Argumente passen nicht zum Thema? Streiche sie und begründe, warum sie fehl am Platz sind.
Thema: „Immer mehr Schulen bieten Nachmittagsbetreuung an. Welche Vorteile ergeben sich daraus für die Schüler*innen? Warum wollen trotzdem viele Schüler*innen dieses Angebot nur ungern nutzen?“

	Begründung
▶ Hausaufgabenbetreuung durch Lehrkräfte	______
▶ Entlastung der Eltern	______
▶ familiäres Umfeld fehlt	______
▶ Gemeinschaft mit Mitschülerinnen/-schülern	______
▶ wenig Zeit für Hobbys	______
▶ Betreuung kostet Geld	______
▶ Stärkung des Klassenklimas	______
▶ organisatorische Probleme der Schule	______
▶ sinnvolle Freizeitgestaltung	______
▶ mehr Lehrkräfte können eingestellt werden	______

43 Hier überschneiden sich einige Gedanken. Fasse sie zusammen und formuliere sie neu. Thema: „‚Wer schön sein will, muss leiden!' Gerade Mädchen und junge Frauen laufen häufig dem in den Massenmedien vermittelten Schönheitsideal hinterher. Wie äußert sich dies?"

Hinweis: Sieh dir dazu noch einmal das Beispiel, wie man Punkte zusammenfassen kann, auf S. 55 oben an.

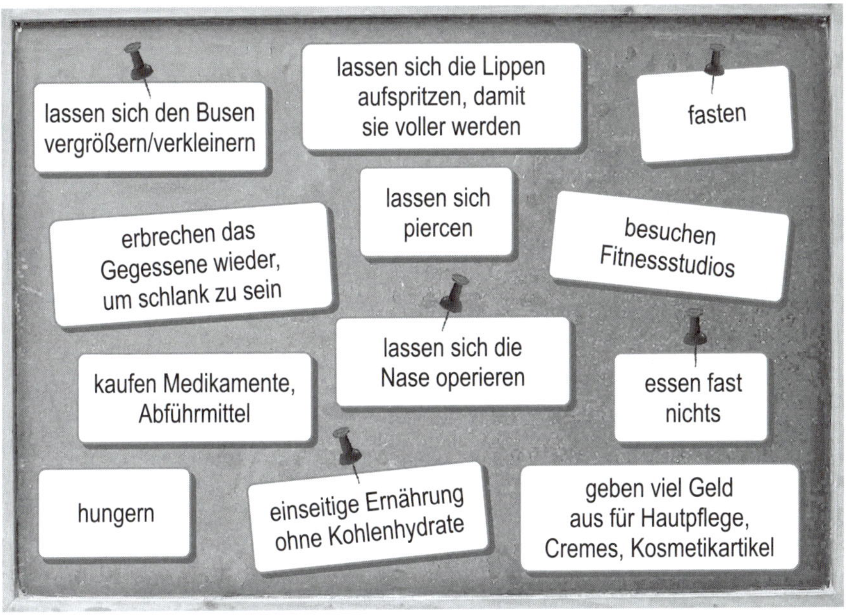

44 Erarbeite anhand der Bilder die Oberbegriffe zum Thema: „Die Hobbys vieler Jugendlicher werden immer ausgefallener und waghalsiger. Welche Nachteile hat dieser Trend?“ Verwende ein extra Blatt.

45 Suche passende Oberbegriffe. Thema: „Trotz vieler Individualsportarten ist es für junge Leute immer wieder attraktiv, sich einem Sportverein anzuschließen. Welche Gründe sprechen dafür?“

preiswerte Benutzung von Sportanlagen verbilligte Unterrichtsstunden relativ niedrige Beiträge	} ? ________________
Förderung des Teamgeistes gegenseitige Rücksichtnahme geselliges Vereinsleben	} ? ________________
Leistungsmessung mit anderen Förderung des Durchhaltevermögens vielfältiges Angebot	} ? ________________

46 Thema: „Für Jugendliche wächst die Bedeutung der Familie immer mehr. Worin liegt der Wert der Familie für dich? Welche Belastungen können sich innerhalb der Familie für Jung und Alt ergeben?“

a Überlege dir drei Argumente zum ersten Teil des Themas („Welchen Wert hat Familie für dich?“).

b Ordne anschließend die im Kasten vorgegebenen Ideen für Argumente zur zweiten Themafrage („Welche Belastungen können sich ergeben?“) den passenden Oberbegriffen zu. Ein Argument ist bereits jeweils eingetragen.

zu hohe gegenseitige Erwartungen • Folgen von Arbeitslosigkeit • beruflicher Stress • Veränderung der Werte • hohe Ansprüche der Kinder • unterschiedliche Erziehungsmethoden

finanzielle Not	} Belastungen durch berufliche Situation
negativer Einfluss von Medien	} ungünstige gesellschaftliche Einflüsse
ungünstige Wohnsituation	} Konflikte durch das Zusammenleben

47 Bearbeite nun die gesammelten Ideen für Argumente zum Thema „Inklusion an Schulen“.

a Die folgenden **Vorteile** der Inklusion an Schulen sind einander **ähnlich:**

- Förderung des Einfühlungsvermögens
- Förderung der Hilfsbereitschaft
- Förderung von Toleranz

Fasse diese drei Aspekte zu einem Argument zusammen (vgl. S. 55 oben).

b Die folgende Aufzählung möglicher Maßnahmen an inklusiven Schulen erscheint **zu detailliert**. Bündele die gelisteten Aspekte unter drei Maßnahmengruppen und formuliere jeweils geeignete Oberbegriffe für diese.

Hinweis: In der Ausarbeitung des Aufsatzes hast du genug Möglichkeiten, die verschiedenen Aspekte und Beispiele einzubringen.

- Einbau von Aufzügen und Rampen
- Behindertentoiletten
- Markierungen und Schutzvorrichtungen
- Inklusionshelfer*innen
- Schulbegleiter*innen
- längere Pausen
- größere Räume
- kleinere Klassen
- Bereitstellung von Hilfsmitteln
- breitere Türen
- Förderlehrer*innen

48 Thema: „Schüler*innen mit Behinderung haben ein Recht auf freie Schulwahl. Welche Vor- und Nachteile hat es, wenn Kinder mit Behinderung eine Regelschule besuchen? Welche Maßnahmen sollten ergriffen werden, damit der gemeinsame Unterricht von behinderten und nicht behinderten Kindern erfolgreich verläuft?“

a Der Erörterungsauftrag gibt bereits wichtige Oberbegriffe aus dem Bereich der beteiligten Personengruppen vor, die du beim Gruppieren deiner Argumente verwenden kannst. Ergänze die folgende Aufstellung um weitere passende Begriffe:

*behinderte Schüler*innen, nicht behinderte Schüler*innen, ...*

b Formuliere einen passenden Oberbegriff für das Argument „Förderung von Toleranz“ (Vorteil).

c Lies dir die Materialien 4 (S. 20) und 6 (S. 24) noch einmal durch und entnimm ihnen weitere mögliche Oberbegriffe für den Teilbereich „Maßnahmen“.

5 Gliederung

Bei einer Erörterung wird oft von dir verlangt, dass du eine gesonderte Gliederung anfertigst, die du mit abgeben musst und die Teil der Bewertung ist. Die Gliederung der Erörterung besteht aus drei Teilen:

A. Einleitung
B. Hauptteil
C. Schluss

5.1 Einleitungsgedanke

Die Einleitung stimmt die Leser*innen auf das Thema ein. Formuliere in der Gliederung deinen Einleitungsgedanken entweder als **Stichpunkt im Nominalstil** oder in Form eines **vollständigen Satzes**. Es bieten sich verschiedene Einleitungsmöglichkeiten an:

Einleitungsmöglichkeiten

- aktuelles Ereignis
- allgemeine Feststellung
- geschichtlicher Rückblick
- Definition des Themabegriffs
- Vergleich mit Ähnlichem
- Zitat oder statistisches Material
- persönlicher Gedanke/persönliches Erlebnis

Auch Informationen **aus den Materialien** kannst du für die Einleitung aufgreifen, z. B.:

- Zitate, z. B. Meinungen von Experten und Expertinnen
- statistische Daten
- Definitionen
- geschichtliche Fakten
- aktuelle Ereignisse

Achte dabei auf:

- **eigenständige Formulierungen** der aufgegriffenen Sachverhalte
- **korrektes Zitieren** (siehe Anhang S. 167 ff.) bei wörtlicher Übernahme

Beispiel

„Welche Bedeutung hat Freizeit für Schüler*innen in Anbetracht der immer länger werdenden Schultage?"

Definition des Themabegriffs: Was versteht man unter Freizeit?

allgemeine Feststellung: Zu lange Schultage verringern die Freizeit.

49 Schreibe zwei Einleitungsgedanken zum Thema: „Sollen Noten in der Schule abgeschafft werden?“ Verwende dazu als Einleitungsmöglichkeiten …

a … einen persönlichen Gedanken:

b … einen geschichtlichen Rückblick: (Informiere dich ggf. im Internet.)

50 Thema: „Sollte man nach dem Realschulabschluss gleich eine Berufsausbildung beginnen oder zuerst eine weiterführende Schule besuchen?“

Im Folgenden findest du verschiedene, bereits vollständig ausformulierte Einleitungen zu diesem Thema. Bearbeite die folgenden Aufgaben und trage deine Lösungen in die Tabelle auf S. 65 ein.

a Ordne sie zuerst den verschiedenen Einleitungsmöglichkeiten zu (vgl. Kasten S. 62).

b Fasse dann jeweils den wichtigsten Gedanken in einem Satz zusammen.

1. Die Zeit bis zu unserem Realschulabschluss ist nur noch kurz und natürlich machen meine Mitschüler*innen und ich uns schon Gedanken, wie es später weitergehen soll. Wichtig ist es zunächst einmal, für sich persönlich zu klären, ob es besser ist, weiterhin zur Schule zu gehen oder gleich eine Lehre zu beginnen.

2. Beim diesjährigen Berufsinformationsabend im BIZ berichtete der zuständige Berufsberater, dass ca. zwei Drittel der Realschulabsolventinnen und -absolventen nach dem Realschulabschluss eine Ausbildung beginnen, während ein Drittel weiter die Schulbank drückt. Jedes Jahr müssen sich die Schulabgänger*innen erst einmal darüber klar werden, was für sie persönlich besser ist, der Besuch einer weiterbildenden Schule oder der sofortige Eintritt in eine Lehre.

3. Bei der Ausbildungsmesse im Dezember in Nürnberg wurden die verschiedensten Lehrberufe vorgestellt und die Besucher*innen konnten sich mit umfangreichem Informationsmaterial eindecken. Für Schülerinnen und Schüler, die demnächst ihren Realschulabschluss machen, stellt sich aber zunächst einmal die Frage, ob es besser ist, weiterhin zur Schule zu gehen oder gleich eine Ausbildung zu beginnen.

4. Frühere Generationen hatten weniger Freiheiten bei der Wahl von Ausbildungs- und Berufswegen. Meistens bestimmten die Eltern, welchen Beruf ein Jugendlicher ergreifen oder welche Schule er besuchen durfte. Häufig lernte man den gleichen Beruf wie der Vater, denn die Berufswahl galt auch als Familientradition. Heute haben wir sehr viel mehr Freiheiten und alle Realschulabsolventinnen und -absolventen müssen selbst überlegen, ob sie eine weiterführende Schule besuchen oder gleich eine betriebliche Lehre beginnen möchten.

5. In der Zeitschrift „Erziehung und Unterricht“, die regelmäßig in der Schule verteilt wird, ging es kürzlich in einem Artikel darum, welche Wege Realschulabsolventinnen und -absolventen nach dem Schulabschluss einschlagen. Viele Schüler*innen erklärten im Interview, dass es für sie eine schwere Entscheidung sei, ob sie nach ihrem Realschulabschluss weiter zur Schule gehen oder eine Berufsausbildung machen. Die Vorteile beider Möglichkeiten werden im Folgenden erörtert.

6. Nach dem Realschulabschluss kann man weiter zur Schule gehen oder eine Ausbildung beginnen. Als schulischer Weg bietet sich die Fachoberschule an, die man nach zwei Jahren mit der Fachhochschulreife abschließen kann. Durch ein weiteres Jahr an der Fachoberschule ist es zudem möglich, die allgemeine Hochschulreife zu erlangen. Eine Ausbildung im dualen System hingegen würde bedeuten, dass man in einem Betrieb lernt und an bestimmten Tagen die Berufsschule besucht. Welche dieser beiden Möglichkeiten für Realschulabsolventinnen und -absolventen die bessere ist, soll im Folgenden erörtert werden.

Nr.	a Einleitungsart	b Zentraler Gedanke
1.		
2.		
3.		
4.		
5.		
6.		

51 Gehe die Materialien 1–12 erneut durch und suche nach Anregungen für interessante und ansprechende Einleitungen zum Thema: „Schüler*innen mit Behinderung haben ein Recht auf freie Schulwahl. Welche Vor- und Nachteile hat es, wenn Kinder mit Behinderung eine Regelschule besuchen? Welche Maßnahmen sollten ergriffen werden, damit der gemeinsame Unterricht von behinderten und nicht behinderten Kindern erfolgreich verläuft?"
Für die Gliederung benötigst du eine Formulierung, die den zentralen Gedanken der gewählten Einleitung kurz zusammenfasst.

a Überlege dir jeweils einen Einleitungsgedanken, der zu den in der Tabelle auf der nächsten Seite genannten Einleitungsarten passt. Schreibe ihn in einem Satz auf.

Hinweis: Zum Einleitungstyp „persönliches Erlebnis" findest du nichts in den Materialien, sodass du frei formulieren musst. Es ist aber möglich, eigene Erfahrungen mit der Aussage aus einem Material zu verknüpfen.

Einleitungsart	Zentraler Gedanke
statistisches Material	
Expertenmeinung	
geschichtliche Fakten	
persönliches Erlebnis	

b Wähle einen zentralen Gedanken aus, den du später für deine Gliederung verwenden möchtest (vgl. Aufgabe 63).

5.2 Hauptteil der Gliederung

Dem Hauptteil in der Gliederung wird das **Thema der Erörterung** vorangestellt. Es bildet den Übergang zwischen der Einleitung und den Argumenten.

Beispiel

Direkte Wiederholung der Themafrage(n):	Welche Bedeutung hat Freizeit für Schüler*innen in Anbetracht der immer länger werdenden Schultage?
Thema im Nominalstil:	Bedeutung der Freizeit für Schüler*innen in Anbetracht der immer länger werdenden Schultage

Anschließend musst du deine **Stoffsammlung gliedern:**

- Ordne deine Argumente je nach Art der Erörterung entweder **steigernd** (vom schwächsten zum stärksten) oder nach dem **Sanduhrschema** an. Beim Sanduhrschema gehst du zunächst auf die Argumente der „Gegenseite" ein: Das stärkste Argument steht am Anfang und das schwächste am Ende. Anschließend sortierst du die Argumente der eigenen Position wieder steigernd nach ihrer Wichtigkeit.
- Die **Gliederung soll ausgewogen** sein, d. h., dass unter den verschiedenen Oberbegriffen ungefähr gleich viele Argumente stehen. Ist dies nicht der Fall, so versuche zusammenzufassen oder einen weiteren Oberbegriff zu finden.
- Unter jedem Oberbegriff sollten **mindestens zwei Argumente** stehen.
- Schreibe im **Nominalstil** (Stichpunkte ohne Verben): *„hohe Anforderungen"*
- Verwende **treffende Adjektive**, da sie die Genauigkeit und Aussagekraft des Gliederungspunktes fördern.
- **Überprüfe**, ob deine Argumente tatsächlich zu den Oberbegriffen passen.

52 Hier fehlen noch Argumente. Ergänze, damit die Gliederung ausgewogen ist. Thema: „Moderne Designerdrogen überschwemmen den Markt. Wie können junge Menschen davon abgehalten werden, Drogen zu nehmen?"

1 Maßnahmen durch den Staat

1.1 Strenge Kontrollen

1.2 ______________________________

1.3 ______________________________

2 Maßnahmen durch die Medien

2.1 Verstärkte Aufklärung

2.2 ______________________________

2.3 ______________________________

3 Maßnahmen durch die Familie

3.1 Mehr Verständnis für die einzelnen Familienmitglieder

3.2 ______________________________

3.3 ______________________________

53 Übe das Umformulieren vom Verbalstil in den Nominalstil. Leite dazu von folgenden Verben Substantive ab und setze sie an der passenden Stelle ein. Umlaute wie ä und ü musst du hierbei nicht auflösen, sondern kannst sie in ein Feld schreiben. Die markierten Kästchen ergeben die Lösungswörter (ein Motto):

engagieren – tun – zwingen – erwerben – anbieten – kommunizieren – verzichten – rasten – gefährden – informieren – übernehmen – verzweifeln.

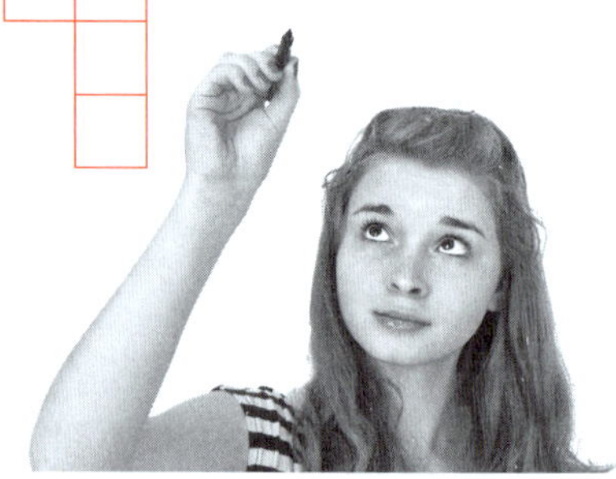

54 In diese Gliederung des Hauptteils haben sich vier Beispiele verirrt. Streiche sie und ersetze sie durch eine allgemeinere Formulierung. Thema: „Fachleute warnen: Immer mehr Kinder und Jugendliche leiden unter Bewegungsmangel. Viele sind nicht mehr in der Lage, einfachste sportliche Übungen auszuführen. Worin liegen die Ursachen für den Bewegungsmangel? Wie kann man dieser Entwicklung begegnen?"

1 **Ursachen für den Bewegungsmangel bei Kindern und Jugendlichen**
- 1.1 Hoher Stellenwert von elektronischen Unterhaltungsmedien
- 1.2 Fehlende Motivation aufgrund mangelnder Angebote
- 1.3 Chatten mit Freundinnen und Freunden bei gleichzeitigem Fernsehkonsum
- 1.4 Verhinderung der körperlichen Aktivität in der Schule
- 1.5 Vorliebe der Eltern für Onlinespiele und Internetshopping

2 **Maßnahmen, um dieser Entwicklung entgegenzusteuern**
- 2.1 Thematisierung des Problems durch Mediziner*innen, Schulen und Medien
- 2.2 Erhöhung der Anzahl von Spielplätzen und Sportparks
- 2.3 Mehr Zeit für Bewegung während des Unterrichts
- 2.4 Sportliche Vorbildfunktion der Eltern
- 2.5 Nutzung von Internet und Fernseher für maximal zwei Stunden am Tag

55 Die folgenden Gliederungspunkte sind etwas zu ausführlich geraten. Formuliere kürzer und genauer. Ein Beispiel ist vorgegeben.
Thema: „Trotz Rundfunk, Fernsehen und Internet haben viele Menschen eine Tageszeitung abonniert. Welche Gründe sind dafür ausschlaggebend?“

- Sie ist von Sendezeit und Ort unabhängig, also überall lesbar. — *überall lesbar*
- Man erfährt viel Aktuelles aus der Gegend, in der man lebt.
- Man wird auf dem Laufenden gehalten über aktuelle Reklame, Sonderangebote aus der Gegend.
- Man kann interessante Zeitungsberichte ausschneiden und sammeln, wenn man sie wieder lesen möchte.
- Man kann sich das, was man liest, besser merken, verarbeiten, noch einmal lesen.
- Sie enthält spezielle Spalten mit Kommentaren, Glossen, Reportagen.
- Die Informationen sind stichhaltig, von seriösen Nachrichtenagenturen, man kann sich auf sie verlassen.

Entscheidungsthemen

Bei einem **Entscheidungsthema** solltest du immer mit den Argumenten beginnen, die du nicht vertrittst, da das zuletzt Gelesene am besten nachwirkt. Manchmal ist eine Entscheidung zudem nur unter bestimmten **Bedingungen oder Einschränkungen** möglich.

Fast alle Schüler*innen wünschen sich ein Smartphone.
Was hältst du davon?

Entscheidung dagegen

1 Gründe **für** ein Smartphone

2 Gründe **gegen** ein Smartphone

3 Stellungnahme **dagegen**, (wenn)

  3.1 unsinniger und unüberlegter Einsatz des Smartphones

  3.2 kein verantwortungsvolles Geldeinteilen

Entscheidung dafür

1 Gründe **gegen** ein Smartphone

2 Gründe **für** ein Smartphone

3 Stellungnahme **dafür**, (wenn)

  3.1 sinnvoller Umgang mit Smartphone

  3.2 Telefonieren und Surfen nicht über die eigenen finanziellen Verhältnisse hinaus

56 Füge in das Gliederungsgerüst passende Unterpunkte ein. Thema: „Warum zieht es alljährlich zahlreiche Urlauber*innen nach Mallorca? Was hältst du von der 2016 dort eingeführten Touristensteuer?“ *Hinweis:* Die Gliederungsbeispiele in diesem Buch richten sich nach den formalen Vorgaben in Bayern.

A. Das Geschäft mit dem Last-minute- und Billigurlaub boomt

B. Warum zieht es alljährlich zahlreiche Urlauber*innen nach Mallorca? Was hältst du von der dort neu eingeführten Touristensteuer?

1 Gründe für die Beliebtheit Mallorcas als Urlaubsziel

1.1 Klimatische und geografische Gründe

1.1.1 ______________________________

1.1.2 ______________________________

1.1.3 ______________________________

1.2 Finanzielle Gründe

1.2.1 ______________________________

1.2.2 ______________________________

1.3 Touristische Gründe

1.3.1 ______________________________

1.3.2 ______________________________

1.3.3 ______________________________

2 Vor- und Nachteile der neuen Touristensteuer

2.1 Nachteile der Steuer

2.1.1 ______________________________

2.1.2 ______________________________

2.2 Vorteile der Steuer

2.2.1 ______________________________

2.2.2 ______________________________

2.3 Eigene Meinung

C. Trotz Steuer lohnt ein Inselaufenthalt sowohl für Sonnenanbeter*innen als auch für Sightseeing-Fans

5.3 Schlussgedanke

Der Schluss soll die Erörterung abrunden. Formuliere in der Gliederung deinen Schlussgedanken als **Stichpunkt im Nominalstil** oder in Form eines **vollständigen Satzes**. Es bieten sich folgende Schlussmöglichkeiten an:

- Zusammenfassung der genannten Gesichtspunkte
- Folgerung aus dem Gesagten
- persönliche Stellungnahme
- Vergleich mit Ähnlichem
- gegensätzlicher Gedanke
- Ausblick in die Zukunft
- Wunsch

Beispiel

„Welche Bedeutung hat Freizeit für Schüler*innen in Anbetracht der immer länger werdenden Schultage?"

persönliche Stellungnahme: Meiner Meinung nach ist ein bisschen Freizeit für Schüler*innen heutzutage wichtiger denn je.

Wunsch: Schülerinnen und Schülern ist mehr Zeit zur Erholung nach der Schule zu wünschen.

57 Formuliere einen möglichen Schlussgedanken **für die Gliederung** zu folgendem Thema:
„Reiswaffel statt Schokoriegel – Ernährungsexperten fordern, dass nur gesunde Lebensmittel beworben werden sollen, um Übergewicht bei Kindern zu reduzieren. Ist diese Regelung deiner Meinung nach sinnvoll? Welche weiteren Möglichkeiten gäbe es, um dem Problem ‚dicke Kinder' entgegenzusteuern?"

persönliche Stellungnahme:

______

______

______

______

58 Gehe die Materialien 1–12 erneut durch und suche nach Anregungen für interessante und ansprechende Schlussformulierungen zum Thema „Inklusion an Schulen“ (Vorteile, Nachteile, Maßnahmen). Formuliere jeweils einen möglichen Schlussgedanken für die Gliederung mit …

a … einer Folgerung aus dem Gesagten.

____

____

b … einem persönlichen Wunsch.

____

____

Wähle einen der beiden Schlussgedanken aus, den du später in deine Gliederung aus Aufgabe 63 eintragen möchtest.

5.4 Formale Gestaltung der Gliederung

Es bleibt dir überlassen, ob du die **konventionelle** oder die **numerische** Gliederung wählst. Bei beiden Arten musst du dich jedoch an ein fest vorgegebenes Schema halten, das du einheitlich anwendest.

Konventionelle Gliederung

A. Einleitung
B. Themafragen
  I. Erste Themafrage
    1. Oberbegriff
      a) Argument
      b) Argument
    2. Oberbegriff
      a) Argument
      b) Argument
  II. Zweite Themafrage
    1. Oberbegriff
      a) Argument
      b) Argument
    2. Oberbegriff
      …
C. Schluss

Numerische Gliederung

A. Einleitung
B. Themafragen
  1 Erste Themafrage
    1.1 Oberbegriff
      1.1.1 Argument
      1.1.2 Argument
    1.2 Oberbegriff
      1.2.1 Argument
      1.2.2 Argument
  2 Zweite Themafrage
    2.1 Oberbegriff
      2.1.1 Argument
      2.1.2 Argument
    2.2 Oberbegriff
      …
C. Schluss

Konventionelle Gliederung

- Nach Großbuchstaben und Ziffern folgt immer ein Punkt.
- Nach kleinen Buchstaben steht eine Klammer.

Numerische Gliederung

- Nach Großbuchstaben steht immer ein Punkt.
- Nach der letzten arabischen Ziffer steht kein Punkt.

Achtung:

Je nach Schule und Bundesland kann es **zu unterschiedlichen Vorgaben** für die Gliederung kommen. Kläre deshalb mit deiner Lehrkraft vorher ab, nach welchen Vorgaben du dich richten sollst. In Bayern ist es z. B. üblich, am Ende des Einleitungs- und Schlusssatzes in der Gliederung **kein Satzschlusszeichen** zu verwenden.

Beispiel

Thema: „Welche Bedeutung hat Freizeit für Schüler*innen in Anbetracht der immer länger werdenden Schultage?“

A. Die Freizeit der Schüler*innen hat in den letzten Jahren abgenommen

B. Welche Bedeutung hat Freizeit für Schüler*innen in Anbetracht der immer länger werdenden Schultage?

1 Möglichkeit des sozialen Engagements
    1.1 Mitarbeit in Vereinen oder Parteien
    1.2 Mithilfe in Heimen oder Krankenhäusern

2 Abbau von Lernstress durch sportliche Aktivitäten

3 Entspannung und Erholung
    3.1 Besuch von Konzerten
    3.2 Reisen
    3.3 Zu Hause

4 Stärkung der sozialen Kontakte
    4.1 Ausflüge mit der Familie
    4.2 Treffen mit Freundinnen/Freunden

C. Meiner Meinung nach ist ein bisschen Freizeit für Schüler*innen heutzutage wichtiger denn je

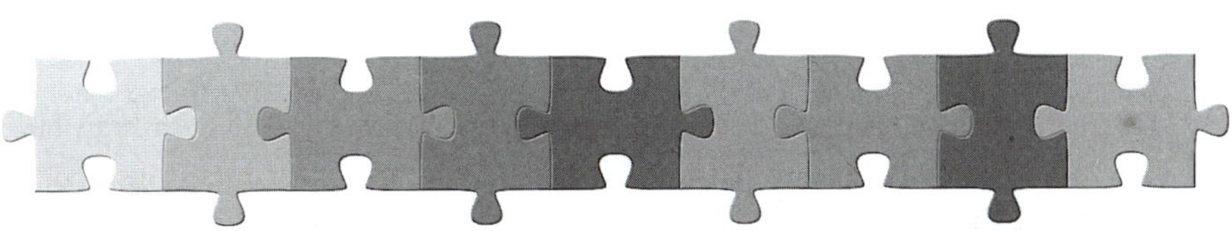

59 Überlege, welche Arbeitsschritte für die Anfertigung einer Erörterung nötig sind, und trage diese dann in das Kreuzworträtsel ein. Das Lösungswort bezeichnet etwas, das man immer offenhalten sollte.

ORD – BEI – THE – TUNG – MEN – ANA – RUNG – STOFF – AUS – LUNG – GLIE – AR – STOFF – LYSE – DE – SAMM – NUNG

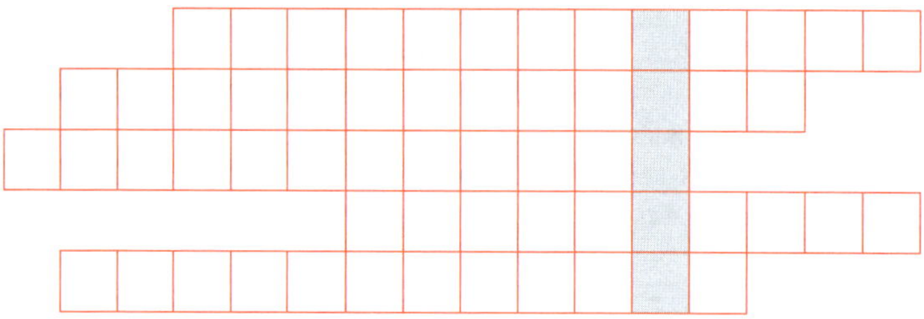

60 Hier ist wohl einiges durcheinandergeraten! Ordne zuerst die Oberbegriffe und Argumente und schreibe dann eine vollständige Gliederung zum Thema: „Inwiefern ist unsere Gesellschaft kinderfeindlich? Was spricht dennoch dafür, Kinder zu bekommen?" Verwende die konventionelle Gliederung.

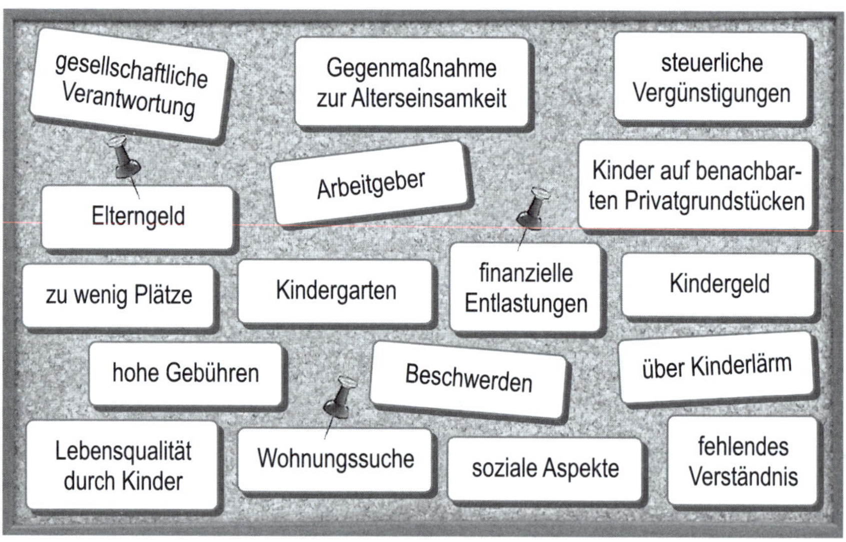

61 Erarbeite eine Gliederung aus der von dir angefertigten Stoffsammlung zum Thema: „Viele junge Leute wünschen sich mit 16 einen eigenen Motorroller. Sollen die Eltern diesem Wunsch nachgeben? Welche Risiken sind damit verbunden?" (Aufgabe 40, S. 53). Verwende die numerische Gliederung.

62 Berücksichtige nun alle gelernten Arbeitsschritte und erarbeite eine Gliederung zu folgendem Thema: „Gerade zur Volksfestzeit wird einem wieder bewusst, wie viel Kultur und Brauchtum unsere Region zu bieten hat. Doch trotz des hohen Ansehens von Musikgruppen und Vereinen mit volkstümlichem Hintergrund lehnen viele Jugendliche es ab, selbst einem solchen Hobby nachzugehen. Woran könnte das liegen? Welche positiven Seiten eines solchen Hobbys müsste man Jugendlichen aufzeigen, damit sie einen Anreiz hätten?" Die Gliederungsart kannst du frei wählen.

Vergiss nicht, auch die vorbereitenden Schritte auszuführen:

1. Themenanalyse (ein-/mehrgliedrig, linear/dialektisch, Entscheidung)
2. Stoffsammlung (konventionell/Mindmap)
3. Stoffordnung (Auswahl, Oberbegriffe ...)

63 Erstelle aus deiner geordneten Stoffsammlung eine Gliederung für einen Aufsatz zum Thema: „Schüler*innen mit Behinderung haben ein Recht auf freie Schulwahl. Welche Vor- und Nachteile hat es, wenn Kinder mit Behinderung eine Regelschule besuchen? Welche Maßnahmen sollten ergriffen werden, damit der gemeinsame Unterricht von behinderten und nicht behinderten Kindern erfolgreich verläuft?"
Einleitungs- und Schlussgedanken hast du dir bereits in Aufgabe 51 bzw. 58 überlegt.

6 Ausarbeitung des Aufsatzes

6.1 Einleitung

Die Einleitung besteht aus drei Teilen: dem Einleitungsgedanken, einer Überleitung und der Themafrage des Aufsatzes. Welche Einleitungsgedanken du verwenden kannst, siehst du auf S. 62. Im Folgenden werden dir die einzelnen Bestandteile einer Aufsatzeinleitung vorgestellt:

1. **Einleitungsgedanke**
   Verwende nur einen Leitgedanken und nimm keine Argumente des Hauptteils vorweg.
2. **Überleitung**
   Hier musst du sprachliches Geschick beweisen. Die Überleitung soll zum einen den Zusammenhang zum vorhergehenden Einleitungsgedanken wahren, zum anderen muss sie die Verbindung zur nachfolgenden Themafrage herstellen.
3. **Themafrage**
   Sie ist entweder gleichlautend mit dem Thema oder kann aus der Themenformulierung abgeleitet werden. Möglich ist, sie als direkte oder indirekte Frage zu stellen:
   → **direkte Frage:** wird mit Doppelpunkt vorbereitet, steht in Anführungszeichen, Fragezeichen am Schluss
   → **indirekte Frage:** wird mit Komma angeschlossen, das gebeugte Verb steht am Ende, Punkt als Satzschlusszeichen

Beispiel

„Welche Bedeutung hat Freizeit für Schüler*innen in Anbetracht der immer länger werdenden Schultage?“

Freizeit wird im Allgemeinen definiert als der Zeitraum, der dem arbeitenden Menschen neben seinen beruflichen Verpflichtungen verbleibt. Übertragen auf Schüler*innen meint Freizeit die Zeit, in der sie weder in der Schule sind noch für die Schule lernen. Diese freie Zeit verringert sich zunehmend durch die steigenden Anforderungen in der Schule und zu Hause sowie die Ausdehnung des Unterrichts auf den Nachmittag. Deshalb stellt sich mir die Frage: „Welche Bedeutung hat die Freizeit für Schüler*innen in Anbetracht der immer länger werdenden Schultage?“/ Deshalb stellt sich die Frage, welche Bedeutung die Freizeit für Schüler*innen in Anbetracht der immer länger werdenden Schultage hat.

Einleitungsgedanke

Überleitung

Thema als direkter Fragesatz/

Thema als indirekter Fragesatz

64 Trenne die jeweiligen Teile der Einleitung durch einen Schrägstrich und benenne sie am Rand. Thema: „Fast alle Grundschüler*innen wünschen sich ein Smartphone. Was hältst du davon?"

Täglich wird man in Zeitungen und Illustrierten, in Inter- ______
net, Fernsehen und Rundfunk von Werbung für Smart- ______
phones überflutet. Die Angebote werden immer vielfäl- ______
tiger, die Auswahl immer größer. Neben den üblichen ______
Funktionen kann man sich auf diese Geräte Apps zu ver- ______
schiedensten Themen herunterladen, die ältere Jugend- ______
liche ebenso wie Erwachsene gern für Schule, Freizeit und ______
Arbeit nutzen. Warum sich nun aber bereits Schü- ______
ler*innen in der Grundschule ein eigenes Smartphone ______
wünschen und welche Vor- und Nachteile ich darin sehe, ______
werde ich im Folgenden erörtern. ______

65 Hier steht wohl etwas zu viel in der Einleitung. Streiche die Gedanken, die du erst im Hauptteil ausführen darfst. Thema: „Warum findet man in Deutschland so viele jugendliche Fast-Food-Anhänger*innen?“

Es gibt kaum eine Stadt in Deutschland, in der nicht mindestens ein Fast-Food-Restaurant zu finden ist. In größeren Städten trifft man sogar an fast jeder Straßenecke auf eines. Menschen jeglichen Alters, vor allem aber Jugendliche, mögen solche Lokale und gehen des Öfteren zum Essen dorthin. Ihre langen Öffnungszeiten, das schnelle Essen und nicht zuletzt die Tatsache, dass man dort mit hoher Wahrscheinlichkeit Gleichaltrigen begegnet, sind mitunter ausschlaggebend für den Konsum von Fast Food. Im Folgenden soll nun erörtert werden, warum man in Deutschland so viele jugendliche Fast-Food-Anhänger*innen findet.

66 Einleitungsgedanke und Themafrage sind nicht miteinander verbunden. Formuliere eine passende Überleitung. Thema: „Computerspiele üben einen großen Reiz auf Kinder und Jugendliche aus. Sollten die Eltern sie verbieten?“

In den letzten Jahren haben die Computerspiele eine rasante Entwicklung durchgemacht. Mittlerweile gibt es eine enorm große Auswahl an unterschiedlichen Spielarten, darunter z. B. Online-Rollenspiele, Autorennen, Strategiespiele, Shooting Games und Action-Spiele. ______________________

____

____

____

____

Es stellt sich daher die Frage: „Sollten die Eltern diese Spiele verbieten?“

67 Formuliere die Themafrage als direkte und als indirekte Frage.
Thema: „Warum ist Lesen so wichtig?“

direkte Frage: ______________________________

____

indirekte Frage: ______________________________

____

Thema: „Gewalt vor allem von rechts nimmt bedenkliche Ausmaße an. Erörtere mögliche Gründe und überlege dir geeignete Gegenmaßnahmen.“

direkte Frage: ______________________________

____

indirekte Frage: ______________________________

____

68 Formuliere auf der nächsten Seite oder einem eigenen Blatt mithilfe der folgenden Stichpunkte eine Einleitung zum Thema: „Skifahren in der Halle das ganze Jahr über! Erörtere die Vor- und Nachteile dieses Angebots.“

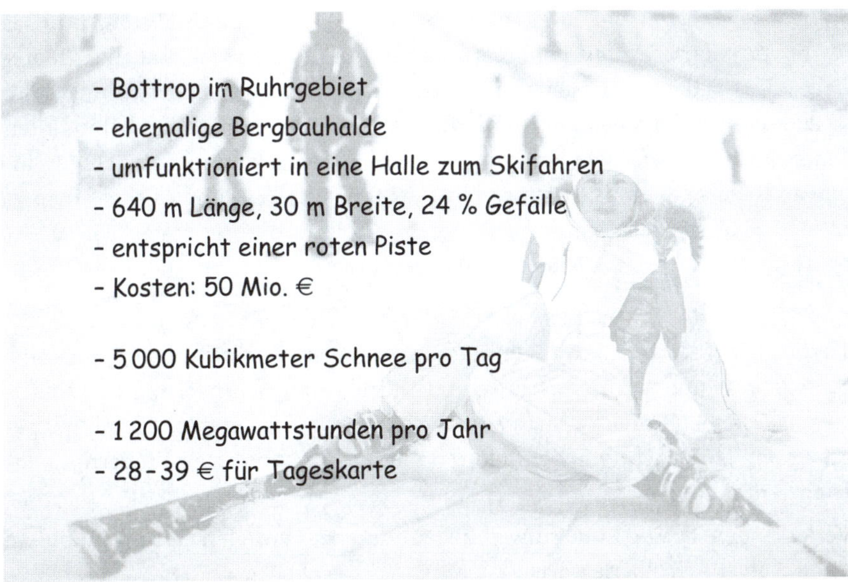

Bereits in der Einleitung kannst du dich auf die Materialien beziehen.

Beispiel

Aufsatzeinleitung mit Bezug auf einen Gesetzestextauszug (Material 6, S. 24):

Artikel 24 der UN-Behindertenrechtskonvention besagt unter anderem, dass die Vertragsstaaten ein integratives Bildungssystem gewährleisten, um das Recht von Menschen mit Behinderungen auf Bildung zu verwirklichen (Material 6). Das bedeutet, dass auch Deutschland verpflichtet ist, das Schulsystem so zu gestalten, dass behinderte Kinder gleichberechtigt mit nicht behinderten Kindern unterrichtet werden können. Die Inklusion behinderter Schüler*innen an Regelschulen bringt Vor- und Nachteile mit sich, und es sind entsprechende Maßnahmen erforderlich, um sie erfolgreich zu gestalten. Diese Aspekte möchte ich im Folgenden näher ausführen.

69 Thema: „Schüler*innen mit Behinderung haben ein Recht auf freie Schulwahl. Welche Vor- und Nachteile hat es, wenn Kinder mit Behinderung eine Regelschule besuchen? Welche Maßnahmen sollten ergriffen werden, damit der gemeinsame Unterricht von behinderten und nicht behinderten Kindern erfolgreich verläuft?“

Verfasse jeweils eine Einleitung zu jedem der vier zentralen Gedanken, die du dir in Aufgabe 51 überlegt hast.

70 Werte die folgende Statistik aus und schreibe eine Einleitung zum Thema: „Warum ist Sporttreiben für Jugendliche so wichtig?“

Hinweis: Wie man Statistiken und Diagramme auswertet, kannst du ab S. 34 nachlesen.

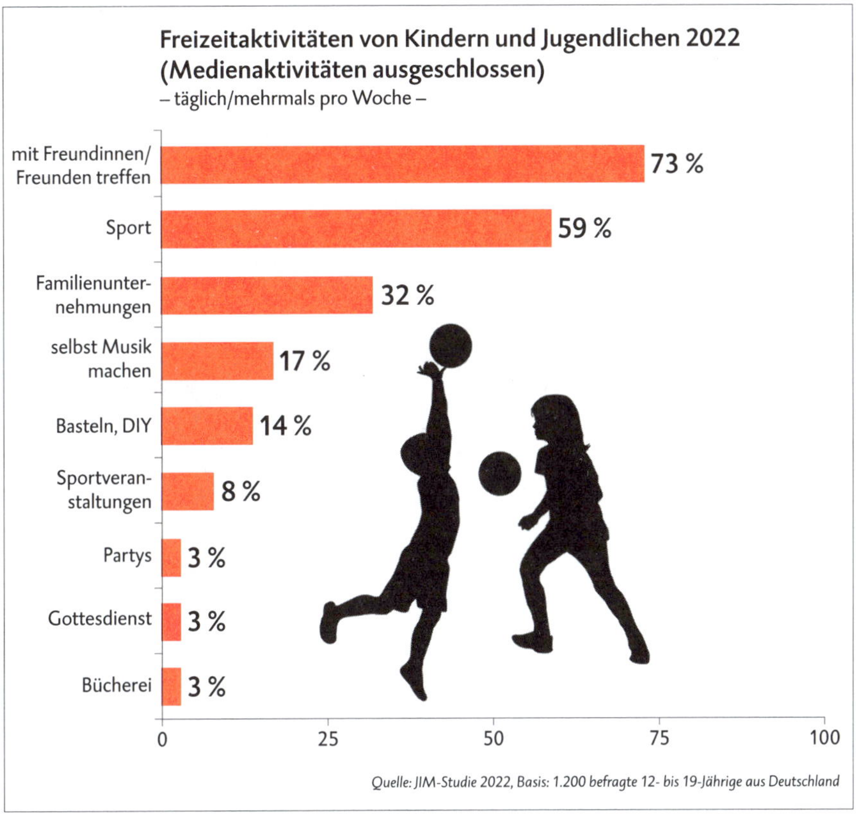

6.2 Hauptteil

Der Hauptteil besteht aus der geschickten Verbindung von überzeugenden Argumenten.

Aufbau eines Arguments

Argumentieren bedeutet „beweisen“ oder „begründen“. Es kommt also darauf an, dass du deine Gedanken überzeugend begründest und mit anschaulichen Beispielen untermauerst. Ein vollständiges Argument besteht in der Regel aus:

1. **Behauptung**
   Die Behauptung antwortet direkt auf die Themafrage und stellt eine These/grundlegende Aussage auf. Sie entspricht jeweils einem Gliederungspunkt.
2. **Begründung oder Erläuterung**
   In diesem Teil des Arguments wird genau erklärt, warum die Behauptung zutrifft, in welchem Zusammenhang sie steht, unter welchen Umständen sie eintritt usw. Das bedeutet auch: Sachverhalte werden geklärt, Zusammenhänge erläutert.
3. **Beispiel(e)**
   Zu jeder Behauptung sollte mindestens ein konkretes Beispiel gegeben werden. Das Beispiel ist der anschauliche Teil des Arguments. Während alle anderen Ausführungen ganz sachlich und allgemein gehalten bleiben, darf man hier konkrete Namen nennen, die eigene Meinung äußern, persönliche Erlebnisse wiedergeben oder zitieren.
4. **Abrundung**
   Vor allem wenn das Argument lang ist, sollte man es abrunden, indem man die Leser*innen z. B. abschließend wieder zur Ausgangsbehauptung „zurückführt“.
5. **Überleitung**
   Bevor man das nächste Argument anbringt, sollte man mitteilen, dass nun ein neuer Gedankengang kommt. Diese Überleitung solltest du möglichst elegant formulieren, z. B. mit „*Nicht nur …, sondern auch …*“ oder „*Mit … hängt auch zusammen …*“.
   Siehe hierzu die Textbausteine auf S. 99.
   Plumpe Formulierungen wie „*Nun folgt das nächste Argument*“ sind zu vermeiden.

Im Folgenden bekommst du zuerst ein Beispiel für den Aufbau eines einzelnen Arguments und danach ein Beispiel für den Aufbau einer ganzen Gruppe von Argumenten.

Beachte: Die einzelnen Teile eines Arguments müssen nicht immer in der gleichen Reihenfolge verwendet werden. Oft wird das Beispiel mit der Begründung/Erläuterung vermischt.

Beispiel

Argument: „Förderung der Gesundheit durch sportliche Aktivitäten“:

In der Freizeit kann man aber auch die eigene Gesundheit fördern, indem man Sport treibt. Wenn man z. B. regelmäßig joggt oder Fußball spielt, bewegt man sich an der frischen Luft, trainiert das Herz-Kreislauf-System und wird abgehärtet. Dadurch ist man weniger anfällig für Krankheiten und fühlt sich wohl. Dieses körperliche Wohlbefinden wirkt sich wiederum positiv auf die Psyche aus, sodass sinnvoll genutzte Freizeit eine Kraftquelle sein kann.

Überleitung zur Behauptung
Erläuterung mit Beispielen
Rückführung zum Thema

Beispiel

Thema: „Sollte man nach dem Realschulabschluss gleich eine Berufsausbildung beginnen oder zuerst noch eine weiterführende Schule besuchen?“
Der folgende Gliederungsausschnitt ist unten ausformuliert und erläutert:

2 Vorteile des Besuchs einer weiterführenden Schule
- 2.1 Berufliche Vorteile
  - 2.1.1 Bessere Aussichten auf einen guten Arbeitsplatz
  - 2.1.2 Bessere Verdienstmöglichkeiten
  - 2.1.3 Bessere Karrierechancen

Alle möchten den Ausbildungsweg wählen, der ihren Fähigkeiten gemäß die besten beruflichen Möglichkeiten eröffnet. Der Besuch einer weiterführenden Schule nach der mittleren Reife kann dazu beitragen, dieses Ziel zu erreichen.

Überleitung zu 2.1 Berufliche Vorteile

Je besser die schulische Ausbildung und je höher der Schulabschluss ist, desto besser sind in der Regel die Chancen, einen guten Ausbildungs- bzw. Arbeitsplatz zu bekommen. Durch einen höheren Schulabschluss hat man die Möglichkeit, zwischen mehr Berufen und Stellenangeboten auszuwählen. In einigen Ausbildungsberufen wird die Hochschulreife heutzutage sogar vorausgesetzt. Wenn man z. B. die Fachoberschule absolviert hat, kann man sowohl eine Ausbildung zum Mediengestalter oder zur Mediengestalterin machen als auch Grafikdesign studieren. Anschließend kann man versuchen, bei einer Werbeagentur oder als Webdesigner*in eine entsprechende Stelle zu bekommen oder sich selbstständig zu machen.

2.1.1 Bessere Aussichten auf einen guten Arbeitsplatz / Behauptung
Erläuterung
Beispiel

Auch wenn man einen Arbeits- oder Ausbildungsplatz hat, bietet ein höherer Schulabschluss weitere Vorteile. In vielen

Überleitung zu 2.1.2

Berufen bekommt man mit einem höheren Schulabschluss ein besseres Gehalt. Ein Beispiel hierfür sind die mittlere und die gehobene Beamtenlaufbahn. Es gibt ein abgestuftes Besoldungsprinzip, bei dem diejenigen, die einen höheren Schulabschluss haben, besser verdienen. Es kann also auch im späteren Berufsleben noch durchaus von Vorteil sein, einen höheren Schulabschluss zu haben.

2.1.2 Bessere Verdienstmöglichkeiten – Behauptung
Beispiel als Erläuterung
Rückführung

Das Gleiche gilt für die Karriereaussichten. Häufig fängt jemand mit einem hohen Schulabschluss in einem Betrieb „klein“ an, arbeitet also zunächst in einer einfacheren Position. Gibt es aber Beförderungen oder Versetzungen in interessantere Aufgabengebiete, werden meist die Mitarbeiter*innen mit einem höheren Schulabschluss bevorzugt. Oft ist es so, dass einfachere Berufe, die nur einen mittleren Schulabschluss erfordern, gar nicht so viele Aufstiegsmöglichkeiten bieten. Eine Arzthelferin hat z. B. nur wenige Möglichkeiten, weiter aufzusteigen. Für eine Logopädin, die das Fachabitur benötigt, sehen die Karrierechancen schon besser aus. Die besten Möglichkeiten, sich beruflich zu entwickeln, hat die Fachärztin, die ein Abitur und ein abgeschlossenes Hochschulstudium vorweisen kann. Dieses Beispiel macht deutlich, dass es sinnvoll ist, einen möglichst hohen Schulabschluss anzustreben.

Überleitung zu 2.1.3
2.1.3 Bessere Karrierechancen
Behauptung
Erläuterung
Beispiele
Rückführung

71 Thema: „Erörtere die Hauptursachen für Verkehrsunfälle von Fahranfängerinnen und -anfängern nach dem Besuch einer Disco."

Im Folgenden findest du das Argument „Übermüdung des Fahrers oder der Fahrerin" zu diesem Thema ausgearbeitet. Kennzeichne die einzelnen Teile des Arguments, indem du Schrägstriche einfügst und die passenden Begriffe neben den betreffenden Textabschnitten einträgst.

Die Gründe, warum sich Verkehrsunfälle nach dem Besuch einer Disco häufen, können sehr vielfältig sein. Zunächst soll das Hauptaugenmerk auf dem Fahrer oder der Fahrerin liegen. Junge Autofahrerinnen und Autofahrer sind nicht selten stark übermüdet, wenn sie nach Hause fahren, da der Abend in der Disco erst in den frühen Morgenstunden endet. Dadurch erhöht sich das Risiko, während der Fahrt einzuschlafen und einen Unfall zu verursachen. Erst neulich ereignete sich auf dem Nachhauseweg von unserer Stammdisco ein schwerer Unfall, nachdem der Fahrer – der bereits in der Disco sehr müde wirkte – in den Sekundenschlaf gefallen war und gegen einen Brückenpfeiler fuhr. Dies zeigt deutlich, dass junge Menschen ihre Fähigkeiten oft überschätzen und nach einem längeren Discobesuch eigentlich nicht mehr in der Lage sind, ein Fahrzeug sicher zu lenken. In der Folge führt dies häufig zu Unfällen.

72 Thema: „Viele Schulen geben eine Schülerzeitung heraus. Welchen Gewinn können sowohl Schule als auch Schüler*innen aus einem solchen Projekt ziehen? Welche Schwierigkeiten können bei der Erstellung der Zeitung auftreten?“

Ordne den nachfolgenden Behauptungen das jeweils richtige Beispiel zu. Trage dazu die Nummern der Beispiele in die jeweils richtige Zeile des Kastens ein.

Behauptungen/Thesen	Beispiele
(A) Förderung des Wir-Gefühls (B) Unterschätzung der zeitlichen Belastung (C) Verbesserung der schulischen Außenwirkung (D) Uneinigkeit über die Arbeitsverteilung	(1) An Informationstagen oder bei Schulfesten können Eltern und interessierte Besucher*innen die Schülerzeitung kaufen. Sie sehen dann, dass Anliegen der Schüler*innen darin Ausdruck finden. (2) Artikel werden in der Regel gemeinsam erarbeitet und zwar von der Themenfindung bis hin zum Layout des Textes. (3) Alle stürzen sich auf ein und dasselbe Thema, ohne zu merken, dass alle das Gleiche bearbeiten. (4) Möchte man zum Beispiel ein Interview mit einem neuen Lehrer veröffentlichen, muss man sich zunächst Gedanken zu möglichen Fragen machen, diese dann notieren, ein Treffen mit dem Lehrer organisieren und schließlich das Ergebnis verschriftlichen.

A	
B	
C	
D	

73 Im Folgenden findest du einen Ausschnitt aus einem Schüleraufsatz zum Thema: „An vielen bayerischen Realschulen werden Schulskikurse durchgeführt. Welche Vor- und Nachteile sind mit dieser Schulfahrt verbunden?"

Analysiere den Aufbau der Argumentation, indem du die einzelnen Argumentationsteile im Text durch Trennstriche markierst und benennst. Trage hierzu die Begriffe in die Spalte neben den betreffenden Textabschnitten ein.

Eine Schulskikurswoche ist gut für die Gesundheit der	________________
teilnehmenden Schülerinnen und Schüler. Die sportliche	________________
Betätigung an der frischen Luft verbessert die Fitness. Dies	________________
ist gerade in der heutigen Zeit, in der Kinder und Jugend-	________________
liche häufig unter Bewegungsmangel leiden, ein wichtiger	________________
Aspekt. Der gesundheitliche Nutzen wird dadurch ver-	________________
stärkt, dass die Schülerinnen und Schüler sich in der	________________
Skikurswoche vom Schulalltag erholen können.	________________
Zudem ist dieses Erlebnis auch sehr lehrreich. In der	________________
Gruppe üben alle gegenseitige Rücksichtnahme und Hilfs-	________________
bereitschaft. Beim Kursbetrieb ergeben sich ständig Situa-	________________
tionen, in denen man auf die Hilfe oder Rücksichtnahme	________________
anderer angewiesen ist. Eine Schülerin, die sich um einen	________________
gestürzten Klassenkameraden kümmert, hat das gute	________________
Gefühl, helfen zu können. Zugleich erleben die Schülerin-	________________
nen und Schüler, dass die gegenseitige Hilfe allen nützt,	________________
weil die Gruppe so schneller weiterfahren kann.	________________
Auch im Hinblick auf ihre persönliche Entwicklung kön-	________________
nen die Schülerinnen und Schüler im Skikurs von lehrrei-	________________
chen Erfahrungen profitieren. Die Skikurswoche ist ein	________________
wichtiger Schritt in Richtung Selbstständigkeit. …	________________

74 Thema: „Das Fahrrad als Fortbewegungsmittel wird zunehmend beliebter. Welche Gründe könnten dafür ausschlaggebend sein? Mit welchen Mitteln kann man die Sicherheit der Radfahrer*innen erhöhen?“

Stelle zu jeder Erörterungsfrage zwei Behauptungen (Thesen) auf und nenne stichpunktartig jeweils zwei Beispiele dazu.

Behauptung: ______________________________

Beispiele: ______________________________

____

Behauptung: ______________________________

Beispiele: ______________________________

____

Behauptung: ______________________________

Beispiele: ______________________________

____

Behauptung: ______________________________

Beispiele: ______________________________

____

75 Sieh dir die Gliederung von Aufgabe 54 (S. 69) zu folgendem Thema noch einmal an: „Fachleute warnen: Immer mehr Kinder und Jugendliche leiden unter Bewegungsmangel. Viele sind nicht mehr in der Lage, einfachste sportliche Übungen auszuführen. Worin liegen die Ursachen für den Bewegungsmangel? Wie kann man dieser Entwicklung begegnen?“

Arbeite das Argument 2.4 („Sportliche Vorbildfunktion der Eltern“) aus.

76 Thema: „Viele Tanzschulen führen Tanzkurse für Schüler*innen an der Schule durch. Mit welchen Vor- und Nachteilen ist ein solcher Tanzkurs verbunden?“

Formuliere nachfolgende Gliederungspunkte zu vollständigen Argumenten aus (These/Behauptung – ausführliche Begründung – anschauliches Beispiel – evtl. Abrundung) und finde passende Überleitungen.

2 Vorteile des Schultanzkurses
- 2.1 Finanzieller Aspekt
  - 2.1.1 Geringere Kosten durch Nutzung der schulischen Einrichtungen
  - 2.1.2 Günstigere Kursgebühren für Schultanzkurse
- 2.2 Soziale Gründe
  - 2.2.1 Größere Vertrautheit der Tanzpartner*innen

Materialinhalte einbringen

Deine Behauptungen müssen im Aufsatz mit **Erläuterungen** und **Beispielen** versehen werden. Hierbei gibt es drei Möglichkeiten, die Inhalte aus den Materialien einzubringen. Du solltest innerhalb dieser Möglichkeiten abwechseln, damit deine Ausführungen nicht eintönig sind.

Einbringen der Materialinhalte:
- Aussagen **mit eigenen Worten** formulieren
- Textstellen **indirekt zitieren** unter Verwendung der indirekten Rede und Angabe der Quelle und Stelle (Zeile)
- **wörtlich zitieren** unter Verwendung der direkten Rede und Angabe der Quelle und Stelle (Zeile)

Beispiel

Argument „3.3.4 Einstellung von Förderlehrkräften" (Maßnahme) aus der Gliederung zu Aufgabe 63 (s. Lösungen S. 211):

Eigene Worte
Um Kinder mit Behinderung an Regelschulen erfolgreich zu unterrichten, ist es nötig, zusätzlich zu den Klassen- und Fachlehrkräften auch Förderlehrer*innen einzustellen, die sich speziell um die Bedürfnisse der beeinträchtigten Schüler*innen kümmern. Für geistig behinderte Kinder vereinfachen sie zum Beispiel den Stoff oder ersetzen zu komplizierte Inhalte durch ein anderes Lernprogramm. Die normale Fachlehrkraft kann dies nicht zusätzlich einfach „nebenbei" erfüllen. Sie braucht deshalb Unterstützung durch dafür ausgebildete Fachkräfte.

Indirektes Zitat
Behinderte Kinder an Regelschulen müssen durch spezielle Förderlehrkräfte unterstützt werden. In der Reportage „Mit Trisomie 21 aufs Gymnasium" wird unter anderem darüber berichtet, dass eine Förderlehrerin den Schulstoff für die inklusiv unterrichteten, geistig behinderten Mädchen an einem Gymnasium in Offenbach entsprechend vereinfacht oder mit ihnen ein abweichendes Lernprogramm durchführt (vgl. Material 1, Z. 38–45).

Wörtliches Zitat
Um den gemeinsamen Unterricht von behinderten und nicht behinderten Kindern an Regelschulen erfolgreich zu gestalten, ist es nötig, zusätzlich zu den Lehrkräften der einzelnen Fächer Förderlehrer*innen einzustellen, die sich speziell um die behinderten Schüler*innen kümmern. „In Mathe zum Beispiel rechnet die Klasse mit wahnsinnig hohen Zahlen, da können die Mädchen

nicht mehr mitmachen", berichtet Förderlehrerin Ute Heichen (Material 1, Z. 45–48). Sie vereinfacht deshalb bei Bedarf den Schulstoff für drei geistig behinderte Schülerinnen an einem Offenbacher Gymnasium.

77 **a** Ordne die folgenden Materialauszüge den passenden Gliederungspunkten (s. Lösungen S. 211 f.) zu.

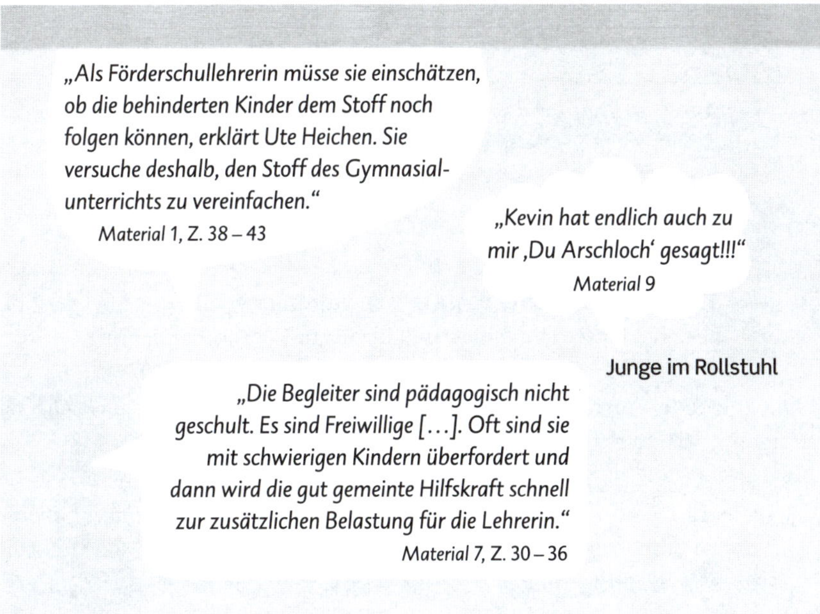

b Formuliere zu zwei der drei Gliederungspunkte jeweils ein vollständiges Argument aus, das heißt eine Behauptung mit Begründung und Beispiel. Beziehe dich dabei auf die angegebenen Materialauszüge und gib die Aussage frei in eigenen Worten wieder.

Argumente treffend ausformulieren

Im Folgenden werden dir ein paar typische Fehlerquellen bei der Formulierung deiner Argumente erklärt. Mit kurzen Übungen kannst du trainieren, sie zu erkennen und zu vermeiden.

Bezug zur Themafrage

Jedes Argument sollte die Themafrage direkt beantworten. Wichtig ist daher, dass du dich immer klar auf den Erörterungsauftrag beziehst und nicht vom Thema abweichst.

Beispiel

Argument „Überforderung der Lehrkräfte“ zum Thema „Inklusion“:

*Viele Lehrkräfte haben heutzutage stark mit dem Verhalten der Schüler*innen zu kämpfen. Sie sind offensichtlich nicht gut genug dafür ausgebildet, sich um alle Besonderheiten zu kümmern. Wenn nun ein Schüler den Unterrichtsstoff nicht begreift oder sich störend und auffällig benimmt, kann es sein, dass die Lehrkraft nicht weiß, was sie in diesem Moment tun soll.*

Problem: Es wird nicht richtig erklärt, welcher Zusammenhang zum Thema Inklusion und zur Personengruppe behinderter Schüler*innen besteht. Außerdem fehlt ein Beispiel zur Veranschaulichung.

Die folgende Ausführung des Arguments „Überforderung der Lehrkräfte“ zeigt dir, wie du es besser machen könntest:

Beispiel

*Manche Lehrkräfte an Regelschulen fühlen sich durch den besonderen Förderbedarf von behinderten Schülerinnen und Schülern überfordert. Ihre Ausbildung bezieht sich in der Regel auf die Vermittlung von Lernstoff und auf das Unterrichten von nicht behinderten Schülerinnen und Schülern. Je nach Behinderung zeigen manche Inklusionsschüler*innen ein besonders auffälliges Verhalten oder verstehen den Unterrichtsstoff schlecht. Die Lehrkräfte können damit überfordert sein. In einem Internetblog berichtete zum Beispiel die Lehrerin „Frau Klüger“ davon, dass sie während einer Vertretungsstunde in einer Inklusionsklasse ziemlich hilflos war. Sie zweifelte daran, ob in dieser Unterrichtsstunde überhaupt jemand etwas gelernt hatte (vgl. Material 12).*

Es wird **genau erklärt**, warum eine Lehrkraft sich überfordert fühlen könnte, wenn behinderte Schüler*innen in ihrer Klasse zu unterrichten sind. Ein **Beispiel** aus den Materialien **unterstützt die Aussagen**.

78 Entscheide, ob in den folgenden Formulierungen zum Beispielthema „Inklusion an Schulen“ (Vorteile, Nachteile, Maßnahmen) der Bezug zum Thema deutlich wird oder nicht klar erkennbar ist.

	direkter Bezug zum Thema	ohne Bezug zum Thema
1. In kleineren Klassen ist es in der Regel einfacher, behinderte Kinder zu inkludieren, als in großen, da die Lehrkräfte sich dann besser auf die Bedürfnisse der einzelnen Schüler*innen konzentrieren können.	☐	☐
2. Inklusion ist gut, weil man viel davon lernen kann, wie Behinderte trotz körperlicher oder geistiger Einschränkungen ihr Leben meistern.	☐	☐
3. Die Leute haben oft Angst vor einem Nachteil für sie selbst, wenn sie auf andere Menschen Rücksicht nehmen müssen. Manchmal gehen Dinge dadurch etwas langsamer als gewohnt voran. Deshalb muss man die Bevölkerung über die geltenden Rechte von Behinderten aufklären, wie sie unter anderem in der Konvention der Vereinten Nationen geregelt werden.	☐	☐
4. Die Kosten für Barrierefreiheit sind sehr hoch, weshalb der Staat mehr Geld dafür bereitstellen muss. Ohne solche Maßnahmen kann Gleichberechtigung nicht Realität in Deutschland werden.	☐	☐
5. Es ist nötig, Schulen behindertengerecht auszubauen, weil alle Kinder die Räume und sanitären Anlagen erreichen können müssen.	☐	☐

Genaue Behauptungen formulieren

Achte darauf, dass du keine Behauptungen aufstellst, die zu allgemein und ungenau formuliert sind. Sie wirken oft unsachlich und können nicht überzeugend erläutert und durch ein Beispiel bekräftigt werden. Achte daher immer darauf, Fakten korrekt wiederzugeben, und formuliere deine Behauptungen im Zweifelsfall eher etwas zurückhaltender als zu weit gefasst.

eispiel

*An Inklusionsschulen lernen Schüler*innen besser, aufeinander Rücksicht zu nehmen.*

Problem: Hier wird unterstellt, dass in Schulen ohne Inklusion grundsätzlich weniger Rücksichtnahme gelernt wird, was abwertend wirkt. Ebenso ist nicht klar erkennbar, welche Schülergruppen genau gemeint sind und wie sich inklusiver Unterricht auf das Lernen von Rücksichtnahme auswirken kann.

Das folgende Beispiel zeigt dir, wie du deinen Gedanken zum Lernen von Rücksichtnahme genauer formulieren könntest:

Beispiel

> *Schüler*innen, die es gewohnt sind, auch behinderte Mitschüler*innen zu haben, lernen im Schulalltag oftmals ganz automatisch, Rücksicht auf sie zu nehmen.*

Hier wird der **Zusammenhang klar ausgedrückt:** Es wird deutlich, inwiefern die nicht behinderten Kinder durch den Kontakt mit behinderten Mitschülerinnen und Mitschülern profitieren können. Außerdem ist **genau benannt**, für welche Schülergruppe der Vorteil besteht, ohne dabei indirekt über andere, nicht betroffene Schüler*innen zu urteilen.

79 Verbessere die folgenden, zu pauschal gefassten Aussagen, indem du die Inhalte konkreter ausdrückst.

a Die Umbaukosten für barrierefreie Schulen sind viel zu teuer.

b In Klassen mit behinderten Kindern kümmern sich die Lehrkräfte nicht mehr um die nicht behinderten Schüler*innen.

c Behinderte Schülerinnen und Schüler sind nur gleichberechtigt, wenn sie gemeinsam mit nicht beeinträchtigten Kindern eine Regelschule besuchen.

d Alle Lehrkräfte brauchen eine Spezialausbildung, um behinderte Kinder unterrichten zu können.

6.3 Schluss

Der Schluss soll den Aufsatz abrunden. Welche Schlussgedanken sich anbieten, kannst du auf S. 73 noch einmal nachlesen. Bedenke bei der Gestaltung des Schlusses auch Folgendes:

- Nimm dir für den Schlussgedanken genügend Zeit.
- Wiederhole keine Argumente aus dem Hauptteil.
- Gestalte den Schluss möglichst genauso ausführlich wie die Einleitung.

Beispiel

„Welche Bedeutung hat Freizeit für Schüler*innen in Anbetracht der immer länger werdenden Schultage?"

Überleitung zum Schlussgedanken

Die Freizeit würde den Schülerinnen und Schülern also ermöglichen, sich von den schulischen Aufgaben abzulenken und zu erholen. Dabei kann die Zeit mit sehr vielen sinnvollen Aktivitäten gefüllt werden.

Schlussgedanke

Doch leider ist auch bei Schülerinnen und Schülern immer öfter festzustellen, dass sie aufgrund der knapp bemessenen freien Zeit von einem Freizeittermin zum anderen hetzen, sodass sie danach nicht erholt, sondern gestresst und ausgepowert sind.

persönliche Meinung

Oft müssen sie erst lernen, ihre Freizeit sinnvoll zu gestalten, damit sie auch einen Nutzen davon haben.

Die **Informationsmaterialien** bieten Anregungen zur Gestaltung des Schlusses. Wichtig ist auch hier, dass du möglichst eigenständig formulierst und Zitate mit Anführungsstrichen und unter Angabe der Quelle kennzeichnest. Selbstverständlich darfst du den Schluss mit eigenen Gedanken und Meinungen ergänzen. Es ist auch kein Fehler, wenn du den Schluss vollkommen selbstständig formulierst und das Material hierfür nicht mehr benutzt.

Beachte: Argumente oder Beispiele gehören nicht in den Schluss, sie sollten vorher hinreichend erörtert worden sein. Vermeide Wiederholungen.

Beispiel

Aufsatzschluss mit Bezug zum Balkendiagramm „Haltung zu Inklusion" (Material 10 a):

Ermutigende 94 % der Deutschen ab 18 Jahren sind der Meinung, dass Kinder mit und ohne Behinderung die Gelegenheit haben sollten, ihre Freizeit miteinander zu verbringen. Dies ergab eine Umfrage aus dem Jahr 2019. Inklusion in der Kindheit erfährt also eine breite Unterstützung. Für inklusiven Schulunterricht fällt die Zustimmung mit 66 % jedoch deutlich geringer aus. Ich würde mir deshalb für die Zukunft wünschen, dass geeignete Maßnahmen umgesetzt werden, damit schulische Inklusion gelingt und die Skepsis schwindet.

80 Verwende folgende Stichpunkte, um einen ansprechenden Schluss zu formulieren. Thema: „Erörtere, warum sich gerade Kinder ein eigenes Haustier wünschen. Welche Pflichten sind damit verbunden?“

Zusammenfassend – für die Entwicklung – wichtig – aber – Probleme – Verantwortung – erste Begeisterung – doch – insgesamt Bereicherung

Hinweis: Verwende für diese und die folgenden Aufgaben eigene Blätter oder schreibe in dein Heft.

81 Informiere dich im Internet zum Thema: „In den letzten Jahren häufen sich die Austritte aus der katholischen Kirche. Welche Beweggründe veranlassen Menschen zu diesem Schritt?“ Verfasse anschließend einen möglichen Schluss für einen Aufsatz.

82 Thema: „Reiswaffel statt Schokoriegel – Ernährungsexperten fordern, dass nur gesunde Lebensmittel beworben werden sollen, um Übergewicht bei Kindern zu reduzieren. Ist diese Regelung deiner Meinung nach sinnvoll? Welche weiteren Möglichkeiten gäbe es, um dem Problem ‚dicke Kinder‘ entgegenzusteuern?“
Führe deinen in Aufgabe 57 formulierten Schlussgedanken aus.

83 Formuliere nun einen Schlussgedanken aus, der einen Ausblick in die Zukunft gibt. Thema: „Fast alle Grundschüler*innen wünschen sich ein Smartphone. Was hältst du davon?“

84 Formuliere jeweils einen möglichen Schluss zu den beiden Schlussgedanken zum Thema „Inklusion an Schulen“ (Vorteile, Nachteile, Maßnahmen), die du dir in Aufgabe 58 überlegt hast.

6.4 Überleitungen und Sinnverknüpfungen

Damit die einzelnen Teile und Argumente deiner Erörterung nicht zusammenhanglos aufeinanderfolgen, solltest du sie durch Überleitungen verbinden. Stelle also Verbindungen her:

- zwischen Einleitung A, Hauptteil B und Schluss C
- von Oberbegriff zu Argument
- von Argument zu Argument
- innerhalb der Argumente (Behauptung, Begründung, Beispiel)

Es gibt verschiedene Möglichkeiten, Überleitungen und Sinnverknüpfungen abwechslungsreich zu gestalten:

Text-Bausteine: Überleitungen und Sinnverknüpfungen	
Konjunktionen/ Adverbien	folgernd: deswegen • also • demzufolge • infolgedessen • sodass begründend: weil • da • denn • nämlich • da ja • daher • deshalb zweckgerichtet: damit • darum • um zu anreihend: auch • außerdem • desgleichen • ebenso • ebenfalls • genauso wie • sowie • ferner • des Weiteren • neben • abgesehen von • zudem • zusätzlich • weiter(hin) • unter anderem • sowohl … als auch • nicht nur …, sondern auch … einschränkend: obwohl • zwar …, aber … • wenn auch • allerdings • sofern • insofern • insoweit gegensätzlich: aber • jedoch • dennoch • dagegen • während • einerseits … andererseits • trotzdem • obwohl • indessen • anstatt
sprachliche Wendungen	dasselbe gilt • dazu kommt, daneben darf/sollte man nicht vergessen • außerdem kann man feststellen • schließlich ist zu beachten • außerdem muss man bedenken • man muss ferner zugeben • dies gilt auch • dies trifft auch zu auf • man sollte ebenso bedenken • in diesem Fall/zuletzt/abschließend wäre noch zu erwähnen • darüber hinaus mag … eine Rolle spielen • daraus kann geschlossen werden • das ist ein zusätzlicher Beweis für … • Neben dem … zählen auch • abgesehen von … spielen ebenso … eine Rolle • nicht nur …, sondern auch …

85 Kennzeichne die falschen Überleitungen und Sinnverknüpfungen und setze die jeweils richtigen ein. Wähle aus: *falls, wenn, darüber hinaus, also, folglich.*

Thema: „Die Bahn – eine Alternative zum Auto?“

Dann sind Regional- und Fernzüge klimaschonende Fortbewegungsmittel, außer unter ökologischem Aspekt immer die beste Wahl. Obwohl man den Kohlendioxidausstoß in Kilogramm je Person und Reise bei der Bahn mit dem bei einer Autofahrt vergleicht, liegen die Ausstoßwerte beim Auto deutlich höher. Dennoch sollte man, wobei es einem möglich ist, die Bahn als Transportmittel wählen.

86 Leite von der Einleitung zum Hauptteil über. Formuliere dabei die Themafrage und den ersten Satz des Hauptteils. Thema: „Welche Vorteile bringt der Ausbau der Windenergie? Welche Einwände können dagegen erhoben werden?“

87 Thema: „Warum sind häufig junge Führerscheinbesitzer*innen in Autounfälle verwickelt?“ Im Folgenden ist das Argument „Unsicherheit des Fahranfängers oder der Fahranfängerin“ ausgearbeitet. Setze in den Text passende Überleitungen und Sinnverknüpfungen ein.

____, dass viele junge Menschen wenig Erfahrung im Straßenverkehr besitzen. ______________ sie noch kaum Fahrpraxis haben, geraten sie leicht in Panik, ______________ ________ etwa ein Auto trotz Überholverbots an ihnen vorbeifährt oder ein anderer Fahrzeuglenker sie durch dichtes Auffahren bedrängt. __________ __________ werden manche jugendlichen Autofahrer*innen nervös oder lassen sich zu schnellem Fahren verleiten, ________________ sich ruhig zu verhalten. Routinierte Autofahrer*innen ________________ lassen sich in solchen Situationen nicht aus der Ruhe bringen.

88 Erstelle jeweils abwechslungsreiche Überleitungen zwischen den Gliederungspunkten 3.1 bis 4.2.

A. **Die Freizeit für Schüler*innen hat in den letzten Jahren abgenommen**

B. **Welche Bedeutung hat die Freizeit für Schüler*innen in Anbetracht der immer länger werdenden Schultage?**

1 Möglichkeit des sozialen Engagements
1.1 Mitarbeit in Vereinen oder Parteien
1.2 Mithilfe in Heimen oder Krankenhäusern

2 Abbau von Lernstress mithilfe sportlicher Aktivitäten

3 Entspannung und Erholung
3.1 Besuch von Konzerten

____

____

____

3.2 Reisen

3.3 Zu Hause

4 Stärkung der sozialen Kontakte

4.1 Ausflüge mit der Familie

4.2 Treffen mit Freundinnen/Freunden

C. Meiner Meinung nach ist ein bisschen Freizeit für Schüler*innen heutzutage wichtiger denn je

6.5 Hinweise für die Selbstkontrolle

Vergiss nicht, deinen Aufsatz am Ende noch einmal Korrektur zu lesen:

Inhalt und Aufbau

Überprüfe, ob …

- deine Gliederung, insbesondere die Sätze/Stichpunkte für Einleitung und Schluss, auch noch stimmen oder angepasst werden müssen.
- deine Einleitung mit eigenen Ideen zum Thema hinführt, ohne Argumente aus dem Hauptteil vorwegzunehmen.
- deine Argumente jeweils richtig aufgebaut, verständlich und überzeugend sind.
- dein Schluss den Aufsatz abrundet.

Umgang mit Informationsmaterial

Überprüfe, ob …

- du die Aussagen des Materials korrekt interpretiert hast.
- du wichtige und unwichtige Informationen unterschieden hast.
- du erkannt hast, welche Thesen, die das Material liefert, zum Thema passen.
- du die übernommenen Informationen in eigenen Worten formuliert oder korrekt zitiert hast (mit Quellen- und Zeilenangabe).

Sprache

Überprüfe, ob …

- Rechtschreibung, Satzbau und Zeichensetzung korrekt sind.
- du passende und abwechslungsreiche Überleitungen verwendet hast.
- du Fachbegriffe richtig eingesetzt hast.
- du als Zeitform deines Aufsatzes das Präsens benutzt hast.

89 Schreibe nun eine komplette Erörterung zum Thema: „Schüler*innen mit Behinderung haben ein Recht auf freie Schulwahl. Welche Vor- und Nachteile hat es, wenn Kinder mit Behinderung eine Regelschule besuchen? Welche Maßnahmen sollten ergriffen werden, damit der gemeinsame Unterricht von behinderten und nicht behinderten Kindern erfolgreich verläuft?“
Orientiere dich dabei am besten an der auf S. 211 f. vorgegebenen Gliederung, damit du deine Ergebnisse besser mit der Musterlösung vergleichen kannst. Andere Möglichkeiten guter Gliederungen gibt es natürlich auch.

Erschließen eines pragmatischen oder literarischen Textes

Bei einer Texterschließung geht es darum, dass du dich unter bestimmten Gesichtspunkten mit einem Text und seiner Thematik auseinandersetzt. Die Ergebnisse deiner Untersuchung sollst du so formulieren, dass auch jemand, der den Text nicht gelesen hat, weiß, worum es geht, und ein vertieftes Verständnis der Thematik bekommt.

Leitaufgaben geben vor, unter welchen Aspekten du den Text untersuchen sollst. Sie helfen dir, den Text strukturiert zu erschließen. Die Aufgaben decken dabei in der Regel drei Formen der schriftlichen Auseinandersetzung mit einem Text ab. Du sollst …

- über den Text und das Thema **informieren** (Inhalt, Sprache, besondere Merkmale),
- dich mit dem Text/Thema **argumentierend** auseinandersetzen (begründete Stellungnahme),
- den Text oder das Thema in einer offenen Schreibform **produktiv erschließen** (z. B. erzählen, einen Dialog schreiben).

Das Grundgerüst deiner Texterschließung kannst du dir so vorstellen:

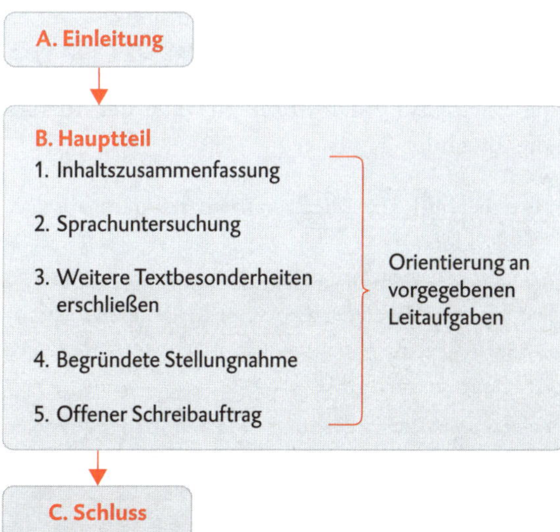

90 Setze in den Lückentext die passenden Begriffe ein.

In einer Texterschließung sollst du über den ____________________, die ____________________ sowie ____________________ des Textes informieren. Darüber hinaus musst du unter Beweis stellen, dass du dich ____________________ mit dem Text bzw. mit seiner Thematik auseinandersetzen kannst. In einer ____________________ ____________________ sollst du deine eigene Position zum Ausdruck bringen. Zuletzt wird in einem offeneren Schreibauftrag eine ____________________ Auseinandersetzung mit dem Text gefordert.

Die Texterschließung fordert von dir die folgenden **Grundkompetenzen:**

- sinnerfassendes Lesen
- Erkennen von Hintergründen und Zusammenhängen
- Bestimmen von Textsorten und deren Wirkung
- Urteilsvermögen und kritische Stellungnahme
- logische Entwicklung von Gedankengängen
- kreativer Umgang mit Texten
- Beherrschung von Rechtschreibung und Grammatik
- sprachliche Gewandtheit

Bevor du mit der Bearbeitung der einzelnen Teile der Texterschließung beginnst, beachte die folgenden Tipps:

- **Lies** dir den Text mehrmals **gründlich** durch und **markiere**, was dir auf Anhieb sprachlich und inhaltlich auffällt.
- Den Sinn einer dir unklar erscheinenden Textstelle kannst du oft klären, indem du in ihrem **Kontext**, also kurz davor und danach, nach Hinweisen suchst.
- Bearbeite die Aufgaben in der **vorgegebenen Reihenfolge** und halte deine Ergebnisse zunächst **stichpunktartig** fest.
- Überlege dir einen sinnvollen **Einleitungs-** und **Schlussgedanken**.
- Achte immer darauf, dass der Aufsatz ein **zusammenhängender Text** ist, der gewandt und flüssig geschrieben sein soll.

Grundlage der Texterschließung kann ein pragmatischer oder ein literarischer Text sein.

info

Pragmatische Texte (Sach- und Gebrauchstexte)

Artikel in Zeitschriften und Zeitungen, formelle Briefe, Gebrauchsanweisungen usw. gelten als Sach- und Gebrauchstexte. Sie sollen uns **informieren**, aber manchmal auch gezielt **beeinflussen**.
In Sachtexten werden verschiedene politische, gesellschaftliche, wissenschaftliche oder wirtschaftliche Themenbereiche angesprochen. Je **nach Inhalt und Zielsetzung** lassen sich drei Grundtypen von Texten unterscheiden:

informativer Text	appellativer oder kommentierender Text	regelnder Text
Sach- und Lehrbuch, Beschreibung, Bericht, Nachricht, Protokoll, Inhaltsangabe, Reportage, Interview …	Aufruf, Werbetext, Flugblatt, Wahlblatt, Kommentar, Rezension, Leitartikel, Leserbrief, Glosse, Blog …	Verordnung, Gesetzestext, Vertrag, Abkommen, Betriebsanleitung …

In Prüfungen und Klassenarbeiten werden dir vor allem Bericht, Reportage, Kommentar und Glosse begegnen.

info

Literarische Texte

Anders als Sachtexte sind literarische Texte **fiktional**. Sie erheben keinen Anspruch darauf, Tatsachen darzustellen, sondern präsentieren „eigene Welten“. Ihre Inhalte sind stets auf besondere Weise gestaltet. Vieles steht „zwischen den Zeilen“. Deine Aufgabe ist es, diese versteckten Botschaften und die besondere Gestaltung der Texte aufzuschlüsseln.
Man unterscheidet **lyrische, epische** und **dramatische Texte:**

Lyrik	Epik	Dramatik
Dichtung, meist in Versen und Strophen Gedicht, Ballade, Sonett, Lied	erzählende Texte[1] Roman, Novelle, Kurzgeschichte, Fabel, Märchen, Satire, Parabel, Anekdote	Texte mit verteilten Rollen, konzipiert für die Aufführung vor Publikum Komödie, Tragödie, Hörspiel

Häufig liegen der Erschließung von literarischen Texten Kurzgeschichten, Romanauszüge, Novellen, Erzählungen oder satirische Texte zugrunde.

1 Ein epischer Text kann in Versen oder in Prosa, also in freier, ungebundener Sprache verfasst sein. Epische Texte in Versform gibt es heute aber nur noch sehr selten.

1 Einleitung

Die Einleitung deines Aufsatzes soll das Interesse der Leser*innen wecken und zur Thematik des Textes hinführen. Sie sollte folgende Punkte enthalten:

- Name der **Autorin** oder des **Autors**
- **Titel** des Textes
- **Daten zum Text** wie Erscheinungsort, Erscheinungsjahr, bei Zeitungstext: Quellenangabe (Name der Zeitung, genaues Erscheinungsdatum)
- Bestimmung der **Textsorte**
- **Basissatz:** Hauptthema des Textes in Kurzfassung

Der **Basissatz** kann am Schluss der Einleitung oder zu Beginn der Inhaltszusammenfassung stehen. Er fasst die Hauptaussage des Textes zusammen und gibt einen Überblick über das, worum es geht.

Text

Christine Lambrecht: Luise

Als sie den Kopf hob, stand sie plötzlich vor drei Frauen, die lange, fremdartige Kleider trugen. Die drei sahen neugierig zu ihr. Luise blickte an sich herunter. Da war doch nichts Besonderes. Sie trug einen grünen Rock und flache Sportschuhe. Also ging sie weiter, bis an die Waschbecken heran.

Eine der Frauen sagte unvermittelt, dass sie aus Mali kämen, dabei sah sie abwartend in Luises Gesicht.

Luise wollte sich nur die Haare kämmen. Sollte sie jetzt sagen, dass sie aus Zerbst sei und keine Vorstellung von Mali hätte? Sie lächelte höflich und kramte verlegen in ihrer Tasche nach dem Kamm. Sie hatte ja nicht damit rechnen können, auf der Bahnhofstoilette von drei Afrikanerinnen angesprochen zu werden. Dann wäre sie vielleicht auch gar nicht hingegangen, bestimmt nicht. Schließlich hatten sich auch die Kolleginnen an ihre dunklere Hautfarbe gewöhnt und versuchten nicht mehr, nach ihrem Vater zu fragen.

Luise mühte sich mit dem Kamm im krausen Haar. Die Frauen sahen interessiert und freundlich zu. Während Luise noch überlegte, ob sie jetzt eindeutig und heftig fluchen sollte oder besser ein deutsches Volkslied singen, trat eine der Frauen plötzlich näher und hielt ihre Hand fest. Dann fuhr sie mit einem kleinen Kämmchen, das nur drei lange Zinken hatte, in Luises Haar.

Sie setzte immer wieder auf der Kopfhaut an und zog es nach oben, tat dann das gleiche bei sich und schob das Kämmchen in Luises Tasche. Dabei strich sie wie zufällig über Luises Hand, auch die anderen beiden taten das, bevor sie lächelnd aus dem Raum gingen.

Quelle: Christine Lambrecht: Dezemberbriefe. Geschichten & Miniaturen. Mitteldeutscher Verlag. Halle/Leipzig: 1982, 2. Auflage, S. 98.

Beispiel

Einleitung mit Basissatz zu Christine Lambrechts „Luise“:

Die Kurzgeschichte „Luise“ von Christine Lambrecht ist 1982 in dem Band „Dezemberbriefe. Geschichten & Miniaturen“ im Mitteldeutschen Verlag erschienen. In ihr wird gezeigt, wie ein junges Mädchen hin- und hergerissen ist zwischen ihrer nur äußerlich sichtbaren afrikanischen Herkunft und ihrem europäischen Leben, aber auch, dass Taten mehr sagen können als tausend Worte.

Daten zum Text

Basissatz mit Hauptthema des Textes

Um deine Einleitung noch interessanter zu machen, kannst du z. B. zusätzliche Informationen über den Autor oder die Autorin ergänzen (sofern vorhanden) und/oder einen **persönlichen Gedanken** oder eine **allgemeine Feststellung** zum Thema des Textes formulieren.

91 Ergänze die Einleitung zu Christine Lambrechts „Luise“, indem du einen persönlichen Gedanken oder eine allgemeine Feststellung zum Thema voranstellst.

92 Schreibe eine Einleitung mit Basissatz …

a … zum folgenden Auszug aus dem Roman „Der Gesang der Flusskrebse“ von Delia Owens. Beziehe die Informationen zur Autorin mit ein.

b … zum Zeitungsbericht „Die beste Uhrzeit für Sport“ (S. 111 f.).

Text

Delia Owens: Der Gesang der Flusskrebse (Auszug)

Es war ein sengend heißer Augustmorgen, und der feuchte Atem der Marsch[1] verhängte die Eichen und Kiefern mit Nebel. Eine ungewöhnliche Stille herrschte zwischen den Palmettopalmen, nur durchbrochen vom leisen, bedächtigen Flügelschlag des Fischreihers, der sich aus der Lagune erhob. Und dann hörte Kya, gerade mal sechs Jahre alt, die Fliegengittertür knallen. Sie stand auf einem Hocker und war dabei, Maisgrieß aus dem Topf zu kratzen, den sie nun in das lauwarme Spülwasser sinken ließ. Nichts war mehr zu hören außer ihrem eigenen Atmen. Wer hatte die Hütte verlassen? Bestimmt nicht Ma. Sie ließ die Tür niemals zuschlagen.

Aber als Kya zur Veranda rannte, sah sie ihre Mutter in einem langen braunen Rock, die Gehfalten schwangen ihr um die Knöchel, auf hochhackigen Schuhen den Sandweg hinunterstöckeln. Die Schuhe mit der abgeflachten Spitze waren aus künstlichem Krokodilleder. Die trug sie nur, wenn sie ausging. Kya wollte ihr hinterherrufen, aber sie hatte Angst, Pa zu wecken, deshalb öffnete sie nur die Tür und trat auf die wackeligen Holzstufen. Von dort konnte sie den blauen Koffer sehen, den Ma in der Hand trug. Normalerweise wusste Kya mit dem Vertrauen eines jungen Hundes, dass ihre Mutter zurückkommen würde, mit einem Stück Fleisch, in fettiges braunes Packpapier eingeschlagen, oder mit einem Hühnchen, dessen Kopf nach unten baumelte. Aber sie trug nie die Krokoschuhe, nahm nie einen Koffer mit.

An der Stelle, wo der Fußweg auf die Straße traf, drehte Ma sich immer um, reckte einen Arm in die Luft und schwenkte eine bleiche Hand, ehe sie den Pfad nahm, der sich durch Moorwald und Schilflagunen schlängelte und schließlich – falls die Gezeiten es zuließen – in die Stadt führte. Heute jedoch ging sie weiter, stolperte über die tiefen Furchen. Durch die Lücken zwischen den Bäumen war ihre hohe Gestalt immer wieder zu sehen, bis nur noch gelegentlich das weiße Kopftuch im Laub aufblitzte. Kya rannte zu der Stelle, sie wusste, von dort war der Weg zu sehen; bestimmt würde Ma von dahinten aus winken, aber als sie ankam, sah Kya nur noch den blauen Koffer – die Farbe im Wald so fehl am Platz – verschwinden. Eine Schwere, so zäh wie schwarzer Baumwollschlamm, verengte ihr die Brust, als sie zu den Verandastufen zurückkehrte, um zu warten.

Kya war das jüngste von fünf Kindern, die Geschwister deutlich älter, obwohl sie sich später nicht mehr an deren Alter erinnern konnte. Sie wohnten mit Ma und Pa zusammengepfercht wie Stallhasen in der grob zusammengezimmerten Hütte, deren mit Fliegendraht umschlossene Veranda wie ein großes Auge unter den Eichen hervorstarrte.

Jodie, der Bruder, der Kya am nächsten war, aber immerhin sieben Jahre älter, kam aus dem Haus und blieb hinter ihr stehen. Er hatte die gleichen dunklen Augen, das gleiche schwarze Haar wie sie, und er hatte ihr beigebracht, wie die verschiedenen Vögel sangen, wie die Sterne hießen, wie man das Boot durch Sägegras steuerte.

»Ma kommt wieder«, sagte er.

»Weiß nich. Sie hat die Krokoschuhe an.«

»'ne Ma lässt ihre Kinder nich allein. So was kann die gar nich.«

»Du hast mir erzählt, die Fuchs-Mama hat ihre Babys allein gelassen.«

»Schon, aber die hatte ja auch ein aufgerissenes Bein. Wenn sie versucht hätte, sich und ihre Jungen durchzubringen, wär sie verhungert. Da war's besser, dass sie die Kleinen allein lässt, gesund wird und später wieder welche wirft, die sie dann auch großziehen kann. Ma is nich am Verhungern, die kommt wieder.« Jodie war nicht annähernd so zuversichtlich, wie er klang, aber er sagte es Kya zuliebe.

Den Hals wie zugeschnürt, flüsterte sie: »Aber Ma hat den blauen Koffer dabei, als hättse was Großes vor.«

Quelle: Delia Owens: Der Gesang der Flusskrebse. Carl Hanser Verlag. München 2019, S. 13–15.

Worterklärung:

1 Marsch: hier: Sumpfgebiet an der Küste North Carolinas

Informationen zur Autorin:

Delia Owens wurde 1949 in Georgia geboren. Sie studierte Zoologie und erforschte über viele Jahre das Verhalten von Tieren in der Wildnis. „Der Gesang der Flusskrebse" ist ihr erster Roman. Er wurde weltweit zum Bestseller und gilt als einer der erfolgreichsten amerikanischen Erstlingsromane.

Die beste Uhrzeit für Sport

Seit Jahren wird gerne die Frage diskutiert: Lieber abends in die Sportschuhe, um abzunehmen, oder morgens? Eine neue Studie gibt darauf nun eine recht eindeutige Antwort.

Von Michael Brendler

Die Natur ist nicht immer gerecht, mit dieser Tatsache werden Pechvögel bei der Genverteilung oft konfrontiert, wenn sie auf die Waage steigen. Während Partner oder Kollege das Essen nur so in sich hineinzuschaufeln scheinen, muss man selbst schon für seine paar kulinarischen Sünden büßen, offenbart die Skala in aller Brutalität. Und das, obwohl man regelmäßig versucht, dem durch Sport entgegenzuwirken.

Liegt es an den unterschiedlichen Genen, Darmbakterien oder Zeiten, die zwischen den Trainingseinheiten auf dem Sofa verbracht werden? Bislang kann die Forschung hier nicht groß weiterhelfen. Aber immerhin kann sie nun eine andere Antwort präsentieren: Wie man es schafft, durch Bewegung möglichst schnell Gewicht zu verlieren. Schon lange sollen verschlankte Prozesse und Strukturen in der Wirtschaft Effizienzgewinne garantieren – nun wird die Gebrauchsanleitung zum schlanken Schlankerwerden nachgeliefert.

Das Thema wird schon seit Jahren heiß diskutiert: Wann lohnt es sich am ehesten, sich zum Anziehen der Joggingschuhe zu zwingen: Am Morgen, am besten noch vor dem Frühstück? Denn dann ist der Magen leer und der Körper muss auf seine Vorräte im Fettgewebe zurückgreifen, argumentieren die Befürworter dieses Trainingsplans. Andere wiederum glauben, es ist eigentlich gleich, wann man seine Kalorien verbrennt, es kommt allein auf die Gesamtsumme an.

Beide Seiten können auf Studien verweisen, die in die eine oder andere Richtung deuten. So scheinen beispielsweise Mäuse beim frühen Training tatsächlich überdurchschnittlich viel Fett zu verbrennen.

In einer Studie mit 32 menschlichen Versuchspersonen bauten allerdings, darauf verweist gerne die Gegenseite, diejenigen besonders viel Fettpolster ab, die erst nachmittags ihr Sportprogramm begannen.

Beide Arbeiten teilen jedoch ein Problem, das auch die meisten anderen Untersuchungen zu diesem Thema haben: Entweder sind an ihnen so wenig humane Probanden beteiligt, dass man aus ihnen keine endgültigen Schlüsse ziehen kann. Oder es sind Tiere, die im Labor trainieren. Und was in deren Organismus passiert, lässt sich nicht eins zu eins auf den Menschen übertragen.

Neue und schwere argumentative Munition liefert den Freunden des Morgensports nun eine Studie aus den Niederlanden. Dort wurden die Daten von beachtlichen 86 657 Personen ausgewertet, die ihre Gesundheitsdaten und ihr Aktivitätsprofil einer britischen Forschungseinrichtung anvertraut haben. Das Ergebnis: Menschen, die lieber vormittags ihre Kalorien verbrennen, haben ein um 16 Prozent niedrigeres Risiko für eine koronare Herzkrankheit als später Aktive. Selbst wenn sie beim Sport ähnlich viel Energie verbrennen. Das führen die Forscher vor allem auf einen größeren Effekt auf Metabolismus und Fitnesslevel zurück – der sich wiederum auf Hungergefühl und Fettpolster auswirkt.

Einen noch direkteren Zusammenhang zwischen Morgensport und Körpergewicht haben Forscher vor zwei Jahren bei rund hundert bislang inaktiven, übergewichtigen Erwachsenen gemessen. Je mehr Trainingseinheiten am Morgen, desto weniger Kilos später auf der Waage, lautete das Ergebnis. Und was besonders motivierend ist: Beeindruckende 80 Prozent der Probanden hatten mit diesem Trick sogar langfristig abgenommen.

Quelle: Michael Brendler: Die beste Uhrzeit für Sport, SZ.de vom 16. 12. 2022, https://www.sueddeutsche.de/gesundheit/abnehmen-sport-uebergewicht-uhrzeit-1.5716382?slide_id=1&utm_medium=organic_content&reduced=true&utm_content=fitness_1.5716382&deeplink=false&utm_source=googlewebstories&utm_campaign=op_social?ref=ampstories

2 Hauptteil

Der Hauptteil besteht aus der eigentlichen **Texterschließung**. Die folgende Tabelle bietet dir einen Überblick über mögliche Aufgabenstellungen bzw. Teilbereiche, die du untersuchen sollst. Je nachdem, ob sich die Texterschließung auf einen literarischen oder einen pragmatischen Text bezieht, können sich die Aufgabenarten leicht unterscheiden.

Hauptteil	pragmatischer Text	literarischer Text
1. Inhaltszusammenfassung	unter Berücksichtigung des Textaufbaus	ohne Berücksichtigung des Textaufbaus
2. Sprache untersuchen und reflektieren	in Bezug auf … • den gesamten Text *oder* • bestimmte Textabschnitte *oder* • eine vorgegebene Anzahl sprachlicher Mittel/Auffälligkeiten *oder* • eine These zu einer sprachlichen Besonderheit	
3. Weitere Textbesonderheiten erschließen	z. B. • Textsorte • mögliche Absicht des Verfassers/der Verfasserin • Zielgruppen	z. B. • Textsorte • Figurencharakterisierung • Zusammenhang zwischen Text, Entstehungszeit, Autorenbiografie
4. Begründete Stellungnahme	• zu einer Aussage des Textes *oder* • zu einer Frage- bzw. Problemstellung, die der Text aufwirft	
5. Offener Schreibauftrag	z. B. erzählen, schildern; einen inneren Monolog, Tagebucheintrag, persönlichen Brief oder Dialog schreiben	
		• eine Leerstelle füllen • einen Text fortsetzen • aus einer anderen Perspektive erzählen

Hinweis: Die hier vorgestellten Aufgabenarten richtet sich nach den Prüfungsvorgaben in Bayern; sie können je nach Schule und Bundesland variieren.

2.1 Inhaltszusammenfassung

Voraussetzung für eine Inhaltszusammenfassung ist ein grundlegendes Textverständnis. Um das Wesentliche erfassen zu können, ist ein **mehrmaliges Lesen** des ganzen Textes oder bestimmter Textstellen nötig. Nimm einen Stift zur Hand und markiere schwer verständliche oder besonders markante Stellen. Berücksichtige für die Inhaltszusammenfassung folgende Arbeitsschritte:

- Beantworte die sogenannten **W-Fragen** (Wer, Wo, Wann, Was/Worum geht es …).
- Beschränke dich auf die **wesentlichen Punkte des Geschehens** (Grund, Folge) und beschreibe keine Nebensächlichkeiten (keine Nacherzählung).
- Stelle die wichtigen Inhalte in einer **logischen Reihenfolge** dar.
- Bevorzuge einen nüchternen, **sachlichen Stil** ohne ausmalende Elemente.
- Wandle die direkte in die **indirekte Rede** um.
- Formuliere in einer von der Textvorlage unabhängigen, **eigenständigen Sprache**.
- Wähle als Zeitform das **Präsens** (bei zeitlichen Rückgriffen das Perfekt).

Man unterscheidet je nach Aufgabenstellung zwischen der einfachen und der strukturierten Inhaltszusammenfassung.

Die einfache Inhaltszusammenfassung

Sie verlangt von dir einen geschlossenen Text ohne Zeilenangaben. Die dazugehörigen Arbeitsaufträge können zum Beispiel lauten:

- Fasse den Inhalt des Textes zusammen.
- Informiere über den Inhalt des Textes.

Beispiel Einfache Inhaltszusammenfassung der Kurzgeschichte „Luise“:

Basissatz

Die in Deutschland aufgewachsene Luise sieht sich durch eine ungewöhnliche Begegnung auf einer Bahnhofstoilette mit ihrer nur äußerlich sichtbaren afrikanischen Herkunft konfrontiert.

Zusammenfassung der wesentlichen Textinhalte

Luise trifft in einer Bahnhofstoilette, die sie aufgesucht hat, um sich die Haare zu kämmen, auf drei afrikanische Frauen. Sie empfindet die Frauen, die ihr plötzlich gegenüberstehen, als fremdartig gekleidet und sie fühlt sich unwohl, weil diese sie interessiert ansehen. Eine der Frauen spricht Luise an und sie erfährt, dass sie aus Mali kommen. Die Frauen erwarten offenbar, dass auch Luise ihnen mitteilt, woher sie stammt. Luise ist verunsichert und antwortet nur mit einem Lächeln. Sie ist es gewöhnt, nicht mehr nach ihrer „dunkleren Hautfarbe“ und ihrer Herkunft väterlicherseits gefragt zu werden. Da eine der Frauen sieht, wie schwer es Luise fällt, ihre krausen Haare zu kämmen, tritt sie zu Luise und fährt ihr mit einem besonders geformten Kamm durch die Haare. Luise unternimmt nichts dagegen, sondern lässt es geschehen. Die Frau steckt den Kamm in Luises Tasche. Bevor sie die Toilette lächelnd verlassen, berühren alle drei Frauen zum Abschied leicht Luises Hand.

Das ist bei der **Inhaltszusammenfassung literarischer Texte** besonders wichtig:

- Wie ist die **Anfangssituation**, wie die **Schlusssituation**? Wie verändert sich das Geschehen?
- Erkennst du eine **Steigerung** im Handlungsablauf, einen Höhepunkt, der ein **Wendepunkt** sein kann, und einen (ggf. unerwarteten) Schluss?
- Wie ist der **zeitliche Ablauf**? Gibt es Rückblicke oder Vorausdeutungen?
- Notiere dir alle **Handlungsschritte** und ordne sie in der richtigen zeitlichen Reihenfolge.
- Berücksichtige neben der **äußeren** immer auch die **innere Handlung**, also die Gefühle und Gedanken der Figuren. Achte auch hier besonders auf Veränderungen.

Kurt Marti: Happy end

Sie umarmen sich, und alles ist wieder gut. Das Wort ENDE flimmert über ihrem Kuss. Das Kino ist aus. Zornig schiebt er sich zum Ausgang, seine Frau bleibt im Gedränge hilflos stecken, weit hinter ihm. Er tritt auf die Straße, bleibt aber nicht stehen und geht, ohne sie abzuwarten, geht voll Zorn, und die Nacht ist dunkel. Atemlos, mit kleinen, verzweifelten Schritten, holt sie ihn ein, er geht und sie holt ihn wieder ein und keucht. Eine Schande, sagt er im Gehen, eine Affenschande, wie du geheult hast, mich nimmt nur wunder[1] warum, sagt er. Sie keucht. Ich hasse diese Heulerei, sagt er, ich hasse das. Sie keucht noch immer. Schweigend geht er und voller Wut, so eine Gans, denkt er, und wie sie nun keucht in ihrem Fett. Ich kann doch nichts dafür, sagt sie endlich, ich kann wahrhaftig nichts dafür, es war so schön, und wenns schön ist, muss ich halt heulen. Schön, sagt er, dieser elende Mist, dieses Liebesgewinsel, das nennst du schön, dir ist ja nun wirklich nicht mehr zu helfen. Sie schweigt und geht und keucht. Was für ein Klotz, denkt sie, was für ein Klotz.

Quelle: Kurt Marti: Dorfgeschichten. Darmstadt. Neuwied: Luchterhand 1983, S. 20. (Rechtschreibung aktualisiert)

Worterklärung:

1 wundernehmen: sich wundern

93 Lies die Kurzgeschichte „Happy end“ von Kurt Marti (S. 115). Korrigiere anschließend die folgende Inhaltsangabe zu der Geschichte: Streiche Überflüssiges, ergänze fehlende Informationen und verbessere sprachliche Fehler.

Inhaltsangabe zu Kurt Marti „Happy end“

Ein Mann und eine Frau kommen aus dem Kino, wo sie einen Liebesfilm gesehen haben. Der Mann eilt zornig davon, ohne auf die Frau zu warten, was ich ziemlich gemein von ihm finde. Sie bemüht sich keuchend, mit ihm Schritt zu halten. Sie antwortet, sie könne nichts dafür, dass sie weinen müsse, wenn sie etwas schön finde. Der Mann sagt zu ihr: „eine Affenschande, wie du geheult hast“. Daraufhin äußert der Mann, ihr sei nicht zu helfen, wenn sie romantische Filme möge. Abschließend kritisierte die Frau gedanklich die Gefühlskälte des Mannes.

94 Schreibe eine einfache Inhaltszusammenfassung zu Delia Owens „Der Gesang der Flusskrebse“ (S. 109 f.).

Die strukturierte Inhaltszusammenfassung

Hierbei geht es darum, die einzelnen gedanklichen Schritte eines Textes genau zu erfassen und wiederzugeben. Dazu ist die Gliederung des Textes in Sinneinheiten mit den entsprechenden Zeilenangaben erforderlich. Die strukturierte Inhaltszusammenfassung wird häufig bei pragmatischen Texten verlangt.

Aufgaben zur strukturierten Inhaltszusammenfassung können lauten:

- Fasse den Inhalt des Textes so zusammen, dass der Aufbau erkennbar wird.
- Informiere über Aufbau und Inhalt des Textes.

Orientiere dich an den folgenden Fragestellungen:

- In welche **Sinneinheiten** kannst du den Text aufteilen?
  Wichtig: Sinneinheiten bzw. -abschnitte können, müssen aber nicht durch Absätze erkennbar sein. Entscheidend ist, dass in einem Abschnitt ein neuer inhaltlicher Aspekt eingeführt wird.
- Welche **Funktionen** (Aufgaben) erfüllen die einzelnen Abschnitte?
  Häufige Funktionen sind z. B. Hinführung zum Thema, Darstellung von Hintergrundinformationen, Kritik/Meinungsäußerung, Abrundung

Beispiel

Strukturierte Inhaltszusammenfassung von „Die beste Uhrzeit für Sport“ (S. 111 f.):

Im Vorspann wird die Frage aufgeworfen, zu welcher Tageszeit man am besten Sport treiben sollte, um abzunehmen. / Als Einleitungsgedanke (Z. 1–11) weist der Autor auf die unterschiedliche Nahrungsverwertung hin, die dazu führt, dass einige Menschen schneller zunehmen als andere. / Im zweiten Abschnitt (Z. 12–36) leitet der Verfasser zur aktuellen Forschung zu diesem Thema über. Diese kenne zwar nach wie vor nicht die Ursachen für die ungleiche Verteilung bei der Gewichtszunahme, zeige aber neue Erkenntnisse zur Bewältigung dieses Problems. Konkret geht es dabei um die Frage, ob Sport morgens oder abends effektiver zum Abnehmen ist. Für beide Positionen führt der Verfasser jeweils ein Argument an. / Als Nächstes (Z. 37–57) beschreibt er zwei Studien zum Thema. Eine davon legt nahe, dass Bewegung am Morgen effektiver ist, während die Ergebnisse der anderen für nachmittäglichen Sport sprechen. Allerdings sind die Resultate beider Untersuchungen dem Autor zufolge unzuverlässig, da sie entweder auf Versuchen mit zu wenig Probanden oder nur auf Beobachtungen an Tieren beruhen. / Abschließend (Z. 58–86) werden zwei neue Studien mit aussagekräftigeren Datengrundlagen vorgestellt. Diese belegen, dass Morgensport sich besser zum Abnehmen eignet und zudem das Risiko für Herzerkrankungen stärker reduziert als Bewegung am Abend.

Vorspann | *1. Sinnabschnitt* | *2. Sinnabschnitt* | *3. Sinnabschnitt* | *4. Sinnabschnitt*

95 **a** Gliedere den folgenden Zeitungstext „Abholzung in Gambia“ in Sinnabschnitte. Formuliere für jeden Sinnabschnitt eine inhaltlich passende Überschrift, die die Funktion des Abschnitts wiedergibt. Trage deine Ergebnisse in die Tabelle auf S. 120 ein.

Hinweis: Die vorgegebene Anzahl an Sinnabschnitten ist nur ein grober Anhaltspunkt. Du kannst Tabellenzeilen ergänzen oder streichen.

b Schreibe zum Zeitungstext „Abholzung in Gambia“ eine Einleitung mit anschließender strukturierter Inhaltszusammenfassung.

Text

Abholzung in Gambia: Laub-Briketts statt Feuerholz

Andreas Sieler

Viele Haushalte in Gambia kochen notgedrungen mit gerodetem Feuerholz. Eine Gruppe Studierender will das ändern – mithilfe einer Ressource, die sowieso schon auf der Straße liegt.

Banjul – Wer aus der Gruppe den Einfall hatte, weiß niemand mehr so genau. Für ein Uni-Projekt wurden umweltfreundliche Ideen gesucht. „Es war die Idee von uns allen", sagt Mansata Jabai. „Wir suchten nach einer Alternative zu Kohle und Feuerholz." Mit „wir" meint die 26-jährige Studentin sich und eine Handvoll Kommilitonen[1] der Universität von Gambia. Gemeinsam wollen sie den hohen Verbrauch von Kohle und Feuerholz in dem kleinen westafrikanischen Land reduzieren und somit die weitere Abholzung ihrer Wälder verhindern.

Denn der Bedarf an den Brennstoffen ist offensichtlich: Wer durch die Straßen der größten Stadt Serekunda und der Hauptstadtregion Banjul läuft, nimmt häufig den Geruch von Rauch wahr. Wie hierzulande beim Grillen, den Duft von verbrennender Holzkohle. Viele Menschen bereiten Essen oder Tee auf offener Flamme zu und in den meisten Fällen geschieht das aufgrund mangelnder Alternativen. Gas ist zu teuer. Strom ist auch keine Option, da das Stromnetz dauernd zusammenbricht. Gambia bezieht seinen Strom von zwei Dieselgeneratoren auf einem rostigen Schiff vor der Küste Banjuls.

Das sieht nicht nur abenteuerlich aus, sondern kann auch den Strombedarf des Landes nicht decken. Stromausfälle kommen mehrmals am Tag vor [...]. Solarkocher wären auch im Interesse des Klimas eine emissionsfreie und die wohl sinnvollste Lösung, auch Sonne gibt es genug, doch sie werden auf den Märkten kaum angeboten, weil Solarkocher für die meisten Menschen ohnehin unerschwinglich sind.

Was auf den Märkten und in den Straßen stattdessen überall feilgeboten wird sind Feuerholz und Holzkohle. Oft in kleinen Mengen, Tagesrationen, die gerade mal zum Zubereiten einer Mahlzeit genügen, da selbst das Anlegen von Kohlevorräten viele Haushalte finanziell überfordert. [...]

Initiative gegen Abholzung in Gambia: Laubbriketts als Alternative

Die kleine Gruppe Studierender trifft sich an einem sonnigen Tag auf einem privaten Grundstück am Stadtrand Serekundas. [...] Der sandige Boden ist makellos gefegt und geharkt, vereinzelt türmen sich Laubhaufen. Und darum geht es bei der Idee der Gruppe: Brennholz und Holzkohle durch ein Produkt zu ersetzen, für das keine Bäume abgeholzt werden müssen und das kostengünstig verfügbar ist: Laub. Die Studierenden pressen das Laub zu brennbaren Briketts. „Das Rohmaterial liegt überall rum", sagt Modou Lamin Manneh, einer der Studierenden. „Die Briketts rauchen weniger als Kohle", benennt er einen der Vorteile. „Viele Menschen hier sterben mit 50, 60 Jahren an Krebs. Die Briketts sind besser für die Luft und es müssen keine Bäume dafür gefällt werden."

Ein Thema in Gambia. „Wir haben viele Savannen[2], wo einst Wälder waren", sagt Manneh. „Die Menschen können aber nicht mit dem Abholzen aufhören, sie leben davon. Wenn, dann brauchen sie eine Alternative." Natürlich werden Bäume aus vielerlei Gründen abgeholzt. Jüngstes Beispiel: Zuletzt verschwand an der Küste der Hauptstadtregion ein beachtlicher Teil des Bijilo-Nationalparks – Heimat zahlreicher Affen – was zu Protesten führte. Seit 2020 steht im einst nördlichen Teil des Parks stattdessen ein riesiges, von China gefördertes Kongresszentrum.

Statistiken zur Waldrodung in Gambia sind teils widersprüchlich, was auch an verschiedenen Definitionen von „Wald" liegen mag. Dem Statistischen Bundesamt zufolge ist heute noch knapp ein Viertel der Landfläche bewaldet. Das deckt sich grob mit einer Weltbankerhebung, diese nennt einen Rückgang der Waldfläche von 4147 Quadratkilometern im Jahr 1990 auf nur noch 2427 Quadratkilometer 2020. Gambia ist mit gut 11 000 Quadratkilometern etwa halb so groß wie Hessen. Die Hilfsorganisation SOS Kinderdorf beklagt derweil einen Verlust von 91 Prozent des einstigen Waldbestandes zugunsten von Landwirtschaftsfläche und Brennholzgewinnung.

Von einer Massenproduktion der Laub-Briketts ist die Gruppe noch sehr weit entfernt, es geht ihnen zunächst darum, für ihr Projekt Aufmerksamkeit zu gewinnen. Dafür führen sie den Herstellungsprozess vor: Das Laub und was die Bäume sonst noch abwerfen wird karbonisiert[3] – in einer Tonne angezündet und mit Wasser abgelöscht. Das Ergebnis wird gesiebt, kleiner und kleiner, zu schwarzen Mini-Partikeln. Dann holt Mansata Jabai ein kleines Tütchen mit weißem Pulver hervor. „Das ist organisch", sagt sie, gewonnen aus Stärke der Cassava-Pflanzen (Maniok). In einem Kochtopf erhitzen die Studierenden Wasser und geben nach und nach das Pulver hinzu, aufgekocht und verrührt wird es zu einem dickflüssigen Klebstoff. Das karbonisierte Material wird im nächsten Schritt mit dem Klebstoff vermengt, „das hält die Partikel zusammen", sagt Jabai. Die Masse wird danach mit Kraft in eiserne runde Behälter einer Vorrichtung gepresst. Ist die Masse etwas angetrocknet, wird der bewegliche Boden der Vorrichtung mit einem Hebel nach oben gedrückt, wodurch die fertigen Briketts ans Licht kommen. Fast fertig: Die grauen Briketts müssen jetzt nur noch zwei, drei Tage durchtrocknen.

„Mit Maschinen könnten wir natürlich viel schneller produzieren", sagt Sulayman Darboe. [...] Jabai fügt hinzu: „Wir haben passende Maschinen im Internet gesehen, aber die können wir uns nicht leisten." Derzeit schaffen sie nur eine Handvoll 50-Kilo-Säcke pro Woche [...].

Wie Studierende mit Laub-Briketts die Abholzung der Wälder reduzieren wollen

Dass alle Studiengänge verschiedener Fachrichtungen belegen, kommt dem Projekt zugute, sagen sie. Ihr Wissen bringen sie unter anderem aus den Bereichen Physik, Mathematik, Agriculture and Economics, Marketing-Management, Klimaforschung und Hydrologie[4] zusammen.

Laub habe gegenüber Kohle bestimmte Vorteile, sagen die Studierenden. Auf der Hand liegt, dass Abholzung vermieden wird. „Wir haben die physikalischen Eigenschaften verglichen", erklärt Sulayman Darboe. Die Laubbriketts seien demnach effektiver als selbige aus Kohle, sagen sie. „Es ist umweltfreundlicher und hält länger." Ein Problem bleibt natürlich die Karbonisierung. Dabei hat sich die Gruppe Hilfe beim Gambian Technical Training Institute (GTTI) geholt. Heraus kam ein Design für die Tonne, in der die Rohstoffe verbrannt werden. „Durch spezielle Luftzufuhr wird die Rauchentwicklung minimiert", erklärt Jabai. In Zukunft müssten dafür aber auch Filter zum Einsatz kommen [...].

Preislich könne das Produkt schon jetzt der Kohle den Kampf ansagen, da der Rohstoff kostenlos ist. Mit Blick auf die Produktion besteht aber eine Hürde, die viele Projekte in Gambia nie aus den Kinderschuhen wachsen ließ, weiß Darboe: „Das ist ein Problem in Gambia: Die Menschen haben viele Ideen, aber keiner hat Startkapital.“

Langfristig, da dürfte niemand widersprechen, muss Gambia seinen Holzkohlebedarf – und dabei sind andere Länder in Afrika schon weiter – mittels Solarenergie und Solarkochern reduzieren. Die Idee der Studierenden könnte aber ein deutlicher Fortschritt weg vom Status quo sein und vor allem die Abholzung verringern. [...]

Quelle: Andreas Sieler: Abholzung in Gambia: Laub-Briketts statt Feuerholz, Frankfurter Rundschau vom 01.07.2022, https://www.fr.de/zukunft/storys/nachhaltigkeit/gambia-laub-briketts-klimaschutz-abholzung-feuerholz-startup-91629876.html (Text aus didaktischen Gründen gekürzt)

Worterklärungen:
1 Kommilitone/Kommilitonin: Mitstudierender/Mitstudierende
2 Savanne: Graslandschaft mit wenigen Bäumen
3 karbonisieren: verkohlen, in Kohlenstoff umwandeln
4 Hydrologie: Wissenschaft/Lehre vom Wasser, seinen Arten, Eigenschaften und seinen Erscheinungsformen über, auf und unter der Erdoberfläche und ihren natürlichen Zusammenhängen

Sinnabschnitt	Zeilen	Inhalt
1		

2.2 Die Sprache untersuchen

Sprachliche Besonderheiten sind oft bewusst eingesetzt, um eine bestimmte Wirkung zu erreichen und die inhaltliche Aussage zu untermauern. Deshalb musst du bei der Sprachanalyse immer nach der **Wirkung oder Absicht der sprachlichen Mittel** fragen.

Die Sprachanalyse kann sich auf den gesamten Text beziehen. Sie kann aber auch auf einen bestimmten Textabschnitt oder eine vorgegebene Anzahl sprachlicher Mittel begrenzt sein. Lautet die Aufgabenstellung „Untersuche die Sprache des Textes", so musst du alle Bereiche untersuchen. Lautet sie „Beschreibe auffällige sprachliche Mittel und ihre Wirkung", so beschränke dich auf einige sprachliche Merkmale, die besonders ins Auge fallen.

Die Aufgabenstellungen könnten z. B. so lauten:

- Beschreibe auffällige sprachliche Mittel und deren Wirkung in den Zeilen 1 bis 30.
- Beschreibe besonders auffällige sprachliche Mittel und deren Wirkung. Beschränke dich auf sechs unterschiedliche Merkmale.

Eine weitere Form der Aufgabenstellung zur Sprachuntersuchung ist, dass du eine Behauptung (These) zur Sprache des Textes reflektieren sollst. Dazu musst du im Text nach verschiedenen sprachlichen Mitteln suchen, welche die vorgegebene Aussage belegen oder widerlegen, z. B.:

- Der Verfasser/die Verfasserin verwendet eine besonders bildhafte Sprache. Belege diese Behauptung mit passenden Textstellen und beschreibe auch die Wirkung der jeweiligen sprachlichen Mittel.

Zur Sprachanalyse gehören folgende Bereiche:

- Satzarten, -struktur und -länge
- Wortwahl
- rhetorische Mittel
- Sprachebene

info

Satz

Die Untersuchung von Satzart, -struktur und länge lässt Rückschlüsse auf die Textsorte und Wirkungsabsicht zu. Folgende Tabelle bietet dir hierzu einen Überblick:

Satzarten	Beispiel	Wirkung
Aussagesatz	Sie ließ die Tür niemals zuschlagen.	Behauptung, Feststellung; erläutert, beschreibt einen Sachverhalt
Fragesatz	Wer hatte die Hütte ver- lassen?	Neugier, Interesse am anderen; lebendiges Gespräch; Einbeziehung des Publikums
Aufforderungs-, Befehlssatz	Hier, nimm meinen!	befehlend, Macht aus- übend
Ausrufesatz	Oh, Sie beruhigen mich!	Verwunderung, Ent- setzen; erregtes Spre- chen, gefühlsbetont
Satzstruktur	**Beispiel**	**Wirkung**
Satzreihe Hauptsätze werden aneinandergereiht.	Kya rannte zu der Stelle, bestimmt würde Ma von dahinten aus winken.	einfach, leicht verständ- lich, überschaubar; kann schnelle Handlungsabfol- ge darstellen
Satzgefüge Haupt- und Neben- sätze werden mit- einander verbun- den.	Von dort konnte sie den blauen Koffer sehen, den Ma in der Hand trug.	Wiedergabe von kom- plizierteren Zusammen- hängen; kann anspruchs- voll, unübersichtlich wir- ken, oft hohe Stilebene
Satzlänge	**Beispiel**	**Wirkung**
kurze Sätze	Nichts war mehr zu hören außer ihrem eigenen Atem.	einfache, knappe, sach- liche Information; meist schnell zu erfassen; kann Spannung oder Hektik vermitteln
lange Sätze	An der Stelle, wo der Fuß- weg auf die Straße traf, drehte Ma sich immer um, reckte einen Arm in die Luft […], ehe sie den Pfad nahm, der sich durch Moorwald und Schilf- lagunen schlängelte […].	genaue, komplexe Infor- mation; eher schwer ver- ständlich, Anspruch an die Leser*innen; Wissen- schaftlichkeit

96 Untersuche die Sätze des Textes „Kollektiver Irrtum“ (S. 124 f.) und begründe mit Textbeispielen deren Wirkung. Notiere deine Ergebnisse stichpunktartig.

Satzarten: **Wirkung:**

Satzstruktur: **Wirkung:**

Satzlänge: **Wirkung:**

Text

stern

Von Meike Winnemuth

Kollektiver Irrtum

Sklavenhaltung, Feudalismus[1], Atomkraft – die Menschheit hat oft danebengelegen. Auch über uns werden die Leute einst den Kopf schütteln.

Wie die meisten Leute irre ich mich ziemlich oft. Ich irre mich in Wahlprognosen, Regenwahrscheinlichkeit, zulässiger Höchstgeschwindigkeit, Kleidergrößen und Abfahrtszeiten von Fernzügen („Den schaffe ich noch locker"). Ich irre mich in Menschen, wenn auch zunehmend seltener, ich habe schon Dutzende von Überzeugungen plus zwei bis drei Lebenspläne begraben und verliere fast jede Wette, die ich eingehe. Ich würde sagen: Der Irrtum ist eine der großen Konstanten meines Lebens. Der Normalfall.

Das gilt nicht nur für mich im Kleinen, sondern für die ganze Menschheit. Was vorgestern für richtig gehalten wurde – geozentrisches Weltbild, [...] Todesstrafe, Sklavenhaltung, Adelsherrschaft, Kriege als Mittel der Politik, Kernkraft als supi Energiequelle –, gilt heute in weiten Teilen der Welt als widerlegt, überholt, barbarisch oder zumindest verpönt. Spricht man von den Zeiten, zu denen all das noch Common Sense war, dann stets mit leichtem Schaudern und der Erleichterung, nicht damals gelebt zu haben, als noch ... Man muss nicht mal in die Bronzezeit oder ins Mittelalter zurückgehen, um sich über die vergangenen Irrtümer und Verirrungen zu gruseln. Unvorstellbar, dass ein Mann seiner Frau verbieten konnte zu arbeiten! Tja, konnte er hierzulande bis 1977, einen historischen Wimpernschlag entfernt.

Jede Generation glaubt, jetzt aber echt mal alles Wesentliche kapiert und auf die Reihe gekriegt zu haben – und wird von der nächsten oder übernächsten Generation eines Besseren belehrt. Das gilt für gesellschaftliche Übereinkünfte genauso wie für wissenschaftliche Überzeugungen, denn selbst die ergeben eine Geschichte des Irrtums. Mein Lieblingsbeispiel ist immer die Schwerkraft: Aristoteles glaubte noch, dass Steine nur deshalb nicht fliegen, weil sie aus freien Stücken am Boden bleiben wollen. Dann kam Newton. Dann kam die Relativitätstheorie. Und jetzt leben wir im Zeitalter der Quantengravitation, die nicht nur unsere Vorstellung von Schwerkraft, sondern auch den ganzen Rest komplett über den Haufen werfen könnte.

Mit ziemlicher Sicherheit also wird sich vieles, was wir heute glauben – ob in Naturwissenschaft, Wirtschaft, Medizin, Erziehung oder Politik –, übermorgen als Irrtum entpuppen. Faktisch falsch, moralisch falsch. In 100 Jahren – ach was, in 50 – werden die Leute über uns den Kopf schütteln und sagen: Was für Idioten, damals zu Beginn des 21. Jahrhunderts. Die haben sich doch tatsächlich in selbst gelenkten Blechcontainern mittels fossiler Energie fortbewegt. Die haben sich über die Arbeit definiert, wie irre! Die haben Tiere gegessen. Die haben Bäume umgehauen, um gelogene Geschichten über sogenannte Prinzen draufzudrucken (zu drucken!), zu lesen (zu lesen!) und anschließend wegzuwerfen. Die haben sich sogar für intelligenter gehalten als Maschinen, nicht zu fassen!

Menschliche Erkenntnis ist, das ergibt die Rückschau auf vergangene Jahrtausende, ein ungemein wackliges Provisorium[2], das jederzeit umgepustet werden kann.

Verrückterweise führt das aber nicht etwa dazu, dass wir unsere heutigen Überzeugungen und Selbstverständlichkeiten für ebenso wacklig und prekär[3] halten. Klar: Worin wir danebenliegen, wird erst die Zukunft erweisen, denn bis wir merken, dass wir uns getäuscht haben, wird sich der Irrtum haargenau wie Rechthaben anfühlen. Wird es in einem Jahrzehnt noch richtig sein? Die Frage ist nicht zu beantworten. Was uns nicht davon abhalten sollte, sie zu stellen. Bis dahin gilt die ewige Antwort von Christopher Hitchens: „Was ohne Evidenz[4] behauptet wird, kann ohne Evidenz verworfen werden.“

Quelle: Meike Winnemuth: Kollektiver Irrtum, STERN vom 05.08.2017, https://www.stern.de/panorama/winnemuth-kolumne/kollektiver-irrtum---oft-lag-die-menschheit-schon-daneben-7561424.html

Worterklärungen:

1 Feudalismus: Ordnungssystem im europäischen Mittelalter; Land wurde von höhergestellten Feudalherren (z. B. dem König) an adelige Grundherren zur Bewirtschaftung verliehen (Lehen); dafür mussten diese dem Feudalherrn bestimmte Dienste leisten (v. a. Kriegsdienst).

2 Provisorium: Übergangslösung, vorläufiger Zustand, behelfsmäßige Einrichtung

3 prekär: schwierig, heikel, misslich

4 Evidenz: vollständige, überzeugende Gewissheit

info

Besonderheiten im Satz

Die folgenden Besonderheiten bei der Satzbildung kommen in Texten häufig vor und sollten bei der Sprachuntersuchung immer beachtet werden.

Besonderheit	Beispiel	Wirkung/Absicht
Ellipse ein unvollständiger Satz, meist fehlt das Subjekt oder Prädikat	Kya war das jüngste von fünf Kindern, die Geschwister deutlich älter. *[Auslassung: waren]* Weiß nicht. [statt: Ich weiß nicht.]	Verkürzung; Auflockerung der Satzkonstruktion; Vermeiden von Wiederholungen Darstellung von gesprochener Sprache, wirkt vertraulich, nachlässig, oft gefühlsbetont und umgangssprachlich
Parenthese Unterbrechung eines Satzes durch einen Einschub, der mit Kommas, Gedankenstrichen oder Klammern vom restlichen Satz abgetrennt wird	Als sie ankam, sah Kya nur noch den blauen Koffer – die Farbe im Wald so fehl am Platz – verschwinden.	Einschub eines ergänzenden, erläuternden Gedankens; oft Kennzeichen für erregtes Sprechen, schnellen Gedankenfluss

97 Suche in dem Text „Kollektiver Irrtum“ (S. 124 f.) nach Ellipsen und Parenthesen und beschreibe deren Wirkung jeweils in Stichpunkten.

info

Wortwahl 1: Wortarten

Bei der Untersuchung der Wortwahl solltest du zunächst darauf achten, welche Wortarten im Text besonders häufig vorkommen. Die Betrachtung der Wortarten gibt dir Aufschluss über den Sprachstil. Zu den für die Textanalyse wichtigsten Wortarten gehören:

Wortart	Beispiel	Wirkung
Substantiv/Nomen Substantivierung/ Nominalisierung	Tisch, Kindheit, Altertum, Gleichnis, Heiterkeit das Zusammentreffen, die Schwere	klare Benennung, Präzisieren von Sachverhalten, knappe, verdichtende Darstellung, statisch, gestelzt, anspruchsvoll bis unlebendig

Werden auffallend häufig Substantive und Substantivierungen verwendet, spricht man vom **Nominalstil**.

Wortart	Beispiel	Wirkung
Verb wichtige Formen: Partizip Präsens Partizip Perfekt	gehen, begeistern, erschrecken, verlassen, erzählen lachend, weinend gelacht, aufgeschlossen, veraltet	drücken Bewegung, Gefühle, Handlung, Veränderung aus; wirken lebendig, beschreibend, ausmalend, genau, aber evtl. auch langatmig, ausschweifend

Die bevorzugte Verwendung von Verben wird **Verbalstil** genannt.

Wortart	Beispiel	Wirkung
Adjektiv	langweilig, einsam, blaugrün, eilig, froh, stimmungsvoll	ausmalend, beschreibend, schildernd, lassen ein genaues Bild entstehen, anschaulich

98 Zu welchen Wortarten gehören die folgenden Wörter? Ordne zu.

zähneknirschend • Verfassung • gründlich • gewachsen • strahlen • überflüssig • umfassend • Diskussion • traditionell • ausgeklügelt • Parade • beenden • Konditionen • verblüht • weltweit • Spurensuche • gähnend • ausbessern • schädigend • lagern • ermutigend • gewählt • umfangreich • verzichten • wissenschaftlich • überraschend

Substantiv: ______________________________

____

Verb im Infinitiv: ____________________

____

Verb im Partizip Präsens: ____________________

____

Verb im Partizip Perfekt: ____________________

____

Adjektiv: ____________________

____

99 Untersuche, welche Wortarten in dem Auszug aus „Der Gesang der Flusskrebse“ (S. 109 f.) besonders häufig vorkommen. Erkläre, welche Wirkung dadurch entsteht.

100 **a** Lies den Text „Schieß Ball her!“ (S. 128 f.). Forme den folgenden Absatz (Z. 29–35) aus dem Text in Verbalstil um.

Doch die Sprache ermöglicht noch mehr als dieses (Sich-)Mitteilen in gesprochener und geschriebener Form. Das Wahrnehmen beziehungsweise Erleben der „Welt“, unser gesamtes Bewusstsein ist ebenfalls sprachlich geprägt.

____

____

____

____

b Beschreibe die Wirkung, die durch den Nominalstil im Text entsteht.

____

____

____

Text

DER STANDARD

„Schieß Ball her!“: Vom angeblichen Verfall der Sprache

Von Manfred Glauninger

Schnell macht sich Weltuntergangsstimmung breit, wenn es um den Wandel der Sprache geht. Was die Linguistik normal findet, sorgt bei vielen für Verlustängste. Warum eigentlich?

Was sprachwissenschaftlich unaufgeregt als Selbstverständlichkeit betrachtet wird, sorgt außerhalb der einschlägigen Forschung seit jeher für Weltuntergangsstimmung: der Sprachwandel. Die Beobachtung, dass Sprache sich verändert, löst Verlustängste und Alarmismus aus. Der Dialekt stirbt, die Standardsprache verkommt, das bundesdeutsche Deutsch verdrängt österreichische Sprachmerkmale. Die Schriftsprache verkümmert auf WhatsApp, „Denglisch“ ist auf der Überholspur, und was von der deutschen Sprache noch übrig ist, vermischt sich mit den Herkunftssprachen der Migrantinnen und Migranten zu einem Kauderwelsch …

Erleben der „Welt“

Was aber steckt hinter solch schrillen Tönen? Warum trifft der Sprachwandel den Nerv großer Teile der Bevölkerung – und das nicht erst heutzutage, sondern seit Jahrhunderten? Oder, anders gefragt: Warum verfällt die deutsche Sprache, seit es sie gibt?

Zuallererst ist Sprache nicht das einzige, wohl aber effizienteste und komplexeste Zeichensystem, mit dem wir Menschen kommunizieren. Doch sie ermöglicht noch mehr als dieses entscheidende (Sich-)Mitteilen in gesprochener und geschriebener Form. Das Wahrnehmen beziehungsweise Erleben der „Welt“, unser gesamtes Bewusstsein ist ebenfalls sprachlich geprägt. Was herkömmlicherweise als „Denken“ gilt, ist meist ein stummes Sprechen (mit sich selbst).

Weiterhin sind gesellschaftliche Verhältnisse immer auch das Ergebnis sprachlicher Interaktion und Reflexion. Darüber hinaus verbinden wir mit allen Sprachen und deren Erscheinungs- beziehungsweise Gebrauchsformen (Dialekt, Jugend-, Standard-, Fachsprache usw.) bestimmte positive und negative, meist klischeehafte Vorstellungen und Emotionen.

Fragen der Identität

Diese in der Sozialisation erworbenen Einstellungen zu (bestimmten Formen von) Sprache und deren Sprecherinnen und Sprechern werden verknüpft mit sozialen, politischen, geografischen und anderen Assoziationen, die unser Denken und Handeln stark beeinflussen können. Es zählt nicht nur, *was* gesagt oder geschrieben wird – mindestens ebenso wichtig ist das *Wie*, also die (Sprach-)Form, der Kommunikation. Daran knüpfen sich Fragen der Identität, der Macht und Ohnmacht, der lebensweltlichen Orientierung und noch mehr. Die Sprache ist somit auf vielfältigste Weise sowohl Voraussetzung als auch Produkt jener Zusammenhänge, in die der Mensch existenziell eingebunden ist. Es gibt keine

Gesellschaft ohne Sprache und keine Sprache ohne Gesellschaft.

Vor diesem Hintergrund ist einsehbar, warum es beim Sprachwandel für die Menschen ans „Eingemachte" geht. Bereits geringfügige Veränderungen der Aussprache, des Wortschatzes oder der Grammatik stoßen auf Ablehnung. Das aus linguistischer Sicht Irrationale an dieser – psychologisch nachvollziehbaren – Haltung ist nun der Wunsch, den Sprachwandel (und damit die gesellschaftliche Veränderung) aufzuhalten. Denn letztlich sind auch jene Sprachformen, die man als „ursprünglich" bewahren will, das Produkt fortwährender Veränderungen, eine Momentaufnahme im ständigen Fluss der Zeit.

Der Dialekt fiel nicht vom Himmel

Der „echte" Dialekt der Landbevölkerung unserer Großelterngeneration ist nicht fertig vom Himmel gefallen, sondern in kontinuierlichem Wandel geformt worden. Die nostalgische Verklärung archaischer Dialektausdrücke steht neben der Tatsache, dass gegenwärtig kaum noch vier Prozent der österreichischen Bevölkerung in der – durch Modernisierung völlig veränderten – Landwirtschaft arbeiten.

Die Bäuerin und der Bauer von heute surfen mit dem Smartphone im Internet, und ihr Dialekt hat sich im Vergleich zu früheren Zeiten verständlicherweise verändert. Blicken wir weiter nach Wien: [...] Das „Mundl-Wienerisch" der 1970er-Jahre wurde ursprünglich durch Zuwanderung mitgeprägt. Wenn sich also heutzutage Jugendliche mit verschiedensten Familiensprachen beim Fußballspielen im Park „Schieß Ball her!" zurufen oder wenn im Supermarkt „Haben Sie Billa-Card?" gefragt wird, zeichnen sich vielleicht bereits Merkmale des Wienerischen von morgen ab. [...]

Deutsch, das ineinanderfließt

Diese Generation wurde hineingeboren in die EU und ist mit der medialen und kommunikativen Vielfalt im Internet aufgewachsen. Dort fließen bundesdeutsches und österreichisches Standarddeutsch ineinander und vertragen sich mit dialektalen Elementen sowie Anglizismen. Dazu kommt die oft ohne Interpunktion verschriftete Chat-Sprache, während Ausdrücke globaler Popkulturen dem Ganzen Würze verleihen. Emoticons und Memes sagen ohnehin oft mehr als tausend Worte. Angesichts all dessen propagierte Katastrophenszenarien erinnern daran, dass bereits zu Zeiten des Sokrates der Jugend die Schuld am angeblichen Verfall Athens gegeben wurde.

Athen steht noch immer, und was heute als sprachlicher Untergang gilt, werden kommende Generationen als Ideal verklären, das vor dem Aussterben bewahrt werden muss. Welche Merkmale die deutsche Sprache dann aufweisen wird, lässt sich nicht absehen. Klar ist lediglich, dass sie nur dann „stirbt", wenn sie aufhört, sich zu wandeln.

Quelle: Manfred Glauninger; derStandard.at 03.05.2021, https://www.derstandard.at/story/2000126323550/schiess-ball-her-vom-angeblichen-verfall-der-sprache (Text aus didaktischen Gründen gekürzt)

info

Wortwahl 2: Besondere Ausdrücke

Bei der Untersuchung der Wortwahl solltest du zudem darauf achten, welche Ausdrücke besonders auffallen, z. B. weil sie sehr oft vorkommen, ungewöhnlich sind oder sich von der sonstigen Wortwahl unterscheiden.

Wortwahl	Beispiel	Wirkung
Fremdwörter (z. B. aus dem Lateinischen und Griechischen)	Rhetorik, Absolventen, Fotosynthese, Realismus	sachlich, wissenschaftlich, gehobenes Niveau, Fachsprache
Fachbegriffe aus bestimmten Bereichen	Screenshot, Justizministerium, Interaktion	themenbezogene Fachsprache, um zu überzeugen, kompetent zu wirken
Anglizismen/ Modewörter aus anderen Sprachen	hip, Outdoor, daten, Accessoire, Latte macchiato	Ansprechen eines bestimmten Publikums, um modern, aktuell zu erscheinen
umgangssprachliche Ausdrücke	da drin, der da, quatschen, auschecken	Realitätsnähe, Bezug zum normalen, einfachen Alltagsleben
Schlüsselwörter	häufig Nomen	bestimmen den Inhalt des Textes, vermitteln die wesentlichen Informationen
Sonderfall: **Leitmotive** (= zentrale thematische Elemente, die in einem Text immer wiederkehren)	Farben, Symbole, einzelne Wörter, Wendungen; häufig bildhafte Ausdrücke	Unterstreichen der Textaussage/ des Themas, Betonung bestimmter Stimmungen, Aufzeigen von Veränderungen

101 Suche in dem Text „Schieß Ball her!“ (S. 128 f.) nach Fremdwörtern. Kläre deren Bedeutung mithilfe eines Wörterbuchs, wenn dir die Begriffe unbekannt sind. Beschreibe anschließend die Wirkung der Fremdwörter im Text.

Fremdwörter:

____

____

____

Wirkung:

102 **a** Finde Fachbegriffe in den Texten „Die beste Uhrzeit für Sport“ (S. 111 f.) sowie „Abholzung in Gambia“ (S. 118–120).

b Vergleiche den Einsatz von Fachbegriffen in den beiden Texten in Bezug auf ihre Wirkung. Untersuche, in welchem Umfang Fachbegriffe verwendet werden und ob sie im Textzusammenhang leicht verständlich sind. Überlege auch, welche Leserschaft mit den Texten angesprochen werden soll.

103 „In dem Roman ‚Der Gesang der Flusskrebse' sind Natur und Tierwelt zentrale Motive. Das Verhalten von Menschen und Tieren wird immer wieder verglichen und zueinander in Bezug gesetzt."
Überprüfe diese Aussage anhand des Textauszugs (S. 109 f.).

104 Suche in dem Text „Und doch nicht ...!" (S. 133 f.) die beiden Leitmotive und erkläre sie kurz.

Text

Marc Hecht: Und doch nicht ...!

Auf der Burg Giebichenstein stand an einem klaren Herbsttag ein hagerer Mann. Um die vierzig war der Mann. In einem hellen Trenchcoat[1] stand er da, die Hände in den Manteltaschen, und er ging umher, seine Schritte knirschten im Kies. Er blieb stehen und sah dem Fluss nach, der Saale, die an der Burg vorbeizog, sich vorbeischlängelte. Die Sonne tanzte auf den kleinen Wellen.

Ein Stück entfernt nur teilte sich der Fluss und auf einer schmalen Landzunge reckten sich Birken und Weiden schräg über die Ufer. Schön sah das aus! Dahinter drückten sich die Konturen der Stadt gegen das helle Herbstlicht. Die Dächer und Türme, das dunkle Gewirr der Großstadt. Es war früher Nachmittag.

Der Mann blickte umher, still stand er jetzt hier, oben auf der Burg. Er hatte ernste Augen hinter randlosen, runden Brillengläsern und schütteres Haar. Seine ernsten Augen gaben ihm ein stilles, verschlossenes Aussehen. Er sah umher, die Hände in den Manteltaschen.

Den gesamten Vormittag schon war er durch die Stadt gelaufen. Durch Altstadt-Gassen, an Fachwerkhäusern und Brunnen im Jugendstil vorbei. Auf dem Marktplatz hatte er vor dem Roten Turm gestanden, vor Händels Denkmal, vor der Marienkirche. Alles hatte er sich angesehen, mit ernsten Augen hinter einer randlosen Brille, die Hände im Mantel vergraben, nur ab und zu fuhr er sich durchs Haar.

Ja, es war gut hier. Das hatte er schnell gemerkt. Die Stadt war gut. Mächtig heruntergekommen zwar, eine graue Diva, aber noch immer vornehm. Die Stadt war gut, sehr alt – und das gefiel ihm. In einem Gasthof hatte er zu Mittag gegessen, gegenüber der Burg, im Gasthof „Zum Mohren".

Eine Straßenbahn war eingebogen, vorbeigezogen, die alten Bohlen[2] und die Gläser im Gasthof hatten vibriert. Es war düster im Schankraum, der Wirt hatte an seinen Gläsern hantiert. Luther hätte hier schon übernachtet, hatte der Wirt erklärt, stolz: Damals, als Junker Jörg verkleidet, von der Wartburg auf dem Weg nach Wittenberg. Die Saale hätte jedoch zu hoch gestanden und Luther wäre nicht hinüber gekommen, drei Tage lang hätte er hier gewartet.

Er hatte zugehört, den Wirt still angesehen und genickt. Und auch jetzt, hier oben auf der Burg, nickte er: Ja, er hätte sich wohlgefühlt, in dieser Stadt und im Gasthof „Zum Mohren". Und doch konnte er nicht bleiben.

Lange hatte er nicht überlegt – dabei: Wie lange hatte er schon Arbeit gesucht! Und hier war sie nun – die neue Stelle. Verrückt genug, hier, im Osten.

Auch die Stadt war großartig. Und doch ging es nicht.

Er war jetzt 45 – und er wusste nicht, was er seiner Frau sagen sollte, wenn er wieder heimkehrte, heute, am Abend. Sie war ihm um den Hals gefallen, als die Offerte[3] kam. Und jetzt hatte er abgelehnt!

Er zog ein Päckchen Zigaretten aus der Manteltasche, drehte sich vom Wind weg und zündete eine Zigarette an.

Was sollte er sagen? „Der hat ständig mit dem Finger auf mich gezeigt." – Sollte er das vielleicht sagen? Oder: „Der hat ständig ‚Pass auf!' gesagt."?

Natürlich, es war furchtbar heute Morgen, ganz furchtbar. „So, Meister! … Dann pass' mal auf …", hatte der Chef gesagt – zur Begrüßung. An seinem ersten Arbeitstag. Und der Chef hatte ihn dabei nicht einmal angesehen, weil er noch auf eine Liste blickte, die man ihm gerade in die Hand gedrückt hatte.

Er wusste sofort, dass es hier nichts werden kann. Er hasste es, wenn jemand „Pass auf!" zu ihm sagte, er passte immer auf; und man sollte ihn schon ansehen, wenn man mit ihm sprach. Und er war auch kein Meister. Und man sollte doch lieber beim Sie bleiben … aber wie sollte er ihr das alles sagen? Im Grunde war es ja gar nichts. Und trotzdem … aber nein, sie wird es bestimmt nicht verstehen. Der Mann rauchte, ernst sah er umher auf der Burg.

Der Chef heute Morgen war ihm unsympathisch. Zutiefst, von Anbeginn. Sein neuer Chef. Und so war er also wieder gegangen.

Und der Chef war schier fassungslos: „Wie? Doch nicht?"

„Nein – oder besser: ja", hatte er geantwortet.

Der Chef hatte den Kopf geschüttelt und hatte ihn dann schnell verabschiedet – wie einen Verrückten.

Eine Straßenbahn bog ein. Von oben, von der Burg sah er zu, wie sie scheppernd zwischen den Häusern verschwand. Er blickte ihr nach, rauchte. Dann warf er die Zigarette vor sich auf den Kiesboden, trat sie aus und verließ die Burg, um nach Hause zu fahren.

Quelle: antastbar. Die Würde des Menschen … Hg. v. Barbara Naziri. Vorwort Rüdiger Nehberg. Saarbrücken: Dr. Ronald Henss Verlag 2010.

Worterklärungen:

1 Trenchcoat: (Regen-)Mantel
2 Bohle: vierkantiges Holzbrett, das z. B. als Bodenbelag verwendet wird
3 Offerte: Angebot

info

Sprachebene

Durch die genaue Untersuchung der Wortwahl lassen sich Rückschlüsse auf die Sprachebene ziehen und somit auch auf die Zielgruppe, die mit einem Text angesprochen werden soll. Man unterscheidet zwischen:

Sprachebene	Merkmale	Beispiel und Wirkung
Hochsprache/ Standardsprache: vorbildliche, allgemein verbindliche Form einer Sprache, die im öffentlichen Leben, in wissenschaftlichen und literarischen Texten sowie in den (digitalen) Medien verwendet wird	präzise und oftmals gehobene Wortwahl; Tendenz zum eher anspruchsvollen Satzbau (Satzgefüge)	*Auf der diesjährigen Schüler*innenkonferenz wurden zahlreiche Themen besprochen.* zeigt umfassende Sprachkenntnisse; Ernsthaftigkeit, Seriosität; Vorbildfunktion
Umgangssprache: Sprache der täglichen Unterhaltung, steht zwischen Hochsprache und Dialekt; Regeln der Hochsprache werden weitgehend, aber nicht streng angewendet	typisch sind eher kurze Sätze, Satzreihen und eine z. T. einfache Wortwahl; oft Verkürzungen, aber auch bildhafte Wendungen und vereinzelt mundartliche Ausdrücke	*Komm doch mal rüber, dann können wir ungestört quatschen!* ungezwungene, lockere Sprache; spricht breites Publikum an
Dialekt/Mundart: hebt sich von der Hochsprache durch veränderte Aussprache, Grammatik und Wortwahl ab; begrenzt auf ein bestimmtes Gebiet	regional sehr unterschiedlich	*wia im Lem, Wat kiekste denn?* Nähe zu einer regionalen Lesergruppe herstellen
Soziolekt: Sprache, die für eine bestimmte gesellschaftliche (soziale) Gruppe typisch ist, wie Jugendsprache oder verschiedene Fachsprachen (z. B. aus dem Bereich der Medizin, des Sports, der Literatur oder der Politik)	abhängig vom jeweiligen Bereich	*Der Arzt stellte eine essenzielle Hypertonie fest.* weist Fachkenntnisse bzw. Vertrautheit mit bestimmten Gesellschaftsbereichen aus

105 Wandle folgende umgangssprachliche Wendungen in die Hochsprache um.

Umgangssprache	Hochsprache
Lass mal hör'n!	
Geh rein!	
Ich hab da so 'ne Ahnung.	
ausgelatscht	
jeder kriegt es mit	
kapieren	
sich am Riemen reißen	
schmeißen	

106 Belege anhand der Wortwahl, welche Zielgruppe(n) mit dem Text „Kollektiver Irrtum“ (S. 124 f.) angesprochen wird.

Bei **literarischen Texten** wird die Sprachebene oft verwendet, um eine Figur zu charakterisieren. Wie eine Figur spricht, kann z. B. etwas über ihre Herkunft, ihren Bildungsstand oder ihre soziale Zugehörigkeit verraten.

107 Beschreibe, was die Sprachebene über die jeweiligen Figuren aussagen könnte …

a … in dem Romanauszug „Der Gesang der Flusskrebse“ (S. 109 f.).

b … in der Geschichte „Happy end“ (S. 115).

info

Rhetorische Mittel oder Stilmittel

Rhetorische Mittel werden in literarischen Texten, aber auch in Sachtexten bewusst eingesetzt, um eine bestimmte Wirkung zu erzielen. Eine genaue Definition der wichtigsten Stilmittel findest du im Anhang auf S. 176–178.

Häufige **Stilmittel** sind zum Beispiel:

Bildhafte Ausdrücke	Wiederholungen	Veränderungen im Satz
Metapher	Alliteration	Ellipse
Personifikation	Anapher	Parenthese
Verdinglichung	Epipher	Inversion
Vergleich		Parallelismus/Chiasmus
Symbol		

Sonderfall **Ironie**: Man sagt das Gegenteil dessen, was man eigentlich ausdrücken möchte (z. B. *Das ist ja sehr unterhaltsam!* als Kommentar zu einem langweiligen Vortrag). Mit Ironie bringt man Kritik und leichten Spott zum Ausdruck.

108 **a** Bestimme die unten angeführten rhetorischen Mittel, die in dem Text „Kollektiver Irrtum“ (S. 124 f.) Anwendung finden.

Text	Stilmittel
„Ich irre mich in Wahlprognosen, Regenwahrscheinlichkeit, zulässiger Höchstgeschwindigkeit, Kleidergrößen und Abfahrtszeiten […]. “ (Z. 2–6)	
„Das gilt nicht nur für mich im Kleinen, sondern für die ganze Menschheit.“ (Z. 15 f.)	
„einen historischen Wimpernschlag entfernt.“ (Z. 34 f.)	
„Dann kam Newton. Dann kam die Relativitätstheorie.“ (Z. 48–50)	
„selbst gelenkt[e] Blechcontaine[r]“ (Z. 64 f.)	
„Menschliche Erkenntnis ist […] ein ungemein wackliges Provisorium, das jederzeit umgepustet werden kann.“ (Z. 75–78)	

b Suche mindestens vier rhetorische Mittel und bestimme ihre Funktion bzw. Wirkung …

- … in dem Zeitungsartikel „Die beste Uhrzeit für Sport“ (S. 111 f.).

- … in der Geschichte „Und doch nicht …!“ (S. 133 f.).

109 Analysiere Sprache und Stil des folgenden Textes.

Das Streiflicht

(SZ) Die allgemein sichtbare Verfeinerung der Alltagssitten bringt es mit sich, dass man ihr gelegentliches Fehlen umso schmerzlicher spürt. Das ist natürlich auch wieder so ein geschmäcklerischer Flitzpiepen[1]-Satz, den man jedem anderen um die Ohren hauen würde. Aber da er nun einmal hier steht, darf er uns ruhig als Startrampe für folgende Gedankenrakete dienen: Sollten wir nicht gerade im öffentlichen Personennahverkehr vermehrt darauf achten, einigermaßen elegant rüberzukommen? Der Untergrund verleitet uns zu billiger Lässigkeit, viele vergessen sogar, dass man die Beine auch schließen kann, wenn man irgendwo sitzt. Andere wiederum haben es gerne, wenn die Welt Zeuge ihrer oft sehr würzigen Mahlzeiten wird oder an den per Mobiltelefon überlieferten Fährnissen[2] ihres Familienlebens Anteil hat.

Erfreulicher als jedwede Anklage und Nörgelei ist ja das sogenannte gute Beispiel, mit dem diejenigen vorangehen, denen man hinterher stilbildendes Verhalten nachsagt. In der New Yorker U-Bahn war Ende vergangener Woche die fabelhafte Schauspielerin Helen Mirren unterwegs – sie hatte am Broadway gespielt, empfand sicherlich noch deutlich die Bürde[3] des Tages, gepaart mit der Last des fortgeschrittenen Alters, kurz: Helen Mirren hätte guten Grund gehabt, sich auf den Sitz zu flegeln, wer hätte das einer älteren, noch dazu hart arbeitenden Dame verübelt? Aber Helen, nein, wir wollen sie jetzt doch Dame Mirren nennen, präsentierte sich den anderen Fahrgästen in reizender Manierlichkeit[4]: Die Beine eng aneinander gestellt, saß sie aufrecht in ihrem Sitz und hielt ihre Tasche praktisch und dekorativ auf ihrem Schoß. Ja, so könntet ihr auch in der U-Bahn sitzen, wenn ihr ein bisschen mehr auf euch und die anderen achten würdet. Andererseits berichten zugestiegene Fahrgäste, Helen Mirren habe in der U-Bahn Pringles gegessen. Aber dies sei auf die feinste, anmutigste, sublimste[5] Weise geschehen, krümelfrei und ladylike.

Quelle: Das Streiflicht, Süddeutsche Zeitung, 02.02.2015. (Text aus didaktischen Gründen gekürzt)

Worterklärungen:

1 Flitzpiepe: nord-/mitteldeutsch für eine Person, die nicht ernst genommen wird
2 Fährnis: Gefahr, gefährliche Situation
3 Bürde: schwere Last, Druck
4 Manierlichkeit: gutes Benehmen
5 sublim: nur mit Feingefühl (überhaupt) wahrnehmbar

2.3 Weitere Textbesonderheiten erschließen

Jeder Text hat eigene, spezifische Merkmale, die ihn besonders auszeichnen. Bei der Texterschließung geht es immer auch darum, diese Besonderheiten eines Textes herauszuarbeiten und zu beschreiben. Welche Besonderheit du erschließen sollst, wird dir in der Aufgabenstellung genau vorgegeben.

Absicht und Wirkung des Textes

Ein Ziel jeder Textanalyse ist es, die Absicht des Autors/der Autorin bzw. das Ziel des Textes und dessen Wirkung zu erkennen. Beachte dabei, dass …

- ein Text mehr als eine Wirkungsabsicht haben kann,
- du deine Ergebnisse stets begründen und am Text belegen musst.

Der Autor/die Autorin will …

Die Frage nach der Absicht, die mit einem Text verfolgt wird, ist besonders bei der Untersuchung **journalistischer Texte** relevant. Die folgenden Punkte können dir beim Erkennen der Zielrichtung eines Textes helfen:

Thema und Kernaussage

- Für welches Lesepublikum sind das Thema und die zentrale Aussage des Textes besonders interessant bzw. relevant?
- Bewertet oder kommentiert der Autor/die Autorin das Thema/eine Meinung?

Textaufbau

- Gibt der formale Aufbau Hinweise darauf, welchen Zweck der Text hat?
- Wird versucht, durch sachliche Argumente, Beispiele und Zitate eine Behauptung überzeugend darzustellen?

Sprache und Stil

- Weisen bestimmte Stilmittel auf die Absicht hin (z. B. Wortspiele oder Ironie zur Unterhaltung oder kritischen Hinterfragung)?
- Wird z. B. Fachwortschatz oder Umgangs- und Dialektsprache verwendet, um einen bestimmten Leserkreis zu überzeugen und anzusprechen?

Autor*in und Quellenangaben

- Ist dir der Autor/die Autorin evtl. durch ähnliche Texte bekannt? Was kannst du daraus ableiten?
- Wann und wo ist der Text erschienen?

Die Aufgabenstellung könnte lauten:

- Welche möglichen Absichten verfolgt der Autor/die Autorin?
- Stelle die Absicht(en) des Verfassers/der Verfasserin und die Wirkung des Textes dar.
- An wen wendet sich der Autor/die Autorin und welche Absichten verfolgt er/sie mit dem Text?
- Weise nach, dass es sich um einen meinungsbildenden Text handelt.

Auch bei **literarischen Texten** ist die Frage nach der Wirkungsabsicht von Interesse. Bei einigen Texten ist diese leicht erkennbar, zum Beispiel bei offensichtlich belehrenden Texten wie der Fabel. Meistens sind literarische Texte aber sehr vielschichtig und es gibt **mehrere Wirkungsebenen**. So dient beispielsweise eine Komödie in erster Linie der Unterhaltung und Belustigung des Publikums. Oft beinhaltet sie darüber hinaus aber auch ernste Elemente, die zum Nachdenken anregen.

Die Unterhaltung durch Geschichten sowie die Vermittlung von Freude an der Sprache und ihren vielfältigen Ausdrucksmöglichkeiten ist eine der wesentlichen Funktionen von Literatur. Darüber hinaus geht es in literarischen Texten sehr häufig darum, verschiedene Aspekte menschlichen Handelns, Denkens und Fühlens literarisch auszuleuchten. Gesellschaftliche, individuelle und zwischenmenschliche Probleme werde so dargestellt, dass die Leser*innen sich in die Situationen hineinversetzen und daraus möglicherweise Erkenntnisse für ihr eigenes Leben gewinnen können.

110 Welche Absicht(en) verfolgt der Autor/die Autorin des Textes …

a „Schieß Ball her!“ (S. 128)? Kreuze an, welche Aussagen zutreffen und welche nicht zutreffen.

	trifft zu	trifft nicht zu
1. Die Sprache des Textes ist durch den Verzicht auf Fachbegriffe und Fremdwörter leicht verständlich. Der Autor will dadurch ein breites Publikum ansprechen.	☐	☐
2. Manfred Glauninger will über die möglichen Gründe und Formen des Sprachwandels informieren.	☐	☐
3. Ziel des Textes ist es, über die oft verzerrte Wahrnehmung sprachlicher Veränderungen in einer Gesellschaft aufzuklären und diese zu berichtigen.	☐	☐
4. Der Autor macht sich über den Sprachwandel lustig.	☐	☐
5. Der Text soll auch unterhalten und amüsieren, z. B. durch Übertreibungen und witzige Beispiele.	☐	☐
6. Der Autor fordert die Leser*innen auf, Veränderungen in der Sprache gelassener zu sehen und als einen wichtigen Prozess zu akzeptieren, der Sprache lebendig hält.	☐	☐

b … „Und doch nicht …!“ (S. 133 f.)? Notiere die Antwort in Stichpunkten.

____

____

____

____

____

____

c … „Das Streiflicht“ (S. 139)? Formuliere vollständige Sätze.

Die Textsorte bestimmen

Als „Textsorte“ bezeichnet man eine Gruppe von Texten, die ähnliche Merkmale aufweisen z. B. in Inhalt, Form, Sprache, Gebrauch und Wirkungsabsicht. Die Bestimmung der Textsorte setzt daher eine genaue Analyse dieser Bereiche voraus.

Sowohl literarische Texte als auch Sachtexte werden in verschiedene Textsorten unterteilt (vgl. S. 107). Eine Beschreibung der wichtigsten pragmatischen und literarischen Textsorten findest du im Anhang (S. 170–175). Präge dir die wesentlichen Merkmale ein. Du benötigst sie, um die jeweilige Textsorte zu erkennen und zu begründen.

Arbeitsaufträge zur Textsorte könnten z. B. so lauten:

- Beschreibe und begründe, um welche Textsorte es sich handelt.
- Weise nach, dass es sich um einen meinungsbildenden Text handelt.
- Was spricht dafür, den Text als Kurzgeschichte einzuordnen, was dagegen?

Pragmatische Texte einordnen

Löse die folgende Aufgabe, um dir die wichtigsten **pragmatischen Textsorten** in Erinnerung zu rufen. Nimm die Tabelle auf Seite 173–175 zu Hilfe.

111 In diesem Buchstabengitter sind die Namen von neun Sach- und Gebrauchstextsorten versteckt. Suche und kennzeichne sie.

Hinweis: Sie stehen auch diagonal, von rechts nach links und von unten nach oben.

W	D	B	E	D	K	I	H	G	Z	I	R	L	M
H	B	N	E	T	X	E	T	E	B	R	E	W	D
G	L	O	P	S	R	A	G	T	U	G	Z	S	A
X	F	E	R	T	C	S	L	O	A	M	E	J	B
E	R	T	Z	U	I	H	O	T	P	A	N	D	E
F	R	F	I	G	T	F	R	I	K	E	S	E	R
A	A	S	N	D	F	O	G	E	H	J	I	L	I
X	T	C	T	V	P	B	N	M	I	W	O	R	C
R	N	T	E	E	Z	U	I	O	P	B	N	H	H
F	E	I	R	B	R	E	S	E	L	A	U	S	T
D	M	F	V	G	H	J	K	I	K	U	H	N	K
L	M	N	I	B	V	C	D	E	S	S	O	L	G
E	O	R	E	T	Z	U	I	J	H	G	B	N	K
J	K	J	W	L	E	R	F	C	V	B	N	M	H

Bei Sach- und Gebrauchstexten kann auch die Untersuchung der **äußeren Textgestaltung** sinnvoll sein, da diese oft einen bestimmten Zweck verfolgt und für die Bestimmung oder Begründung der Textsorte wichtig ist.
Beantworte dir bei der Untersuchung der äußeren Form diese Fragen:

- Ist eine **Überschrift** oder **Schlagzeile** vorhanden? Wie ist sie gestaltet (Anzahl, Anordnung, Größe, Schriftart, Farbe, Inhalt) und in welcher Beziehung steht sie zum restlichen Text?
  → z. B. Leseanreiz, Aufforderungscharakter, schnelle Orientierung/Information
- Werden **Autor/Autorin** und weitere **Kontextinformationen** (z. B. Web-Adresse) genannt?
  → z. B. umfassende Information, vollständiger Überblick, Wiedererkennungswert
- Ist der Text **in mehrere Abschnitte** unterteilt?
  → viele kleinere Abschnitte vermitteln Bewegtheit, eine sich aufbauende Spannung, während eine schwache Gliederung eher die Darstellung größerer Zusammenhänge oder die Beschreibung von Details unterstützt
- Welche **optischen Mittel** werden eingesetzt? Welche Wirkung wird durch Bilder (Fotos, Gemälde, Zeichnungen, Karikaturen …), Fettdruck, Großbuchstaben, eine bestimmte Zeilenanordnung, eine besondere grafische Gestaltung oder farbige Unterlegung erreicht?
  → z. B. Interesse/Neugier wecken, auflockern, schnelle und anschauliche Information ermöglichen, zum Nachdenken oder Schmunzeln anregen
- Gibt es Vorspann (Lead), Lauftext, Zwischenüberschriften, mehrere Spalten und Absätze, Blocksatz? Was wird damit bezweckt?
  → z. B. übersichtliche Darstellung für schnelle Erfassung bzw. gezielte Informationsauswahl, vollständiger Überblick

Vor allem **Zeitungsartikel** haben oft ganz bestimmte äußere Textmerkmale, die du dir mit den entsprechenden Fachbegriffen einprägen solltest. Schlagzeile und Lead, Zwischenüberschriften und Illustrationen sollen die Leserschaft ansprechen, ihre Aufmerksamkeit gewinnen und Inhalte anschaulich vermitteln (siehe Beispiel auf der nächsten Seite).

E-Nummern

Schlagzeile/Headline

So bedenklich sind Zusatzstoffe in Lebensmitteln

Untertitel

Illustration (Foto)

Ob Chips oder Tütensuppe – Fertiglebensmittel verdanken Geschmack, Aussehen und Haltbarkeit einer Vielzahl an Zusatzstoffen. Vor allem Allergiker sollten aufpassen.

Sie machen Chips knusprig und den Joghurt cremig. Sie färben die Rhabarberschorle schweinchenrosa und sorgen dafür, dass sich der Schinken lange hält: Zusatzstoffe. Wer sich die Zutatenliste industriell gefertigter Lebensmittel anschaut, findet bei fast jedem Produkt eine Reihe E-Nummern. Manche davon sollte man mit Vorsicht genießen. E-Nummern – das „E" steht einfach für Europa – dienen dazu, Lebensmittel technologisch zu verändern. Nur wenn sie diese Aufgabe erfüllen, etwa ein Produkt länger haltbar machen, seinen Geschmack verstärken oder seine Streichfähigkeit erhöhen, werden sie für Lebensmittel zugelassen. [...]

Hefeextrakt: Untergejubelter Geschmacksverstärker

Zwischenüberschrift

In ihrer Broschüre „Was bedeuten die E-Nummern?" warnt die Verbraucherzentrale unter anderem vor bestimmten Konservierungsstoffen, Asthmatiker und empfindliche Menschen sollten demnach E 200 bis E 242 meiden. [...]

VON GERLINDE GUKELBERGER-FELIX

Name der Verfasserin

Quelle: Gerlinde Gukelberger-Felix: So bedenklich sind Zusatzstoffe in Lebensmitteln, Der SPIEGEL vom 03.11.2015, https://www.spiegel.de/gesundheit/ernaehrung/e-nummern-so-bedenklich-sind-zusatzstoffe-in-lebensmitteln-a-1039029.html

112 Beschreibe den äußeren Aufbau des Zeitungsartikel „Abholzung in Gambia" (S. 118–120) und erkläre Wirkung und Zweck der Gestaltung.

113 **a** Kreuze an, welche dieser Aussagen auf den Text „Abholzung in Gambia“ (S. 118–120) zutreffen. Trage anschließend in den Lösungssatz ein, zu welcher Textsorte er gehört.

	trifft zu	trifft nicht zu
1. Der Text informiert konkret und anschaulich über einen bestimmten Sachverhalt bzw. Zustand.	☐	☐
2. Der Text soll zum Kauf der „Briketts“ verführen.	☐	☐
3. Im Mittelpunkt steht die persönliche Meinung des Autors.	☐	☐
4. Die Darstellung enthält auch subjektive Elemente wie Augenzeugenaussagen und Erfahrungsberichte.	☐	☐
5. Es werden Stilmittel wie Wortwitz und Ironie eingesetzt, um das Lesepublikum zu erheitern.	☐	☐
6. Bilder illustrieren und veranschaulichen das Gesagte.	☐	☐
7. Es wird umfassend über beteiligte Personen, Zusammenhänge und Hintergründe aufgeklärt.	☐	☐

Der Text „Abholzung in Gambia“ ist ______________________.

b Belege drei Merkmale dieser Textsorte mit passenden Textverweisen.

____

____

____

____

____

____

114 Der Text „Kollektiver Irrtum“ (S. 124 f.) enthält Elemente einer Glosse. Belege diese anhand des Textes.

115 Um welche Textsorte handelt es sich bei dem Text „Schieß Ball her!“ (S. 128 f.)? Begründe deine Antwort ausführlich.

Literarische Texte einordnen

Wiederhole mithilfe der Tabelle auf Seite 170–173 die wichtigsten **literarischen Textsorten** und löse dann die folgende Aufgabe.

116 Finde jeweils den passenden Begriff und trage ihn in das Rätsel ein. Umlaute wie ä, ü und ö müssen nicht in ae, ue oder oe aufgelöst werden.

1 Ein anderes Wort dafür ist „short story".
2 Man sagt dazu auch Trauerspiel.
3 Ahmt ein bekanntes literarisches Werk nach und macht sich darüber lustig.
4 In diesen Geschichten gewinnt meist das Gute und es gibt Fantasiegestalten wie Kobolde, Zauberer und sprechende Tiere.
5 „Der Zauberlehrling" von Schiller gehört zu dieser Textsorte.
6 So bezeichnet man ein unterhaltsames, erheiterndes Bühnenstück.
7 Übt auf spöttische Weise Kritik an Personen oder gesellschaftlichen Zuständen.
8 So nennt man ein umfangreiches, erzählendes Prosawerk.

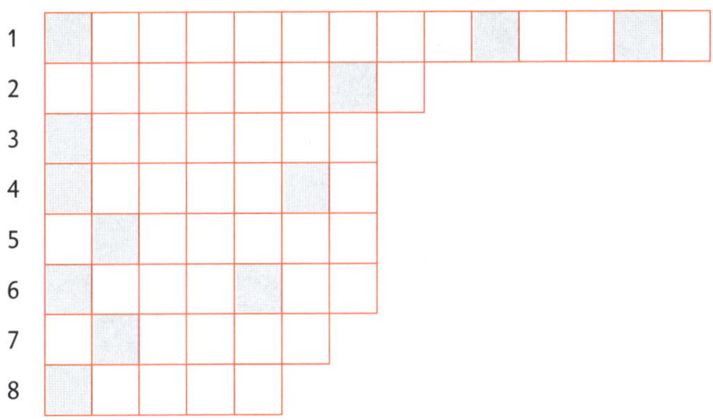

Wenn du die markierten Buchstaben der Rätselwörter richtig anordnest, erhältst du als Lösungswörter zwei literarische Grundgattungen.

Am häufigsten werden dir in Prüfungen und Klassenarbeiten epische Prosatexte begegnen, also **Erzähltexte**, die nicht in Versen, sondern in einer freien, ungebundenen Sprache verfasst sind. Allen epischen Texten gemeinsam ist das Vorhandensein einer **Erzählfigur**, die die Handlung vermittelt. Diese Figur ist erfunden, sie ist nicht identisch mit dem Autor/der Autorin.

info

Erzähltexte

Diese Kategorien solltest du kennen, um Erzähltexte beschreiben und einordnen zu können:

Kategorie	Merkmale
Erzählform	Es werden zwei Erzählformen unterschieden:
Ich-Form	Der **Ich-Erzähler** ist Teil der Geschichte und erzählt die Geschehnisse aus seiner Sicht.
Er-/Sie-Form	Der **Er-/Sie-Erzähler** tritt in den Hintergrund; erzählt wird über die Erlebnisse anderer.
Erzählperspektive	Der Er-/Sie-Erzähler kann näher bestimmt werden:
auktorial	Der **auktoriale Erzähler** erzählt allwissend von außen; er kennt Gedanken, Gefühle aller Figuren, er kann kommentieren und bewerten.
personal	Der **personale Erzähler** erzählt aus der Sicht einer Figur; man erhält Einblick in ihre Gedanken und Gefühle, nicht aber in die der anderen Figuren.
Sprechsituation	Das Erzählte wird vermittelt durch die Aussagen des Erzählers und durch das, was die Figuren sagen:
Erzählerrede	Zur **Erzählerrede** zählen alle Äußerungen des Erzählers; er berichtet, beschreibt, kommentiert, wendet sich an die Leserschaft etc.
Figurenrede	Formen der **Figurenrede** sind: • **direkte Rede:** wirkt unmittelbar, zieht die Leser*innen in die Handlung hinein • **indirekte Rede:** erzeugt Distanz zum Gesagten • **erlebte Rede:** in der 3. Person Präteritum; z. B. *Hatte sie das Fenster zugemacht?* • **innerer Monolog:** in der 1. Person Präsens, vermittelt spontane Gedanken, Gefühle einer Figur
Zeitgestaltung	
Erzählzeit	Zeit, die man zum Erzählen bzw. Lesen eines Textes benötigt
erzählte Zeit	Zeitraum, über den erzählt wird

117 Bestimme Erzählperspektive und Sprechsituation in der Geschichte „Luise“ (S. 108) und dem Romanauszug „Der Gesang der Flusskrebse“ (S. 109 f.).

118 Der Text „Und doch nicht …!“ (S. 133 f.) weist Merkmale einer Kurzgeschichte auf. Weise diese nach.

Eine besondere Stellung innerhalb der literarischen Texte haben **Gedichte**. Man kann sie sofort an ihrem äußeren Aufbau erkennen. Am Beispiel des humorvollen Gedichts „Ein Lob der Faulheit“ von G. E. Lessing werden im Folgenden die wichtigsten Fachbegriffe erklärt:

Beispiel

Gotthold Ephraim Lessing ← Autorenname

Ein Lob der Faulheit ← Titel des Gedichts

Faulheit, jetzo will ich dir
Auch ein kleines Loblied bringen –
Oh, – wie sauer wird es mir,
Dich – nach Würden – zu besingen! ← Vers
Doch ich will mein Bestes tun,
Nach der Arbeit ist gut ruhn.

Höchstes Gut! wer dich nur hat
Dessen ungestörtes Leben
Wird – ich gähn – ich werde matt – ← Reim (hier Kreuzreim)
Nu – so – magst Du mir's vergeben,
Daß ich dich nicht loben kann;
Du verhinderst mich ja dran.

Strophe (hier aus jeweils 6 Versen) → (zweite Strophe)

Quelle: Gotthold Ephraim Lessing: Werke, Bd. 1. München: Hanser, 1970.

info

Äußerer Aufbau von Gedichten

Vers: einzelne Zeile eines Gedichtes

Strophe: durch Abstand markierte Einheit aus zwei oder mehr Versen

Reim: Gleichklang von Wörtern ab dem letzten betonten Vokal

Die geläufigsten **Reimarten** sind:

Paarreim		Kreuzreim		umarmender Reim	
Gedicht	a	Tal	a	bekannt	a
Licht	a	versunken	b	geschieden	b
zerronnen	b	Qual	a	gemieden	b
Wonnen	b	gewunken	b	gebannt	a

119 Beschreibe den äußeren Aufbau des Gedichts „Stolpersteine“ (S. 150) und bestimme, um welche lyrische Textsorte es sich handelt. Begründe deine Einordnung.

Text

Stolpersteine[1]

Noch unterwegs
Frühmorgens halb fünf, wurde spät [...]
Denk an dich heute vom Rave
Würde dich gern wiedersehen
Warte mal kurz, bleibe stehen
Steine aus Messing auf meinem Weg
Beug mich nach vorn
Hier wohnte ne Frau mit 'nem Namen
Les' Zahlen
Geboren in 'n zwanziger Jahren
Abgeschoben nach Polen
Deportiert April
Ermordet in den letzten Tagen

Stolpersteine (Stolpersteine)
Stolpersteine (Stolpersteine)
Überall (Überall) Stolpersteine
(Stolpersteine)
Stolpersteine (Stolpersteine)
Stolpersteine (Stolpersteine)
In meiner Straße (in meiner Straße)
Stolpersteine (Stolpersteine)
Stolpersteine (Stolpersteine)
Stolpersteine (Stolpersteine)
Nächste Haustür (nächste Haustür)
Stolpersteine (Stolpersteine)
Stolpersteine (Stolpersteine)
Stolpersteine (Stolpersteine)
Stolper über (Stolper über)

Okay
In meiner Straße
Stolpersteine
Vögel singen und ich weine
Hier könnt' jeder Name stehen
Irgendeiner, irgendeiner
Doch hier steht deiner
Was ist wohl passiert
Sie war Mitte zwanzig
Selbes Alter
Ging sie gern tanzen
Königin vom Ballsaal
Genau wie du
Ja, genau wie du
Queen im Club
Setz mich hin
Vor ihrer Haustür
Sie ging ein und aus hier
Saß sie auch hier
Hier im Viertel
Wo jeder jeden kennt
Stell mir vor
Wie sie mir 'n Lächeln schenkt
Ob es wohl so'n Morgen so wie dieser
war
Straße menschenleer
Als der Wagen kam
Reifen quietschen
Erste Straßenbahn
Alle schauen
Doch kein Licht geht an

Refrain (Stolpersteine)

Sonne geht auf
Sitz immer noch hier
Atme und rauch'
Was ist passiert
Schlingen werden wieder geknüpft
Messer wieder gewetzt
Nein, nicht woanders
Hier und jetzt
Der Schoß noch fruchtbar
Aus dem das kroch
Fruchtbar noch
Aus dem das kroch
Wut will mich fressen
Doch lass mich nicht fressen
Denk an uns zwei auf 'm Rave
Denk an dein Lächeln

Refrain (Stolpersteine)

Quelle: Text, (OT): Richter, Stefan/Brunner, Silvio/Erkes, Christoph © Kitschkrieg Edition/BMG Rights Management GmbH, Berlin; La Chunga Music Publishing GmbH (Text aus didaktischen Gründen leicht gekürzt)

1 Stolpersteine: Seit 1992 bestehendes Projekt des Künstlers Gunter Demnig. Mit im Boden verlegten kleinen Metalltafeln (Stolpersteine) soll an die Menschen erinnert werden, die im Nationalsozialismus verfolgt, ermordet, deportiert, vertrieben oder in den Selbstmord getrieben wurden.

Figurencharakteristik

Bei literarischen Texten soll oft eine Charakterisierung der Hauptfigur(en) vorgenommen werden. **Äußere Kennzeichen** wie Name, Alter, Wohnort, Kleidung, Aussehen oder Familiensituation kannst du zumeist dem Text entnehmen. Doch eine Charakterisierung geht über eine Personenbeschreibung hinaus. Bestimmte **Eigenschaften** der Figur(en) werden nicht immer direkt genannt. Du musst sie aus ihrem **Verhalten**, ihren Reaktionen ablesen. Belege deine Erkenntnisse dabei immer mit Zitaten oder Hinweisen aus dem Text.

Arbeitsaufträge zur Charakteristik können lauten:

- Kennzeichne die Verhaltensweise von …
- Charakterisiere die Hauptfigur (und beschreibe ihre Beziehung zu …).

120 Welche Charakterzüge lassen sich aus den Aussagen ableiten? Wähle aus den folgenden Eigenschaftswörtern aus und trage die passenden in die Tabelle ein.

intelligent • schüchtern • selbstbewusst • phlegmatisch • treu • liebevoll • ehrlich • pflichtbewusst • gefühllos • rücksichtslos • hinterhältig • egoistisch • ungebildet • besorgt • hilfsbereit • offen • redselig • geduldig • aggressiv • verlogen

Aussagen	Adjektive
a *Als das Essen auf den Tisch gestellt wurde, häufte er sich als Erster die Speisen auf seinen Teller.*	
b *Während ihrer 10-jährigen Berufstätigkeit kam sie niemals zu spät.*	
c *Er kann auf fast jede Frage die richtige Antwort geben.*	
d *Mehrfach erklärte sie dem Schüler die Aufgabe.*	
e *Ihm sind Einstein und Goethe unbekannt.*	
f *Er fuhr mit seinen Rollerblades auf dem Bürgersteig und stieß dabei mehrere Passanten an.*	
g *Er traute sich nicht, sie anzusprechen.*	

h *Ohne Grund ging er auf ihn zu und schlug ihn nieder.*	
i *Er gab die gefundene Geldbörse im Fundbüro ab.*	
j *Sie hat ihn nie betrogen.*	
k *Sie sagte ihm, er wäre ihr zu hässlich.*	
l *Sie führte die ältere Frau über die Straße.*	

121 **a** Welche der folgenden Aussagen treffen auf die Figuren in Kurt Martis Kurzgeschichte „Happy end“ (S. 115) zu? Kreuze an.

Äußere Figurenhandlung	Er	Sie	Niemand
wartet, blickt sich um	☐	☐	☐
läuft hinterher	☐	☐	☐
beginnt eine ruhige Unterhaltung	☐	☐	☐
bricht in Tränen aus	☐	☐	☐
macht Vorwürfe	☐	☐	☐

Innere Figurenhandlung	Er	Sie	Niemand
Frustration	☐	☐	☐
Zufriedenheit	☐	☐	☐
Wut	☐	☐	☐
Hilfsbedürftigkeit	☐	☐	☐
Enttäuschung	☐	☐	☐
Unverständnis	☐	☐	☐

b Charakterisiere davon ausgehend beide Figuren in „Happy end“. Gehe auch darauf ein, was ihr Verhalten über die Paarbeziehung aussagt.

122 **a** Erstelle eine Charakteristik der Hauptfigur in der Geschichte „Und doch nicht …!“ von Marc Hecht (S. 133 f.). Ordne dazu zunächst die Informationen aus dem Text in die folgende Tabelle ein.

Äußere Kennzeichen	
Charakterzüge	

b Fasse die gesammelten Informationen zu einer Charakterisierung des Protagonisten zusammen. Belege deine Aussagen mit Textstellen.

Den Kontext berücksichtigen

Besonders bei literarischen Texten können dir Aufgabenstellungen begegnen, bei denen du dein eigenes Hintergrundwissen einbringen musst, z. B. zur Entstehungszeit eines Textes oder zu einer bestimmten Thematik, die ein Text anspricht. Es kann auch vorkommen, dass du zusätzliche Informationen (z. B. zur Rezeption des Textes oder zur Biografie des Autors/der Autorin) erhältst, die du zu dem Text in Bezug setzen sollst.

Die Arbeitsaufträge könnten zum Beispiel lauten:

- Die Kurzgeschichte thematisiert die Auswirkungen der Corona-Krise. Erläutere diese Aussage anhand passender Textbelege.
- Der Roman war in der Nachkriegszeit ein großer Erfolg. Erläutere anhand des vorliegenden Auszugs, weshalb er so erfolgreich war. Belege deine Aussagen mit entsprechenden Textstellen.

123 Das Gedicht „Stolpersteine" (S. 150) erinnert an das Schicksal der Juden während der Zeit des Nationalsozialismus. Überprüfe diese Aussage am Text und belege dein Ergebnis anhand von Textstellen.

124 Lies die Angaben zu Autor und Buch auf S. 155. Erläutere vor diesem Hintergrund, wie das Experiment im folgenden Romanauszug dargestellt wird.

Text

Die Welle (Auszug)

Ben Ross saß beim Kaffee im Lehrerzimmer, als ein Kollege kam und ihm sagte, Direktor Owens wünsche ihn in seinem Büro zu sprechen. Ross fühlte sich ein wenig unsicher. War irgend etwas nicht in Ordnung? Wenn Owens ihn sprechen wollte, dann musste es mit der Welle zu tun haben.

Ross trat auf den Flur und ging auf das Büro des Direktors zu. Unterwegs blieben mehr als ein Dutzend Schüler stehen und grüßten ihn mit dem Gruß der Welle. Ross grüßte zurück und ging schnell weiter. Was hatte Owens ihm zu sagen? In gewisser Hinsicht würde es eine Erleichterung bedeuten, dachte Ben, wenn Owens ihm mitteilte, es habe Klagen gegeben, und er solle das Experiment gefälligst abbrechen. Er hatte wahrhaftig nicht erwartet, dass die Welle sich so sehr ausbreiten würde. Die Nachricht, dass jetzt auch Schüler anderer Klassen und sogar anderer Klassenstufen daran beteiligt waren, hatte ihn verwundert. So hatte er sich das alles nicht vorgestellt. Und doch musste er dabei auch an die positive Seite des Experiments denken, an Außenseiter wie diesen Robert Billings: Zum ersten Mal in seinem Leben war Robert ein Gleicher unter Gleichen, ein Mitglied, war er Teil einer Gruppe.

Aus: Morton Rhue: Die Welle. Bericht über einen Unterrichtsversuch, der zu weit ging. Übersetzt von Hans-Georg Noack. Ravensburg: Ravensburger Buchverlag 1985, S. 77.
(Text an neue Rechtschreibung angepasst)

Morton Rhue
Informationen zu Autor und Werk

Der am 5. Mai 1950 in New York geborene Morton Rhue (eigentlich Todd Strasser) ist ein erfolgreicher amerikanischer Autor der Kinder- und Jugendliteratur. In seinen Romanen behandelt er vor allem die Themen soziale Ausgrenzung, Mobbing und Gewalt unter Jugendlichen. Nach dem erfolgreichen Universitätsabschluss arbeitete Strasser als Journalist. Er schrieb sowohl Texte für Zeitungen und Zeitschriften als auch für das Fernsehen und vor allem für die Werbung. Heute ist Morton Rhue Autor von mehr als 120 Büchern für Kinder und Jugendliche, wobei viele Romane in mehr als 12 Sprachen übersetzt wurden. Er wurde mit mehreren Preisen ausgezeichnet.

Von den zahlreichen Jugendbüchern wurden sieben erfolgreiche Jugendromane ins Deutsche übersetzt: Bei *Die Welle* handelt es sich um eine Buchadaption[1] des 1981 im amerikanischen Fernsehen ausgestrahlten Films *The Wave*. Die Handlung des Films und des Buches basiert auf einem Klassenexperiment, das zum Thema „Faschismus im Dritten Reich" im Jahre 1969 an einer kalifornischen Schule real durchgeführt wurde. Inhaltlich geht es um die Gründung einer fiktiven Gemeinschaft namens „Die dritte Welle", die durch Disziplin und autoritäre, also unbedingten Gehorsam fordernde Verhaltensregeln gekennzeichnet ist. Ein wesentlicher Teil des Versuchs stellt die Einteilung der Schüler in zwei unterschiedliche Gruppen dar: in eine diskriminierte und eine die Minderheit beherrschende Mitgliedergruppe. Durch die rasche und zunehmend starke Identifikation der Schüler mit den ihnen zugewiesenen gesellschaftlichen Positionen sowie ihrer steigenden Gewaltbereitschaft wird das Experiment vorzeitig abgebrochen.

Quelle: Madlen Grimm, http://www.kinderundjugendmedien.de/index.php/autoren/373-rhue-morton (Text aus didaktischen Gründen gekürzt und leicht verändert)

Worterklärung:

1 Adaption: hier im Sinne von Umarbeitung (eines Films in einen Roman)

2.4 Argumentative Schreibaufgabe

Im Rahmen der Texterschließung wird von dir in der Regel eine kurze begründete Stellungnahme (ca. 250 Wörter) erwartet. Du sollst zeigen, dass du dir zu dem Thema des Textes oder zu einer damit verbundenen Fragestellung eine eigene Meinung bilden und diese mit guten Argumenten untermauern kannst.

Begründete Stellungnahme

Eine Stellungnahme kann zu verschiedenen Punkten erfolgen:

- zu einer bestimmten Aussage des Textes (z. B. als Zitat wiedergegeben)
- zur Einstellung des Verfassers (z. B. bei subjektiven Äußerungen in Kommentaren, Rezensionen, Leserbriefen, Glossen, Gedichten)
- zu einem angesprochenen Problem (z. B. Drogenkonsum, Mediennutzung)

Im Folgenden sind die wichtigsten Merkmale einer Stellungnahme kurz zusammengefasst:

Aufbau

- **Einleitung:** Bezugnahme zum Text/Thema, Nennen der eigenen Meinung
- **Hauptteil:** Begründen des eigenen Standpunkts mit passenden Argumenten, jeweils Behauptung – Begründung – Erläuterung mit Beispiel(en); Anordnen der Argumente nach steigender Bedeutung
- **Schluss:** Zusammenfassung; Bekräftigung der persönlichen Meinung

Stil

- sachlicher Sprachstil mit subjektiven Abschnitten
- keine wörtlichen Reden, kein Erzählstil

Absicht

- Übereinstimmung oder Ablehnung zeigen (evtl. mit einigen Einschränkungen)
- Überzeugen des Lesepublikums

Genaueres zu Aufbau und Anordnung von Argumenten kannst du im Kapitel zum „Materialgestützten Argumentieren“ dieses Buches (S. 1–104) nachlesen. Beschränke die Anzahl der Argumente. Wenige, gut ausformulierte und mit Beispielen untermauerte Argumente sind besser als viele Argumente, die du nur aneinanderreihst.

eispiel

„Klar ist lediglich, dass sie nur dann ‚stirbt', wenn sie aufhört, sich zu wandeln." (Z. 141–143)
Der Autor des Textes „Schieß Ball her!" (S. 128 f.) vertritt die These, dass der Wandel der Sprache nichts Negatives ist und dass gerade Veränderungen Sprache lebendig machen. Nimm dazu ausführlich Stellung.

Ideen für Argumente:

Übereinstimmung	**Ablehnung**
die Veränderungen in der Sprache sind Ausdruck kultureller Vielfalt und gesellschaftlicher Freiheit	keine Vielfalt der sprachlichen Einflüsse; bestimmte Sprachen dominieren
kein Verfall der Sprache durch Jugendsprache: sie hat Sprache seit jeher beeinflusst und die sog. Standardsprache ist dadurch nicht „ausgestorben"	die Jugendsprache hatte noch nie so viel Gewicht wie heute; viele besonders abfällige, abwertende Ausdrücke werden als „normal" angesehen
globale Vernetzung im Internet: Sprachen fließen ineinander; es gibt viele neue Ausdrucksmöglichkeiten; die Sprache überwindet Grenzen	Anglizismen nehmen überhand, kein Satz mehr ohne englische Ausdrücke
Chat-Sprache: neue Ausdrucksformen wie Emoticons, Memes und vereinfachte Rechtschreibung erleichtern die Verständigung	Kenntnisse in Grammatik und Zeichensetzung gehen verloren; wichtige Gedanken, Gefühle werden nicht mehr in Worte gefasst

125 Nehmen zu viele Menschen in der Öffentlichkeit, z. B. im Personennahverkehr, zu wenig Rücksicht auf ihre Mitmenschen? Lege dich auf einen Standpunkt fest und erörtere diesen. (Die Aufgabe bezieht sich auf das Streiflicht auf S. 139)

126 Der Mann in der Kurzgeschichte „Und doch nicht …!" (S. 133 f.) lehnt eine Arbeitsstelle ab, weil er sich respektlos behandelt fühlt. Nimm Stellung zu seiner Entscheidung.

Leserbrief

Ein Leserbrief ist eine spezielle Form der Stellungnahme. Eine Leserin oder ein Leser verfasst ein Schreiben an eine Zeitung oder Zeitschrift und äußert sich darin zu einem Artikel, einer Sendung oder zu einem aktuellen Ereignis. Heute verschickt man Leserbriefe in der Regel per E-Mail. Sie werden regelmäßig auf bestimmten Seiten einer Zeitung oder Zeitschrift veröffentlicht. Zentrale Merkmale des Leserbriefs sind:

Aufbau/Form

- Bezugnahme auf den angesprochenen Artikel
- Erläuterung des Problems/der Sachlage
- klare Begründung der eigenen Position; Maßnahmen zur Änderung oder Beibehaltung von Situationen, Verhaltensweisen oder Einstellungen
- wenn möglich: effektvoller, pointierter Schluss
- Angabe des Namens sowie i. d. R. des Wohnortes

Stil

- Fragesätze, direkte Anrede von Personen, Rückgriff auf Zitate
- überwiegend sachliche Argumentation mit subjektiven Elementen, niemals beleidigend

Absicht

- Ablehnung, Berichtigung, Protest
- Zustimmung, Ergänzung, Verstärkung

127 Schreibe einen Leserbrief zu dem Artikel „Kollektiver Irrtum“ (S. 124 f.). Du kannst hierbei eine zustimmende oder eine ablehnende Haltung einnehmen. Ebenso möglich ist es, dass du dir einen Aspekt herausgreifst, zu dem du im Leserbrief Stellung nimmst.

Beschwerde

Eine **Beschwerde** ist ein Schreiben an eine Einrichtung oder eine Einzelperson, in dem man sich über einen Missstand beklagt und um positive Veränderung dieses Zustandes bittet. Auch in einer **Beschwerde** nimmst du zu einem bestimmten Sachverhalt Stellung und musst dein Anliegen mit guten Argumenten begründen.

Aufbau
- Darstellung der Ausgangslage/des Gegenstands der Beschwerde
- Begründung für die Beschwerde mit Erläuterungen, vollständigen Angaben
- evtl. Alternativ- bzw. Lösungsmöglichkeiten
- Erwartungshaltung/Forderung

Stil
- Aussagesätze, vorherrschend im sachlichen Sprachstil
- argumentative Darstellung, möglichst emotionsfrei

Absicht
- Änderung, Zurücknahme
- Korrektur, Überprüfung
- Tipp: größerer Erfolg beim Zusammenschluss mehrerer Personen mit demselben Ziel, z. B. Hausgemeinschaft gegenüber Vermietern oder Klassengemeinschaft gegenüber Schulleitung

Beschwerden richten sich meist an Ämter, Medien, Unternehmen, Organisationen und auch Einzelpersonen in offizieller Position. Du musst sie häufig noch in Papierform einreichen. Dabei müssen die Merkmale eines **formellen Briefes** berücksichtigt werden. Dazu zählen:

- Absender*in
- Adressat*in
- Ort und Datum
- Betreff
- Anrede
- gliedernde Absätze
- Schlussformel und Unterschrift

128 Richte einen Beschwerdebrief an deine(n) Schulleiter(in) über das deiner Meinung nach ungenügende Angebot beim Pausenverkauf. Mögliche Kritikpunkte sind: hoher Preis, geringe Auswahl (vorwiegend Wurstprodukte), lange Warteschlangen.

2.5 Kreativer Schreibauftrag

Bei diesem Aufsatzteil sind ganz unterschiedliche Aufgabenformen möglich, die interessante und kreative Ideen fordern. Beachte hierbei aber, dass auch sie logisch im Einklang mit den Erkenntnissen aus der Texterschließung stehen müssen und du je nach formalem Rahmen einen **bestimmten Aufbau und Stil** einhalten solltest.

Mögliche Aufgabenstellungen sind zum Beispiel:

- Schildern von eigenen Gedanken/Empfindungen
- Hineinversetzen in eine andere Person und Schilderung deren möglicher Gefühlslage
- Verfassen eines Dialogs oder Entwurf von Interviewfragen
- Erzählen zu einem vorgegebenen Thema
- Schreiben eines Tagebucheintrags, inneren Monologs, persönlichen Briefs
- Abänderung des Schlusses bzw. Fortsetzen eines literarischen Textes

Schildern

Beim Schildern geht es darum, Stimmungen besonders eindringlich und genau wiederzugeben. Ziel ist es, die Sinneseindrücke und Empfindungen, die eine bestimmte Situation auslösen, so detailliert darzustellen, dass die Leser*innen sich selbst in diese Situation hineinversetzt fühlen.

Aufbau

- Einführung in die geschilderte Situation
- ausführliche Darstellung der (Sinnes-)Eindrücke und Empfindungen; kleinere Handlungsschritte können geschildert werden, aber Vorsicht: Es geht nicht darum eine Geschichte zu erzählen, sondern darum ein Stimmungsbild zu zeichnen.
- abschließende Bemerkung zum Gesamteindruck oder offener Schluss

Stil

- Ich-Form; Zeitform in der Regel Präsens
- anschauliche Adjektive, aussagekräftige Verben, Vergleiche und Metaphern

Absicht

- einen möglichst präzisen Eindruck von der geschilderten Situation vermitteln

129 Schildere deine Stimmung und Gefühle bei einem sportlichen Wettkampf.

Erzählen

Im Gegensatz zum Schildern geht es beim Erzählen darum, eine Handlung möglichst anschaulich und spannend darzustellen. Schilderungen können Teil einer Erzählung sein.

Aufbau
- **Einleitung:** Beantwortung der Fragen Wer? Wo? Wann?
- **Hauptteil:** Was ist geschehen? Wie ist der Ablauf des Geschehens? (Handlungsschritte, ggf. Aufbau eines Spannungsbogens) Wie verhalten sich die Beteiligten? Was denken und fühlen sie? (Die Gedanken und Gefühle aller Figuren kannst du nur darstellen, wenn du eine auktoriale Erzählperspektive wählst, vgl. S. 148).
- **Schluss:** Folgen des Geschehens oder offenes Ende

Stil
- Ich-Form oder Er-/Sie-Form (personal oder auktorial)
- Zeitform Präteritum, bei Vorzeitigkeit Plusquamperfekt
- anschauliche Adjektive, aussagekräftige Verben, Vergleiche und Metaphern
- Wechsel zwischen Erzähler- und Figurenrede

Absicht
- unterhalten, Spannung erzeugen, ggf. auch zum Nachdenken anregen

130 Beziehe dich auf den Text „Kollektiver Irrtum“ (S. 124 f.). Erzähle anschaulich von einem Irrtum aus deinem Alltag. Gehe dabei auf die Folgen des Irrtums ein und stelle dar, welche Schlüsse du daraus ziehst

Einen Text fortsetzen

Eine Textfortsetzung muss inhaltlich logisch an den Ausgangstext anschließen. Achte darauf, Eigenschaften und Aussehen der Charaktere nicht zu verändern. Du kannst Sachverhalte und Figuren dazuerfinden, solange eine in sich stimmige Geschichte entsteht. Auch Sprache und Stil müssen zum Ausgangstext passen. Übernimm die Erzählperspektive sowie die Zeitform und sieh dir die Sätze und die Wortwahl sehr genau an. Wenn der Text beispielsweise in einfachen, knappen Sätzen verfasst ist, solltest du keine langen Schachtelsätze für deine Fortsetzung verwenden.

131 Und was passiert dann? Schreibe die Kurzgeschichte „Luise“ (S. 108) weiter und finde einen passenden Schluss.

Informeller/Persönlicher Brief

Ein informeller Brief oder eine E-Mail kannst du anders als ein formelles Schreiben weitgehend so gestalten, wie es dir gefällt. So musst du hier nicht sachlich und in Hochsprache schreiben, sondern kannst **persönliche Gedanken** oder Gefühle ausdrücken und umgangssprachliche Ausdrücke verwenden. Achte aber darauf, eine Sprachebene zu wählen, die auch zur **Empfängerin oder zum Empfänger** deines Briefes passt. An deine Mutter wirst du beispielsweise in einem anderen Stil schreiben als an eine Freundin oder einen Freund deines Alters. In E-Mails entfällt zudem die Angabe von Ort und Datum. Nicht fehlen dürfen hingegen die persönliche **Anrede** sowie eine **Gruß- und eine Schlussformel**.

132 Beziehe dich auf den Text „Abholzung in Gambia" (S. 118–120). Schreibe einen Brief an deine Freundin, die seit einem halben Jahr mit „Work and Travel" unterwegs ist und bei dem Projekt zur Bekämpfung der Abholzung mitarbeitet. Gehe darauf ein, warum du vorhast, in einem Monat ebenfalls nach Gambia zu reisen und an dem Projekt mitzuarbeiten, und dass deine Eltern sich deshalb Sorgen machen.

Tagebucheintrag

Einen Tagebucheintrag musst du aus der Ich-Perspektive schreiben. Wie persönlich ein Tagebucheintrag gestaltet ist, hängt von der schreibenden Person und dem Ziel des Schreibens ab. Es kann sein, dass es nur darum geht, **Erinnerungen** an bestimmte Ereignisse festzuhalten. Dann wird der Eintrag relativ sachlich und nüchtern formuliert sein. In der Regel ist es jedoch das Anliegen, **persönliche Eindrücke und Gefühle** zu schildern, Erinnerungen nicht nur festzuhalten, sondern auch zu reflektieren, oder Überlegungen zum eigenen Ich anzustellen. Die Zeitform ist das Präsens und bei der Darstellung von Vergangenem das Perfekt. Die Sprachebene ist frei wählbar, sollte aber zur Schreibsituation passen. Wenn du aus der Perspektive einer bestimmten Figur aus dem Text schreiben sollst, dann achte darauf, dass dein Tagebucheintrag inhaltlich und sprachlich auf den Originaltext abgestimmt ist.

133 Versetze dich in die Ehefrau aus Kurt Martis „Happy end" (S. 115) und schreibe einen Tagebucheintrag, in dem sie das Verhalten ihres Mannes verarbeitet.

Innerer Monolog

Ein innerer Monolog ist ein stummes Selbstgespräch, welches die Gefühle und Gedanken einer Person in einer bestimmten Situation wiedergibt. Sie erläutert darin ihre Handlungsweise, verrät verborgene Emotionen und äußert sich zu ihren inneren Konflikten. Dabei geht es um die subjektive Wirkung des Geschehens auf diese Person, nicht um einen sachlichen Bericht darüber.

Sprache und Stil

- Ich-Form
- Zeitform Präsens, bei Vorzeitigkeit vorzugsweise Perfekt
- Es handelt sich um einen spontanen Gedankenfluss. Das kannst du ausdrücken mit eher kurzen und abgebrochenen Sätzen sowie mit Auslassungen. Kennzeichne diese mit Auslassungspunkten (...); Gedankensprünge kannst du mit einem Gedankenstrich (–) markieren.
- Fragesätze und Ausrufe, um Emotionen zu verdeutlichen
- treffende Verben und Adjektive, um Gedanken und Wahrnehmungen eindrücklich zu schildern

134 In Zeile 45 f. des Romanauszugs „Der Gesang der Flusskrebse“ (S. 109 f.) heißt es: *„Jodie war nicht annähernd so zuversichtlich, wie er klang, aber er sagte es Kya zuliebe.“* Schreibe einen inneren Monolog aus der Perspektive von Jodie.

Dialog

Einen Dialog zu gestalten heißt, dass du dir ein **Gespräch zwischen zwei oder mehr Beteiligten** ausdenken und es aufschreiben sollst. Die Sprache entspricht dem **mündlichen Sprachgebrauch**. Die Äußerungen werden untereinander notiert, wobei der Name der sprechenden Person jeweils vorangestellt wird. Um auszudrücken, wie eine Person spricht, kannst du, z. B. in Klammern hinter dem Namen, Regieanweisungen ergänzen.

Beispiel

LAURA *(mit weinerlicher Stimme)*: Du hast es gut. Du musst deinen Eltern heute keine schlechte Note in Mathe beichten.

TIM *(aufmunternd lächelnd)*: Es wird bestimmt nicht so schlimm. Kann doch jedem mal passieren.

135 Beziehe dich auf den Text „Und doch nicht ...!“ (S. 133 f.). Verfasse einen Dialog zwischen dem Mann und seiner Frau nach seiner Rückkehr.

3 Schluss

Der Schluss soll deinen Aufsatz abrunden. Vergiss daher nicht, auch für diesen Teil Bearbeitungszeit einzuplanen. Es bieten sich besonders folgende Schlussmöglichkeiten an:

- **kurze Zusammenfassung** der wichtigsten Ergebnisse aus der Texterschließung
- **kritische Stellungnahme** zur Absicht des Autors/der Autorin, zur Aktualität des Textes oder zur Thematik selbst (Bedenke aber, dass eine der Teilaufgaben zur Texterschließung bereits eine Stellungnahme enthalten kann. Achte darauf, dich im Schlussteil nicht zu wiederholen.)
- **mögliche Wirkung** des Textes auf die Leser*innen
- **Wunsch/Appell** für die Zukunft oder **Ausblick**

Beispiel

Aufsatzschluss zum Text „Luise“ (S. 108):

Das Thema Fremdheit, das in der Kurzgeschichte „Luise“ verarbeitet wird, dürfte kaum jemals an Bedeutung und Aktualität verlieren. Luises Begegnung auf der Bahnhofstoilette ist nur ein Beispiel dafür, dass uns meist all das verunsichert, was zunächst fremd erscheint – seien es andersartige Kleider, der Linksverkehr in England, Sprachen, die wir nicht sprechen, oder ungewohnte Sitten. Das ist auch nicht schlimm, solange die Menschen auch bereit sind, Furcht vor Fremdem zu überwinden und einen Schritt aufeinander zuzugehen. Eine Geschichte wie „Luise“ zeigt uns, wie man schon mit kleinen Gesten Verständnis, Offenheit und Respekt zum Ausdruck bringen kann.

136 Schreibe einen Aufsatzschluss zum Text „Das Streiflicht“ (S. 139), in dem du seine Wirkung auf dich beschreibst.

137 Schreibe einen Aufsatzschluss zum Text „Happy end“ (S. 115), in dem du einen Appell formulierst, wie die Frau sich zukünftig gegenüber ihrem Mann verhalten sollte.

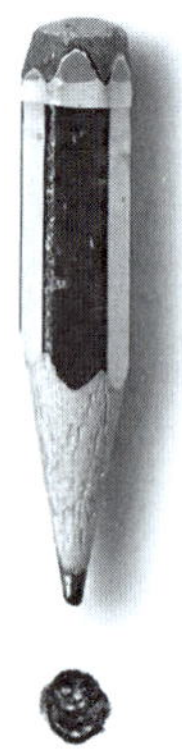

138 Wende nun alles zur Texterschließung Gelernte in der folgenden Aufgabe an.

Lies den folgenden Auszug aus dem Roman „Nichts. Was im Leben wichtig ist“ sorgfältig durch und bearbeite die folgenden Aufgaben:

1. Fasse den Textinhalt zusammen.
2. Untersuche besonders auffällige sprachliche Mittel und beschreibe deren Wirkung. Beschränke dich auf sechs unterschiedliche Merkmale.
3. Der Roman wurde zum Teil stark kritisiert, weil er eine negative Haltung zum Leben thematisiert. Überprüfe diese Aussage anhand des Auszugs. Erläutere dein Ergebnis mit passenden Textbelegen.
4. Nimm Stellung zu Pierre Anthons Aussage „Nichts bedeutet irgendetwas. [...] Deshalb lohnt es sich nicht, irgendetwas zu tun“ (Z. 21 f.). (etwa 250 Wörter)
5. Versetze dich in die Lage der Figur Pierre Anthon. Schreibe eine E-Mail an deinen Freund, der auf eine andere Schule geht, und erzähle ihm von deinem Verhalten.

Text

Janne Teller: Nichts. Was im Leben wichtig ist

Pierre Anthon verließ an dem Tag die Schule, als er herausfand, dass nichts etwas bedeutete und es sich deshalb nicht lohnte, irgendetwas zu tun.

Wir anderen blieben.

Und auch wenn die Lehrer sich bemühten, rasch hinter ihm aufzuräumen – sowohl im Klassenzimmer als auch in unseren Köpfen –, so blieb doch ein bisschen von Pierre Anthon in uns hängen. Vielleicht kam deshalb alles so, wie es kam.

Es war in der zweiten Augustwoche. Die Sonne brannte und machte uns faul und leicht reizbar, der Asphalt klebte an den Sohlen unsrer Turnschuhe, und die Äpfel und Birnen waren gerade eben so reif, dass sie perfekt als Wurfgeschoss in der Hand lagen. Wir schauten weder links noch rechts. Der erste Schultag nach den Sommerferien. Das Klassenzimmer roch nach Reinigungsmitteln und langem Leerstehen, die Fensterscheiben warfen gestochen scharfe Spiegelbilder, und an der Tafel hing kein Kreidestaub. Die Tische standen in Zweierreihen so gerade wie Krankenhausflure und wie sie es eben nur an ebendiesem einen Tag im Jahr tun. Klasse 7A.

Wir gingen zu unseren Plätzen, ohne uns über die vorgegebene Ordnung aufzuregen.

Kommt Zeit, kommt Rat, kommt Unordnung. Aber nicht heute!

Eskildsen begrüßte uns mit demselben Witz wie in jedem Jahr. „Kinder, freut euch über den heutigen Tag“, sagte er. „Ohne Schule gäbe es auch keine Ferien.“

Wir lachten. Nicht, weil wir das witzig fanden, sondern weil er es sagte.

Genau da stand Pierre Anthon auf.

„Nichts bedeutet irgendetwas“, sagte er. „Das weiß ich schon lange. Deshalb lohnt es sich nicht, irgendetwas zu tun. Das habe ich gerade herausgefunden.“ Ganz ruhig bückte er sich und packte die Sachen, die er gerade herausgenommen hatte, wieder in seine

Tasche. Mit gleichgültiger Miene nickte er uns zum Abschied zu und ging hinaus, ohne die Tür hinter sich zu schließen.

Die Tür lächelte. Es war das erste Mal, dass ich[1] sie das tun sah. Mir kam die angelehnte Tür wie ein breit grinsendes Maul vor, das mich verschlingen würde, wenn ich mich dazu verlocken ließ, Pierre Anthon nach draußen zu folgen. Wem lächelte es zu? Mir, uns allen. Ich sah mich in der Klasse um, und die ungemütliche Stille sagte mir, dass die anderen es auch bemerkt hatten.

Aus uns sollte etwas werden.

Etwas werden bedeutete jemand werden, aber das wurde nicht laut gesagt. Es wurde auch nicht leise gesagt. Das lag einfach in der Luft oder in der Zeit oder im Zaun rings um die Schule oder in unseren Kopfkissen oder in den Kuscheltieren, die, nachdem sie ausgedient hatten, ungerechterweise irgendwo auf Dachböden oder in Kellern gelandet waren, wo sie Staub ansammelten. Ich wusste es nicht. Pierre Anthons lächelnde Tür erzählte es mir. Mit dem Kopf wusste ich es immer noch nicht, aber trotzdem wusste ich es.

Ich bekam Angst. Angst vor Pierre Anthon.

Angst. Mehr Angst. Am meisten Angst.

Quelle: Ausschnitt aus: Janne Teller: Nichts. Was im Leben wichtig ist. Aus dem Dänischen von Sigrid C. Engeler. München: Carl Hanser Verlag 2010, S. 8–10.

Anmerkung:

1 Der Roman wird aus der Perspektive der Ich-Erzählerin Agnes erzählt.

Anhang: Zitate, Textsorten und Stilmittel

1 Zitate

Sowohl beim materialgestützten Argumentieren als auch beim Erschließen von Texten ist es notwendig, richtig zitieren zu können. Es gibt zwei unterschiedliche Arten von Zitaten, indirekte und direkte. Beim **indirekten Zitat** verwendest du die indirekte Rede und übernimmst die Inhalte des Materials in eigenen Worten in deinen Aufsatz. Die wiedergegebene Textstelle wird dahinter **in Klammern mit genauer Zeilenangabe** belegt, nur bei Überschriften ist dies ausnahmsweise nicht nötig. Wenn mehrere Materialien vorliegen, musst du zudem die **Quelle** angeben. Vor die Material- bzw. Zeilenangabe setzt du den Zusatz **„vgl.“** (mit einem Punkt dahinter). Diese Abkürzung steht für „vergleiche“ und macht deutlich, dass du die Aussagen aus dem Materialtext umformuliert hast.

Indirektes Zitat:

- **Original:** „Sie hat die Krokoschuhe an.“
- **Zitat:** Kya berichtet ihrem Bruder, die Mutter trage Schuhe aus Krokodilleder (vgl. Z. 39).

Direkte Zitate werden stets durch **Anführungszeichen** gekennzeichnet. Die wörtlich übernommene Textstelle wird dahinter wie beim indirekten Zitat belegt, aber ohne den Zusatz „vgl.“ Grundsätzlich gilt: Du kannst ganze Sätze, aber auch einzelne Wörter oder Wortgruppen zitieren.

Beachte:

- Schreibe das Zitat sorgfältig Wort für Wort ab. Übernimm dabei die Zeichensetzung und auch etwaige Schreibfehler. Solche Fehler kennzeichnest du mit dem Zusatz *[sic]* in eckigen Klammern direkt hinter dem falsch geschriebenen Wort. Dadurch machst du deutlich, dass der Fehler nicht von dir stammt.
- Wenn sich die zitierte Textstelle über zwei Zeilen erstreckt, gibst du die Nummer der ersten Zeile an und fügst „f.“ (für „folgende“) hinzu (z. B. Z. 9 f.). Vergiss nicht, hinter das „f“ einen Punkt zu setzen. Du kannst die beiden Zeilen aber auch mit einem Schrägstrich dazwischen angeben (z. B. Z. 9/10). Bei mehr als zwei Zeilen gibt es zwei Möglichkeiten:

Du kannst entweder „ff." hinter die erste Zeilennummer setzen oder die Spanne mit einem bis-Strich angeben (z. B. Z. 9 ff. oder Z. 9–11). Die Variante mit dem bis-Strich ist genauer, da die Leser*innen dadurch auch erkennen können, wo die betreffende Textstelle endet.

- Denke daran, in deinem Aufsatz im Präsens und Perfekt zu bleiben, auch wenn im Zitat das Präteritum verwendet wird.

Du hast folgende Möglichkeiten, um direkte Zitate in den Aufsatz einzubauen:

1. **Zitat als normales Satzglied oder Teil eines Satzgliedes**

   Das Zitat kann dabei vorne, hinten oder in der Mitte des Satzes stehen.

   - Die Aussage „Sie […] kramte verlegen in ihrer Tasche nach dem Kamm" (Z. 8 f.) zeigt, dass Luise nervös und verunsichert ist.
   - Laut Michael Brendlers Artikel hat Morgensport „einen größeren Effekt auf Metabolismus und Fitnesslevel" (Z. 72 f.) als Bewegung zu anderen Tageszeiten.
   - Mit dem Begriff „Ein-für-allemal-Entscheidung" (Material 3, Z. 5) bringt Jakob Muth seine Ablehnung des Förderschulbesuchs zum Ausdruck.

2. **Zitat nach einem ankündigenden Satz und Doppelpunkt**

   Der Text „Abholzung in Gambia" liefert alarmierende statistische Daten zur Waldrodung in dem afrikanischen Land: „Die Hilfsorganisation SOS Kinderdorf beklagt […] einen Verlust von 91 Prozent des einstigen Waldbestandes" (Z. 93–96).

   Beachte:

   - Nach dem Doppelpunkt können auch mehrere Textstellen aufgezählt werden, die durch Kommas oder „und" verbunden werden.
   - Nach der zitierten Textstelle mit Quellenangabe setzt du einen Punkt. Sollte das Zitat mit einem Satzschlusspunkt enden, entfällt dieser; Frage- und Ausrufezeichen musst du jedoch ins Zitat übernehmen.

3. **Zitat als Einschub mit „z. B." und in Kommas**

   In dem Kommentar „Kein Kind zurücklassen" wird auch komplizierte Sprache, z. B. „das Amtsdeutsch auf Formularen und das Fachchinesisch einer Gebrauchsanweisung" (Material 4, Z. 28–30), als Barriere genannt.

4. **Zitat in Klammern**

   In der Kurzgeschichte „Happy end" nutzt der Mann abwertende Begriffe („Affenschande", Z. 6; „Liebesgewinsel", Z. 11), um seine Geringschätzung gegenüber seiner Frau und dem Kinofilm zum Ausdruck zu bringen.

Beachte:
- Alle geöffneten Klammern müssen auch wieder geschlossen werden.
- Die Zeilenangaben kannst du mit einem Komma direkt an das Zitat in Klammern anschließen. Damit bei mehreren Zitaten die Zuordnung eindeutig ist, kannst du vor das folgende Zitat einen Strichpunkt setzen.

Beim Zitieren gilt: Du darfst die Aussage des Originaltextes nicht verfälschen. Es ist jedoch möglich, das Zitat zu kürzen, wenn es unnötig lang ist oder du es an den Aufbau deines Satzes anpassen musst. Werden innerhalb eines zitierten Satzes Wörter oder Satzteile weggelassen, so müssen die **Auslassungen** durch **drei Punkte in eckigen Klammern** gekennzeichnet sein.
- **Original:** „Eine Schwere, so zäh wie schwarzer Baumwollschlamm, verengte ihr die Brust".
- **Zitat:** Die Aussage „Eine Schwere […] verengte ihr die Brust" (Z. 27 f.) zeigt, dass Kya besorgt ist.
- **Original:** „Gemeinsam wollen sie den hohen Verbrauch von Kohle und Feuerholz in dem kleinen westafrikanischen Land reduzieren".
- **Zitat:** Die Reportage berichtet von einer Gruppe Studierender, die „[g]emeinsam […] den hohen Verbrauch von Kohle und Feuerholz in dem kleinen westafrikanischen Land reduzieren" (Z. 9–12) wollen.

Du darfst Wörter und Satzteile im Zitat ergänzen, damit der Bezug verständlich wird oder dein Satz grammatikalisch korrekt wird. **Einfügungen** setzt du in eckige Klammern.
- **Original:** „Oft sind sie mit schwierigen Kindern überfordert".
- **Zitat:** „Oft sind [die Schulbegleiter*innen] mit schwierigen Kindern überfordert", sodass sie die Lehrkräfte nicht entlasten können (Material 7, Z. 33 f.).
- **Original:** „alle Kinder mitnehmen und kein Kind zurücklassen"
- **Zitat:** Ulla Schmidt fordert, an Schulen „alle Kinder mit[zu]nehmen und kein Kind zurück[zu]lassen" (Material 4, Z. 49 f.).

Manchmal enthält der zitierte Satz bereits Anführungszeichen, z. B. bei wörtlicher Rede. Solch ein **Zitat im Zitat** setzt du in einfache Anführungszeichen: Luise ist froh „dass sie an der Regelschule früh gelernt hat, mit einem normalen Computer zu arbeiten und nicht eine spezielle Schreibmaschine für Blinde verwendet. ‚Dadurch kann ich viele Sachen selbständiger machen'" (Material 1, Z. 111–116), sagt das Mädchen.

2 Wichtige Textsorten und Stilmittel

Grundsätzlich unterscheidet man zwischen **literarischen Texten** und **Sach- und Gebrauchstexten**. Die für die Texterschließung und das materialgestützte Argumentieren wichtigsten Textsorten sind im Folgenden jeweils kurz erklärt.

2.1 Literarische Texte

Die literarischen Texte unterteilt man in drei verschiedene Gattungen, nämlich in **Epik, Lyrik** und **Dramatik**. Als Textauswahl für die schriftliche Abschlussprüfung oder für Klassenarbeiten bieten sich unter den literarischen Texten vor allem bestimmte epische Kurzformen (auch Prosa genannt) und der lyrische Bereich an. Andere Teile der Epik, z. B. Romane oder dramatische Texte wie die Tragödie, sind als Ganzwerke zu umfangreich, sie können allerdings in Textausschnitten bearbeitet werden.

Die wichtigsten **epischen Formen:**

Roman	Der Roman ist ein Erzählwerk von mittlerem bis großem Umfang. Er **schildert umfassend** das **Leben** und die **Entwicklung einer oder mehrerer Personen** auch über Generationen hinweg. • Die **Handlung ist meist vielschichtig** und weitverzweigt. • Es besteht Raum für ausführliche **Charakterisierungen**. • Romane können z. B. nach Stoffen und dargestellten Personen unterschieden werden (z. B. Liebesroman, Gesellschaftsroman), aber auch nach charakteristischen Erzählverfahren (z. B. Briefroman) oder nach der Zielgruppe (z. B. Jugendroman).
Novelle	Die Novelle ist eine im Vergleich zum Roman **kürzere Erzählung**. • Sie schildert eine tatsächlich geschehene oder zumindest mögliche, **ungewöhnliche Begebenheit** mit einem **zentralen Konflikt**. • Typischer Aufbau: Nach kurzer Einleitung führt die Handlung **geradlinig zum Höhe- und Wendepunkt**, der in ein meist dramatisches Ende mündet. Nebenhandlungen gibt es nicht. • Zur Vorausdeutung finden sich häufig **Leitmotive** oder **Dingsymbole**, d. h. Gegenstände mit symbolhafter Bedeutung.

Kurzgeschichte	Der Begriff stammt **von der amerikanischen „short story“** und hat bei uns vor allem nach 1945 durch Autoren wie Heinrich Böll oder Wolfgang Borchert Bedeutung erlangt. • In knapper Form wird ein meist entscheidender **Ausschnitt**, eine **krisenhafte Situation im Leben eines Menschen** behandelt. Die Personenzahl ist begrenzt. • Typischer Aufbau: **unmittelbarer Beginn**, die Steigerung der Spannung bis zum **Höhepunkt**, der oft zugleich Wendepunkt ist, und der **offene Schluss**, der zum Weiterdenken anregen soll. • Sie ist in **einfacher, realitätsnaher Sprache** geschrieben. • Oft kommen **wörtliche Reden** vor.
Fabel	Sie ist eine **kurze, lehrreiche Erzählung**. In ihr **handeln Tiere wie Menschen** und haben auch menschliche **Eigenschaften**. • Eine **Konfliktsituation** deckt menschliche Schwächen auf. • Die wirkungsvolle **Schlusspointe** (d. h. eine überraschende Wende) enthält eine **allgemeine Lehre**.
Märchen	Das Märchen ist eine vom Umfang begrenzte, **mündlich überlieferte Erzählung**, deren **Inhalt frei erfunden** ist und in der häufig **Fantasiegestalten** wie Feen oder Zwerge vorkommen. • **Zeit und Ort sind unbestimmt**, die Grenzen zwischen Wirklichkeit und Fantasie verschwimmen häufig. **Zufälle** und **Symbole** spielen eine wichtige Rolle. • In Märchen stehen sich oft **gegensätzliche Typen** gegenüber, z. B. das gute Kind und die böse Stiefmutter. • **Das Gute siegt meist**, was die **belehrende Funktion** zeigt. • Typisch: **Formelhafte Anfangs- und Schlusssätze** wie „Es war einmal …“ und „Wenn sie nicht gestorben sind …“. Die Sprache ist meist **bildreich** und **kindgemäß**.
Parabel	Wie die Fabel ist sie eine **kurze, lehrhafte Erzählung**, in der eine **Lebensweisheit durch ein Gleichnis** anhand eines geeigneten Einzelfalls veranschaulicht wird.
Parodie	Sie ahmt **in verspottender** oder **übertreibender Weise** ein bekanntes literarisches Werk oder einzelne Teile davon nach. • Die **äußere Form** des Originalwerks wird dabei größtenteils **beibehalten**, der Inhalt jedoch verändert. • Sie kann rein **spielerischer Art** sein, oft übt sie aber an einem Werk oder dessen Verfasser*in auch **Kritik**.

Satire	Durch **Übertreibung, Ironie** und beißenden **Spott** macht sie Personen oder Ereignisse **lächerlich** und **übt Kritik** an ihnen. Satiren wollen dazu anregen, bestimmte kulturelle, gesellschaftliche oder politische Zustände bzw. Verhaltensweisen zu überdenken und zu verbessern.
Anekdote	Die Anekdote erzählt in **knapper Form** eine **besondere Begebenheit** aus dem Leben einer bekannten (historischen) Persönlichkeit. • Ziel: **scharfe, oft erheiternde Charakterisierung** einer Person/Gruppe, eines außergewöhnlichen Vorfalls, einer Epoche, einer Gesellschaftsschicht oder eines Menschentyps. • Die Darstellung ist **um Objektivität bemüht** und endet zumeist mit einer überraschenden, witzigen Wendung (**Pointe**).

Die wichtigsten **lyrischen Formen:**

Gedicht	Das Gedicht in seiner klassischen Gestalt erkennt man an einer **festgelegten äußeren Form** (Strophen, Versmaß, Reim). • Gedichte können **Stimmungen und Gefühle**, aber auch das **Verhältnis des Menschen zu seiner Umgebung**, zur Welt oder der Natur ausdrücken. • Typisch: ausdrucksstarke, **bildreiche Sprache**, oftmals durch Reime, das Metrum und den Rhythmus **gebunden**. • **Moderne Gedichte** sind allerdings oft reimlos, haben zum Teil prosahafte Züge, verschlüsseln ihre Aussage und greifen auch aktuelle gesellschaftliche Themen auf.
Ballade	Die Ballade ist eine **Sonderform des Gedichts** mit **handlungsreichem Inhalt** in oftmals gebundener Sprache. • Erzählt wird ein **ungewöhnliches** und **meist tragisches Geschehen** aus dem Alltag oder aus Geschichte, Sage, Mythos. • In Balladen werden Merkmale der drei Großgattungen vereint: Es finden sich **epische Elemente** (Erzählweise, Spannungsaufbau) ebenso **dramatische** (Konfliktstruktur, Dialoge) und **lyrische** (strophische und gereimte Form).
Sonett	Das Sonett ist eine Gedichtart mit **festem Aufbau**. • Grundform: zwei vierzeilige Strophen (**Quartette**) und zwei dreizeilige Strophen (**Terzette**), die durch **Reime** gebunden sind. • Der gedankliche Aufbau ist klar, wobei in den zwei Teilen **oft Gegensätze** präsentiert und am Ende ggf. zusammengeführt werden.

Lied	Das Lied ist ein lyrischer Text, der mit einer **Melodie** versehen und **gesungen werden kann.** • Lieder sind meist in **Strophen** eingeteilt, die jeweils die **gleiche Anzahl an Versen** haben. Oft **reimen** sich die Verse. Die Strophen wechseln sich mit einem Kehrvers (**Refrain**) ab, der immer gleich bleibt. • Ein **einheitlicher Rhythmus** erleichtert das Singen. • In Volksliedern ist die **Sprache einfach** (überwiegend kurze Verse) und oft durch **Dialekte** beeinflusst.

Die beiden **Hauptgattungen der Dramatik:**

Komödie	Die Komödie oder das Lustspiel ist ein **Bühnenstück mit komischem oder heiterem Inhalt.** Nach einem scheinbaren Konflikt, der menschliche Schwächen entlarvt, **endet die Handlung glücklich** oder zumindest versöhnlich.
Tragödie	In ihr wird eine **ernste, in sich abgeschlossene Handlung** in einzelnen Szenen vorgeführt. Der Konflikt, nämlich der Kampf gegen die Umwelt oder eigene Leidenschaften, **endet tragisch.**

2.2 Sach- und Gebrauchstexte

Sie sprechen verschiedene Themen aus Politik, Gesellschaft, Kunst oder Wirtschaft an und finden sich z. B. in Büchern, Zeitungen, Zeitschriften und natürlich im Internet. Zu den Sach- und Gebrauchstexten gehören informative, aber auch appellative und kommentierende bzw. meinungsbildende Texte.

Die wichtigsten **informativen Sachtexte:**

Beschreibung	Hier werden Personen, Sachen, Vorgänge oder Sachverhalte in allen **Einzelheiten** beschrieben. Die Sprache ist in der Regel **sachlich**, die Zeitstufe zumeist das **Präsens.**
Bericht	Er **informiert in sachlicher Sprache** über **Tatsachen** und **aktuelle Ereignisse** von öffentlichem Interesse. • Beantwortet die **W-Fragen** (Was, Wer, Wann, Wo, Wie, Warum?). • Typischer Aufbau: **Wichtige Informationen zu Beginn**, weniger Wichtiges am Ende. **Überschrift** und **Vorspann** fassen den Kern der Nachricht zusammen, gefolgt von genauer Darstellung und interessanten Details.

Reportage	Die Reportage ist ein **tatsachenbetonter**, aber **persönlich gefärbter Erlebnisbericht**, der **informieren** und **unterhalten** will. • Schildert **aktuelle Zustände** und Vorgänge **konkret, lebendig und anschaulich**, indem z. B. Augenzeug*innen befragt oder Expert*innen zitiert werden. • Gibt **Hintergrundwissen** und stellt **Zusammenhänge** her. • Meist **veranschaulichen Bilder** oder Statistiken das Gesagte. • Typisch: **Präsens**, **Perspektivenwechsel** und **Einsatz der direkten Rede**. • **Name des Reporters** oder der Reporterin ist genannt.
Interview	**Frage-/Antworttext**, der das **Gespräch** zwischen einem Journalisten oder einer Journalistin und einer Person oder Personengruppe (v. a. Politiker*innen, Künstler*innen, Sportler*innen) wiedergibt. • Abwechselnd kommen die Gesprächspartner*innen zu Wort, wobei der oder die **Interviewer*in durch Fragen** den **Gespächsverlauf bestimmt**. Die Fragen können sachlich, aber auch provozierend ausfallen. • Ziel: **Vorstellung einer Person** oder einer Sache, **Meinungsäußerung**, **Klärung** eines Sachverhaltes.

Die wichtigsten **appellativen und kommentierenden bzw. meinungsbildenden Texte:**

Kommentar	Im Mittelpunkt steht die **Meinung des Kommentators** oder der Kommentatorin, der oder die zum tieferen Verständnis eines **aktuellen Themas** oder einer politischen, gesellschaftlichen oder kulturellen Entwicklung beitragen will. • Der oder die Autor*in will die Leserschaft dabei **von der eigenen Sichtweise überzeugen** und ggf. eine **Verhaltensänderung** bewirken. • Hierzu werden **Hintergründe** und **nähere Umstände analysiert** und in **Zusammenhänge** gesetzt. • Die **subjektive Meinung** und Bewertung stützt sich auf pointiert vorgetragene **Argumente**. Der Kommentar endet meist mit **Schlussfolgerungen** oder auch Aufforderungen. • Grundton: **ernsthaft-sachlich** bis **spöttisch-ironisch**. • **Name** des Kommentators oder der Kommentatorin wird genannt.

Glosse	Die Glosse **beurteilt auf subjektive Weise Ereignisse oder Zeiterscheinungen** und weist dabei auf **Missstände** hin. • Der Autor oder die Autorin formuliert vielfach äußerst **angriffslustig**, **ironisch** oder **satirisch** und will dadurch **Denkanstöße geben**. • Viele **rhetorische Mittel**, z. B. Hyperbeln, Metaphern, Vergleiche. • Endet oft mit **überraschender Wendung** (Pointe). • In vielen Zeitungen und Zeitschriften erscheinen **regelmäßig** immer an derselben Stelle Glossen mit **aktuellem Bezug**.
Leserbrief	Der Leserbrief ist eine elektronische oder postalische **Zuschrift von Leserinnen oder Lesern an Zeitungen und Zeitschriften**. • Nimmt in überwiegend sachlichem Ton, aber mit subjektiven und emotionalen Anteilen **Stellung** zu einem Zeitungsartikel. • Ziel: Aussagen **bestätigen, berichtigen** oder **kritisieren**. • **Name und Wohnort des Absenders/der Absenderin** sind genannt.
Rezension	Die Rezension **stellt** literarische oder wissenschaftliche **Werke vor**, ebenso **Filme, Theateraufführungen** und **Konzerte**, und **bewertet** diese. Die subjektive Meinung des Verfassers oder der Verfasserin ist daher klar zu erkennen.
Werbetext	Werbetexte sind **produktbezogen** und sollen den Adressaten oder die Adressatin **beeinflussen**, d. h., ihn bzw. sie z. B. zum Kauf oder zur Teilnahme an etwas bewegen. • Hierzu muss zunächst durch **Schrift und Bild die Aufmerksamkeit der Leserschaft** und somit ihr **Interesse geweckt werden**. • Die Werbesprache ist durch viele **Stilmittel** besonders **eingängig**, z. B. durch Reime, Alliterationen, Wortspiele oder Anglizismen. • **Optische Mittel**, z. B. Signalfarben, werden oft gezielt eingesetzt.

2.3 Rhetorische Mittel oder Stilmittel

Autorinnen und Autoren von literarischen Texten, aber auch von Sachtexten setzen rhetorische Mittel bewusst ein, um eine bestimmte **Wirkung zu erzielen**. Aus der großen Palette an Stilmitteln werden im Folgenden nur die sehr häufig verwendeten aufgeführt. Ihre Wirkabsicht wird dabei allgemein beschrieben, das heißt, du musst sie in deinem Aufsatz auf die jeweils konkrete Verwendung im Text abstimmen.

Rhetorische Figur	Beispiel	Wirkung
Abwertung	Was ist es wert, euer lächerliches Streben?	herabsetzen, abwerten
Akkumulation: Worthäufung ohne Nennung eines Oberbegriffs	Es kribbelte sie in jedem Haar, Finger, Zeh, in Socken, Hose, T-Shirt und Mantel.	Veranschaulichung und Verstärkung durch detailreiches Aufsplitten einer Sache/eines Zustandes
Alliteration (Stabreim): gleiche Anfangsbuchstaben in aufeinanderfolgenden Wörtern	über Stock und Stein; vergeblich versucht; bei Nacht und Nebel	Betonung, fördert die Merkfähigkeit, lautmalerisch, melodisch
Anapher: Wiederholung gleicher Satzanfänge	Welche Wonne, welch ein Glück!	Hervorhebung, gefühlsmäßige Beteiligung
Anspielung: Hinweis in versteckter, beiläufiger Form	Ich will ja nichts verraten, aber …	Neugier wecken, aufmerksam machen
Beispiel	So kennen die Schüler*innen von heute Schreibmaschinen zum Beispiel nur noch aus dem Museum.	Veranschaulichung, Verdeutlichung
doppelte Verneinung (Litotes)	nicht selten = oft; nicht unschön = schön	Hervorheben durch Untertreibung; meint das Gegenteil des verwendeten Begriffs
Einschub in einen Satz (Parenthese)	In diesem Jahr – das schwor Ali sich – wollte er mit seinem Fußballclub endlich Regionalmeister werden.	ergänzender, kommentierender Gedanke, Betonung, evtl. erregtes Sprechen
Ellipse: verkürzter Satz durch Auslassen von Satzteilen	Was tun? (anstatt: Was sollen wir tun?); Endlich allein! (statt: Endlich bin ich allein!)	erregtes, gefühlsbetontes Sprechen als Ausdruck von Freude, Angst, Entsetzen, Verzweiflung; Reduzieren auf wesentliche Inhalte

Gegensatz / Gegenüberstellung (Antithese)	Der Wahn ist kurz, die Reu' ist lang; Sie fragte leise, doch er schrie laut.	Betonung von Unterschieden, Vor- und Nachteilen, gegensätzlichen Gedanken etc.
Inversion: Umstellung der normalen Satzstellung S – P – O	Unendlich mühsam war der Weg! (statt: Der Weg war unendlich mühsam.)	Verstärkung, Untermalung, Betonung einer Aussage
Ironie: das Gegenteil des Gesagten ist gemeint (häufig nur im Kontext verständlich); feiner Spott	Das ist ja eine schöne Bescherung! Beim Small Talk kommt es nicht darauf an, etwas zu wissen, sondern seine Unwissenheit geschickt zu verbergen.	unterhalten, Aussagen auflockern; verschleiert die Wahrheit sagen, versteckt Kritik üben
Lautmalerei: Nachahmung von Klängen, Lauten	Das Feuer leckt, schleckt, knistert, knattert.	Ansprechen der Sinne, Veranschaulichung, Spiel mit der Sprache
Metapher: bildhafter Ausdruck mit übertragener Bedeutung; kann nicht wörtlich genommen werden	Bücher verschlingen = sehr gerne lesen; Rabenmutter = schlechte Mutter	Veranschaulichung, Betonung
Neologismus: Wortneuschöpfung	Zuckerschlecker lecker; die Nie-vor-neun-Uhr-Aufsteher*innen	Veranschaulichung, Verstärkung, evtl. auch Irritation; oft erheiternde Wirkung
Oxymoron: Verbindung von scheinbaren Widersprüchen	schwarze Milch; schweigend ins Gespräch vertieft	Irritation; Verstärkung; komisch-erheiternde Wirkung
Parallelismus: gleich oder ähnlich gebaute, aufeinanderfolgende (Teil-)Sätze	In meinen Adern welches Feuer! / In meinem Herzen welche Glut!	Verstärkung, einprägsame Aussagen
Personifikation: leblosen oder abstrakten Dingen werden menschliche Züge verliehen	König Fußball; das Fenster gähnt	Betonung, lebendige Anschauung, evtl. Irritation
rhetorische Frage: Frage, bei der die Antwort vom Sprecher oder der Sprecherin schon vorausgesetzt bzw. keine Antwort möglich ist	Wer ist schon perfekt?	Ansprechen und Einbeziehen der Leserschaft, Aufmerksamkeit wecken

Steigerung (Klimax)	Ich könnte Tage, Wochen, Monate in Italien bleiben.	Betonung
Übertreibung (Hyperbel)	himmelhoch jauchzend; zu Tode betrübt	drastische Verdeutlichung, kann ironisch-witzig, aber auch ernsthaft-kritisch sein
unvollendeter Satz	Oh, wenn sie doch …!	erregtes Sprechen, starke gefühlsmäßige Beteiligung; Einbeziehen der Leserschaft (Weiterdenken)
Vergleich: zwei Begriffe aus verschiedenen Bereichen werden einander gleichgesetzt	Haare wie Gold; federleicht (= leicht wie eine Feder)	bildliche Veranschaulichung
Widerspruch	unterkühlte Heiterkeit	stutzig machen; Missstand, Widerspruch aufdecken
Wiederholung	Sein Lachen wirkt ansteckend, sein Lachen erfüllt den Raum.	Hervorhebung, Betonung/ Nachdruck
Wortspiel: zwei Wörter mit unterschiedlicher Bedeutung, aber lautlicher Ähnlichkeit werden spielerisch miteinander verknüpft	Ich habe den Saal schon voller und leerer gesehen, aber noch nie so voller Lehrer.	witzig, komisch, erheiternd, geistreich
Zeilensprung (Enjambement): eine Satz- oder Sinneinheit schreitet von einem Vers in den nächsten hinüber	Hell im Mondschein stand / ich einst allein im Wald.	gleitendere Verbindung zwischen einzelnen Versen; Irritation und Provokation

Lösungen

Materialgestütztes Argumentieren

1 **a** Das regelmäßige Besuchen von Fitnessstudios erfreut sich immer größerer Beliebtheit bei jungen Leuten. Welche Vorteile ergeben sich daraus für die Jugendlichen und mit welchen negativen Seiten werden sie konfrontiert?

b Weltweit ernähren sich immer mehr Menschen von Fast Food. Erörtere die Gründe für diese Entwicklung.

c Temperaturen über 30 °C und Unterricht sind nur schwer vereinbar. Sollte es in Deutschland deshalb verpflichtend ab einer bestimmten Temperatur „hitzefrei“ geben? Welche Probleme könnte eine solche Regelung mit sich bringen?

2 **a** eingliedrig – linear

b mehrgliedrig – dialektisch mit Entscheidung

c mehrgliedrig – dialektisch

3 **a**

	eingliedrig	mehrgliedrig – linear	mehrgliedrig – dialektisch	mit Entscheidungsfrage
1. Warum sollten sich mehr Menschen vegetarisch ernähren?	X			
2. Viele Menschen arbeiten im Homeoffice. Welche Vorteile aber auch Nachteile hat dies?			X	
3. „Fahrradfahren nur mit Helm!“ Warum sträuben sich viele junge Leute dagegen und wie stehst du zu dieser Forderung?	X			X
4. Das Internet hat die Kommunikation des modernen Menschen revolutioniert. Erörtere die positiven Auswirkungen dieser Erfindung.	X			
5. Selfies an gefährlichen Orten erfreuen sich immer größerer Beliebtheit. Worin siehst du die Ursachen? Gibt es Möglichkeiten, diesen Trend einzudämmen?		X		

b

Nr.	Themabegriff(e)	Einschränkung(en)	Erörterungsart
1.	Besuch eines Tanzkurses	keine	eingliedrig (Vorteile)
2.	Besuch eines Tanzkurses	keine	mehrgliedrig – dialektisch (Vor- und Nachteile)
3.	Tanzkurs besuchen	Jugendliche	mehrgliedrig – dialektisch (Vor- und Nachteile), mit Entscheidungsfrage
4.	Besuch eines Tanzkurses, Tanzenlernen	einige Jugendliche	mehrgliedrig – linear (Gründe, Maßnahmen)
5.	Tanzkurs	in der Schule	mehrgliedrig – dialektisch (Vor- und Nachteile), mit Entscheidungsfrage
6.	Tanzkurs, sich davor drücken	manche junge Männer	eingliedrig (Gründe)

4

Themabegriff(e)	Einschränkung(en)	Erörterungsart
gemeinsamer Unterricht von Kindern mit und ohne Behinderung	Regelschule	mehrgliedrig 1. Teil: dialektisch (Vor- und Nachteile) 2. Teil: linear (Maßnahmen)

5 **Inklusion:** gleichberechtigte Teilhabe behinderter Menschen am täglichen Leben (Schule, Ausbildung, Arbeit, Freizeit usw.)

Interaktion: Austausch, Kontakt, Handlungen zwischen zwei oder mehreren Personen

heterogen: uneinheitlich bzw. nicht aus gleichartigen Teilen zusammengesetzt

Integration: Einbeziehung vieler verschiedener Personen oder Gruppen in eine Gemeinschaft

Regelschule: eine allgemeinbildende staatliche Schule wie Grundschule, Realschule, Gymnasium, die nicht ausschließlich auf Schüler*innen mit besonderem Förderbedarf eingestellt ist

Förder-/Sonderschule: Schule, die speziell auf die Bedürfnisse von Kindern und Jugendlichen mit einer Behinderung oder eingeschränkten Lernmöglichkeiten zugeschnitten ist

Defizit: Mangel, Beeinträchtigung

6

	richtig	falsch	nicht enthalten
1. In einer Inklusionsklasse werden meist weniger Schüler*innen unterrichtet als in einer Regelklasse.	☒	☐	☐
2. Besucht ein*e Schüler*in mit Behinderung eine Regelschule, so unterrichten in der Klasse immer zwei Lehrer*innen.	☐	☒	☐
3. Lehrer*innen, die behinderte und nicht behinderte Schüler*innen unterrichten, bekommen ein höheres Gehalt.	☐	☐	☒
4. Geistig behinderte Schüler*innen, die ein Gymnasium besuchen, machen auch ihr Abitur.	☐	☒	☐
5. An Klassenfahrten können behinderte Schüler*innen nicht teilnehmen.	☐	☒	☐
6. Körperbehinderte Schüler*innen, z. B. Blinde, besuchen oftmals spezielle Schulen und Internate.	☒	☐	☐
7. Körperlich behinderten Schülerinnen und Schülern werden passende Hilfsmittel zur Verfügung gestellt, damit sie am Unterricht in Regelschulen teilnehmen können.	☒	☐	☐
8. Auch die nicht behinderten Kinder profitieren davon, dass sie mit behinderten Kindern zusammen zur Schule gehen.	☒	☐	☐
9. Maximal 15 % der Schüler*innen an Regelschulen dürfen eine Behinderung haben.	☐	☐	☒

7

Aussage Nummer	Wörtliche Wiedergabe der Textstelle
1: In einer Inklusionsklasse werden meist weniger Schüler*innen unterrichtet als in einer Regelklasse.	„Damit das Miteinander […] gut funktioniert, gelten für die Klasse 5 a besondere Bedingungen. Statt wie an der Schule üblich 25 Mädchen zählt sie nur 20.“ (Z. 57–62)
6: Körperbehinderte Schüler*innen, z. B. Blinde, besuchen oftmals spezielle Schulen und Internate.	„Die meisten blinden Kinder gehen auf spezielle Schulen und Internate, etwa in Marburg.“ (Z. 105–107)
7: Körperlich behinderten Schülerinnen und Schülern werden passende Hilfsmittel zur Verfügung gestellt, damit sie am Unterricht in Regelschulen teilnehmen können.	„Luise ist von Geburt an blind. Auf der Braillezeile kann sie in Blindenschrift lesen, was sie auf der Tastatur geschrieben hat.“ (Z. 95–98)
8: Auch die nicht behinderten Kinder profitieren davon, dass sie mit behinderten Kindern zusammen zur Schule gehen.	„Auch die 17 nichtbehinderten Schülerinnen profitierten, sagt Korn, sie hätten ‚von Anfang an Rücksichtnahme gelernt‘.“ (Z. 78–81)

8 **a**
- Ansätze haben sich gewandelt: Ausbau eines spezialisierten Förderschulsystems seit den 1960er-Jahren, heute: Inklusion bzw. integrative Lerngruppen.
- Teilhabe von beeinträchtigten Schülerinnen und Schülern kann auf unterschiedlichem Wege umgesetzt werden.
- In Förderschulen wurde/wird gute Arbeit geleistet (engere Schüler-Lehrer-Beziehung; Ausrichtung auf Förderbedarf, nicht nur auf Leistung), weshalb dieses Schulmodell weiter als Wahlmöglichkeit bestehen bleiben sollte.
- Umsetzung schulischer Inklusion braucht Zeit und Geld (Barrierefreiheit, Personal).

b Das Interview richtet sich an Personen, die ein Interesse an aktuellen Entwicklungen des Regel- und Förderschulsystems haben, also vor allem an Eltern schulpflichtiger Kinder und an Lehrkräfte.

c Dieter Rensing will die Leserschaft über die gute pädagogische Arbeit an Sonderschulen und die künftigen Herausforderungen bei der Inklusion an Regelschulen informieren. Außerdem möchte er mögliche Vorurteile gegenüber Förderschulen beseitigen.

d Er steht dem Thema offen gegenüber: Seines Erachtens muss individuell entschieden werden, ob für ein behindertes Kind der Regelschul- oder der Sonderschulbesuch förderlicher ist.

e Der Text erfüllt seinen Zweck, da die Arbeit an Förderschulen und die Umsetzung von schulischer Inklusion sachlich und aus verschiedenen Perspektiven beleuchtet werden. Allerdings hätten auch die Vorteile des inklusiven Regelschulbesuchs genannt werden können, um den Eltern eine noch breitere Informationsgrundlage zu bieten.

9
- An Regelschulen kann vermutlich keine so enge persönliche Bindung zwischen den Schülerinnen und Schülern und Lehrkräften hergestellt werden (vgl. Z. 53–59).
- An Regelschulen kommen behinderte Kinder ggf. nicht zur Ruhe, unter anderem da die Klassen größer sind (vgl. Z. 59–62 und Z. 76 f.).
- Behinderten Schülerinnen und Schülern könnten durch den ständigen Vergleich mit leistungsstärkeren, nicht behinderten Schülerinnen und Schülern motivierende Erfolgserlebnisse fehlen (vgl. Z. 62–70).

10 Meiner Meinung nach sollte ganz individuell, das heißt in Abhängigkeit von der Persönlichkeit des Kindes, seinem konkreten Förderbedarf und den Rahmenbedingungen, entschieden werden, ob das Kind eine Regelschule oder eine Sonderschule besucht. Für manche Kinder kann es nämlich positiver sein, sich in einem überschaubaren Schul- und Lernumfeld persönlichen Defiziten zu stellen. Schüchterne Kinder fühlen sich von dem Leistungsdruck des Regelschulbetriebs eventuell gehemmt. Außerdem können Kinder an Förderschulen auch von der engen Schüler-Lehrer-Bindung profitieren, da sie den Bezugspersonen möglichweise eher vertrauen und sich ihnen öffnen.

11

	zutreffend	nicht zutreffend	nicht enthalten
1. Er will darauf hinweisen, dass es für Kinder, die einmal eine Sonderschule besucht haben, kaum möglich ist, an eine Regelschule zurückzugehen.	☒	☐	☐
2. Er hält den Besuch einer Sonderschule generell für falsch.	☐	☐	☒
3. Er ist der Meinung, dass die nicht behinderten Schüler*innen Vorteile haben, wenn die behinderten Kinder in Sonder--schulen unterrichtet werden.	☐	☒	☐
4. Er hält es für nötig, dass behinderte und nicht behinderte Kinder miteinander Kontakt haben.	☒	☐	☐
5. Er plädiert für die Abschaffung aller Sonderschulen.	☐	☐	☒

12

- Vorteil für die behinderten Kinder: keine Ausgrenzung, sondern Kontakt mit nicht behinderten Kindern (Freundschaften)
- Vorteil für die nicht behinderten Kinder: alltäglicher und dadurch selbstverständlicher Umgang mit behinderten Menschen

13

	richtig	falsch	nicht enthalten
1. Komplizierte Sprache im öffentlichen Leben stellt kein Hindernis für Menschen mit Behinderung dar.	☐	☒	☐
2. Es muss grundlegend Barrierefreiheit geschaffen werden.	☒	☐	☐
3. Inklusive Freizeitangebote sorgen für die gesellschaftliche Teilhabe behinderter Menschen.	☐	☐	☒
4. Das Recht auf Inklusion sollte zum Menschenrecht erhoben werden.	☐	☒	☐
5. Inklusiver Schulunterricht fördert Toleranz und Akzeptanz.	☒	☐	☐

6. Die Integration von Flüchtlingskindern ist genauso wichtig wie die Inklusion von behinderten Menschen.	☒	☐	☐
7. Es ist eine wichtige Aufgabe der Gesellschaft, dafür zu sorgen, dass niemand ausgeschlossen wird.	☒	☐	☐

14

Themafragen	Passende Aussagen aus Aufgabe 13
Was spricht für die Inklusion behinderter Menschen in unsere Gesellschaft?	*5, 6 und 7*
Welche Vorteile hat Inklusion an Schulen?	*5 und 7*
Welche Maßnahmen muss eine Schule ergreifen, um Inklusion zu gewährleisten?	*2*
Durch welche Maßnahmen können behinderte Menschen uneingeschränkt am öffentlichen Leben teilnehmen?	*2*

15 **a** **b**

Förderschwerpunkt mit Beschreibung	Mögliche Probleme bei Regelschulbesuch	Mögliche Gegenmaßnahmen
1. Emotionale und soziale Entwicklung: Kinder und Jugendliche in diesem Förderschwerpunkt haben oft Schwierigkeiten im Bereich Verhalten, fühlen sich von ihrer Umwelt überfordert und reagieren darauf z. B. aggressiv oder mit Rückzug.	Schwierigkeiten beim Einfügen in die Klassengemeinschaft	Regelmäßige Übungen und Veranstaltungen für die Klasse zur Stärkung der Gemeinschaft
	Unverständnis seitens der Lehrkräfte und Mitschüler*innen bei Verhaltensauffälligkeiten	Offener Umgang mit den Beeinträchtigungen durch Aufklärung; Bereitstellung fester Ansprechpartner*innen für Rat und Hilfe
2. Geistige Entwicklung: Der Intelligenzquotient liegt in Abgrenzung zur Lernbehinderung unter 70, was die Diagnose „geistige Behinderung" zur Folge hat.	Schwierigkeiten beim Erfassen des Unterrichtsstoffs	Individuell angepasster Unterricht durch Förderlehrkräfte
	Störung des Unterrichtsablaufs durch mangelnde Auffassungsgabe	Unterstützung durch Förderlehrkräfte oder Schulbegleiter*innen

<table>
<tr><td rowspan="2">3. Hören:
Diesem Förderschwerpunkt werden Schüler*innen zugeordnet, die taub sind oder eine schwere Hörschädigung haben.</td><td>Probleme, die Lehrkraft akustisch zu verstehen</td><td>Bereitstellung spezieller Hilfsmittel (Hörgeräte)</td></tr>
<tr><td>Schwierigkeiten, dem Unterrichtsgespräch zu folgen</td><td>Angebot nicht-akustischer Unterrichtsmaterialien</td></tr>
<tr><td rowspan="2">4. Lernen:
Hier sind alle Schüler*innen mit Lernstörungen und Lernbehinderungen zusammengefasst, also zum Beispiel Schüler*innen mit Lese-Rechtschreib-Schwäche, Rechenschwäche oder mit Entwicklungsstörungen bei den schulischen Fertigkeiten.</td><td>Demotivation durch schlechte Noten</td><td>Nachteilsausgleich oder individuelle Bezugsnorm</td></tr>
<tr><td>Probleme mit dem normalen Lern- und Unterrichtstempo</td><td>Unterstützung durch Förderlehrkräfte und speziellen Förderunterricht</td></tr>
<tr><td rowspan="2">5. Körperliche und motorische Entwicklung:
Schüler*innen in diesem Förderschwerpunkt haben in der Regel körperliche Behinderungen im Bereich der Stütz- und Bewegungsorgane, Bewegungsstörungen oder schwere körperliche Erkrankungen.</td><td>Beeinträchtigung bei der Fortbewegung im Schulgebäude</td><td>Einbau von Aufzügen, Rampen u. Ä.</td></tr>
<tr><td>Hürden im Schulalltag bei der Hygiene oder Versorgung</td><td>Einsatz von Schulbegleiterinnen und -begleitern bzw. Schülertutorinnen und -tutoren</td></tr>
<tr><td rowspan="2">6. Sprache:
Diese Kinder haben Probleme im Spracherwerb, mit der Stimme oder im Redefluss und brauchen besondere Förderung in diesem Bereich, da durch die Schwierigkeiten im sprachlichen Bereich auch die Entwicklung und Leistungsfähigkeit in anderen Bereichen gestört wird.</td><td>Probleme in der mündlichen Mitarbeit und Nachteil bei mündlichen Leistungsnachweisen</td><td>Ersatz durch andere Formen von Leistungsnachweisen</td></tr>
<tr><td>Verspottung durch Mitschüler*innen</td><td>Information und Sensibilisierung der Mitschüler*innen durch Schulungen</td></tr>
<tr><td rowspan="2">7. Sehen:
Blinde oder sehbehinderte Kinder und Jugendliche werden diesem Schwerpunkt zugeordnet. Eine Sehbehinderung kann dabei unterschiedlich schwer sein und wird nach der Leistung des besseren Auges diagnostiziert.</td><td>Schwierigkeiten beim Lernen durch visuelle Medien</td><td>Einsatz spezieller Hilfsmittel (Lesegeräte)</td></tr>
<tr><td>Unfallgefahr im Schulgebäude und auf dem Schulhof</td><td>Unterstützung durch Mitschüler*innen und Schulbegleiter*innen</td></tr>
</table>

16

	vereinbar	nicht vereinbar
1. Mutter einer Grundschülerin: „Ich würde es niemals zulassen, dass meine Tochter zusammen mit geistig behinderten Kindern unterrichtet wird."	☐	☒
2. Sozialpädagoge: „Es spricht vieles dafür, dass Max wegen seiner Behinderung in einer speziellen Fördereinrichtung unterrichtet wird."	☒	☐
3. Vater des behinderten Max: „Ich bestehe darauf, dass mein Sohn ganz normal mit den anderen Kindern aus dem Dorf in die Grundschule geht."	☒	☐
4. Lehrer: „Leider kann ich in Klassen mit behinderten Kindern nicht unterrichten, weil ich mich dadurch überfordert fühle."	☒	☐
5. Sprecher einer Studentenvereinigung: „Alle Universitäten müssen so mit Aufzügen, Rampen und anderen Hilfsmitteln ausgestattet werden, dass alle behinderten Studierenden ihr Studium durchführen können."	☒	☐
6. Schulleiterin: „Da uns für den behindertengerechten Umbau unserer Schule so hohe Kosten entstanden sind, sehe ich mich gezwungen, von den Eltern der behinderten Schüler*innen Schulgeld zu verlangen."	☐	☒
7. Schulleiter eines bayerischen Gymnasiums, für das ein Notendurchschnitt von 2,33 im Übertrittszeugnis Eingangsvoraussetzung ist: „Leider kann ich Ihr lernbehindertes Kind an meiner Schule nicht aufnehmen."	☒	☐

17 behinderte – nicht behinderte – Förderlehrkräfte/Sonderschullehrkräfte – Schulbegleiter*innen – Hilfe – verzögert/gestört/gefährdet/gehemmt/verlangsamt – engagiert/motiviert – Ressourcen/finanziellen Mitteln

18 Nicht aus Material 7 abzuleiten sind folgende Aussagen:

- „In Klassen, in denen behinderte Kinder inklusiv unterrichtet werden, ist es oft laut und die Schüler*innen sind weniger aufmerksam."
- „Die Schulbegleiter*innen sind sehr kostspielig."
- „Die behinderten Kinder brauchen viel Zuwendung. Die Ressourcen sind aber begrenzt, sodass die nicht behinderten Kinder weniger Aufmerksamkeit bekommen."

Probleme/Nachteile des Regelschulbesuchs behinderter Kinder:
- „Es ist sehr anstrengend und belastend für die Lehrkräfte an Regelschulen, behinderte Kinder inklusiv zu unterrichten."
- „Oft sind die Schulbegleiter*innen keine qualifizierten Fachkräfte."

Maßnahmen für den erfolgreichen inklusiven Unterricht an Regelschulen:
- „Mit finanziellen Zuschüssen kann man die Inklusion vorantreiben."
- „Förderlehrkräfte und Sonderschullehrkräfte werden auch an Regelschulen eingesetzt, um die behinderten Schüler*innen zu unterstützen."
- „Für Schüler*innen mit seelischer, körperlicher oder geistiger Behinderung gibt es Schulbegleiter*innen, die das Kind in der Regelschule unterstützen."

19 a **Mögliche Assoziationen:**
Was ist das für ein Gerät über dem Arbeitsblatt und warum ist die Zahl „5" so groß? Hier braucht jemand technische Hilfe, kann dadurch lesen und entsprechend schreiben.

b **Was/Wer ist abgebildet?**
Hinterkopf einer Schülerin; die Hand, mit der sie schreibt; eine spezielle Leselupe, die die Schrift auf dem Arbeitsblatt beleuchtet und stark vergrößert.

Welche Situation wird gezeigt?
Man schaut einer offensichtlich sehbehinderten Schülerin beim Lesen und Schreiben von Zahlen mittels einer Lesehilfe über die Schulter.

Wo findet das gezeigte Geschehen statt?
Wahrscheinlich in einem Schulraum, dort am Schreibtisch.

Warum hat der bzw. die Fotograf*in das Bild so gestaltet?
Man bekommt einen realistischen Eindruck von den Hilfsmitteln, die sehbehinderte Schüler*innen im Unterricht benötigen; aber auch davon, dass sie mit diesen wie nicht behinderte Schüler*innen selbstständig den Unterrichtsstoff bearbeiten können.

Welche Gefühle weckt das Bild beim Betrachten?
Das Bild hat eine positive Wirkung: Auch wenn die Betrachter*innen eventuell Mitleid mit dem sehbehinderten Mädchen haben, wird doch vor allem deutlich, dass es gute Hilfsmittel gibt, um solche Benachteiligungen im Schulalltag auszugleichen. Das ist erfreulich.

c **Mögliche Bildüberschriften:**
- Eine Leselupe machts möglich
- Unterricht blind meistern!
- Große Augen für kleine Zahlen

d **Probleme des behinderten Mädchens:**
Aufgrund ihrer Sehbehinderung kann das Mädchen die normal große Schrift auf dem Arbeitsblatt nicht richtig lesen. Auch das, was sie selbst schreibt, erkennt sie nicht genau und kann es deshalb nicht gut kontrollieren. Die Leselupe zeigt immer nur einen kleinen Ausschnitt, sodass der Schülerin trotz Hilfsmittel die Übersicht über das gesamte Arbeitsblatt fehlt.

Maßnahmen für erfolgreiche Inklusion:
Zum Ausgleich der Sehschwäche wird dem Mädchen ein passendes Hilfsmittel, ein optisches Vergrößerungsgerät, am Schreibtisch bereitgestellt. So kann sie selbstständig die fremde wie eigene Schrift erkennen.

Vorteile schulischer Inklusion:
Das Mädchen kann wie ihre nicht behinderten Klassenkameraden am Schulalltag teilnehmen und den Unterrichtsstoff bearbeiten. Sie lernt, selbstbewusst und selbstständig mit ihrer Beeinträchtigung umzugehen. Auf Schulfreundschaften mit nicht sehbehinderten Kindern muss sie nicht verzichten.

20 **Mögliche Gedanken, Gefühle, Vermutungen:**
- Es ist rührend, wie der eine Junge dem behinderten Jungen den Kopf streichelt bzw. ihm die Stirn hält.
- Die beiden wirken wie gute Freunde.
- Das Bild zeigt eine persönliche Momentaufnahme im Klassenzimmer, die Atmosphäre ist positiv.
- Die Lehrerin scheint sich im Hintergrund zu halten, die zwei Jungs regeln wohl etwas unter sich.

21 **Vorteile für das behinderte Kind:**
- Unterstützung durch nicht behinderte Kinder
- mögliche Freundschaft mit nicht behinderten Kindern
- gleichberechtigter Teil der Klassengemeinschaft

Vorteile für die nicht behinderten Schüler*innen:
- Lernen von Rücksichtnahme auf benachteiligte Menschen
- Übernahme von Verantwortung füreinander im Klassenverband

22 a Ein vor Freude strahlender körperbehinderter Schüler wird von seiner Mutter oder einer Inklusionshelferin aus der Schule begleitet. Er berichtet ihr stolz, dass er von einem Mitschüler heute zum ersten Mal beleidigt wurde, er also endlich nicht mehr geschont wird, nur weil er im Rollstuhl sitzt.

b Es ist natürlich humorvoll gemeint, dass eine Beleidigung ein „Fortschritt“ ist. Der behinderte Schüler scheint es aber so zu verstehen, dass er nun als gleichwertiges Mitglied der Klassen- bzw. Schulgemeinschaft akzeptiert wird, denn die Mitschüler*innen behandeln ihn nicht anders – z. B. übertrieben vorsichtig oder ihn meidend – als die nicht behinderten Kinder. Er erfährt also Gleichberechtigung.

c
- Andersartigkeit tolerieren und akzeptieren
- Hilfe in einer Gemeinschaft leisten
- Rücksicht auf Schwächen anderer nehmen
- eigene Ängste, Vorurteile, Bedenken überwinden und sich öffnen

d
- Es kann für behinderte Kinder erfüllender sein, in einer heterogenen Gemeinschaft akzeptiert zu werden als nur innerhalb von Personengruppen mit ähnlichen Defiziten.
- Man muss den beteiligten Personen Zeit geben, schrittweise in die inklusive Schulgemeinschaft hineinzufinden.

23

Kategorien	Absolute Zahl	Prozentzahl
Grundwert: Behinderte Schüler*innen insgesamt	24	100 %
Anteil der Schüler*innen mit dem Förderschwerpunkt …		
Körperliche und motorische Entwicklung	12	**50 %**
Sehen	3	**12,5 %**
Hören	3	**12,5 %**
Emotionale und soziale Entwicklung	6	**25 %**

24 **Balkendiagramm:**

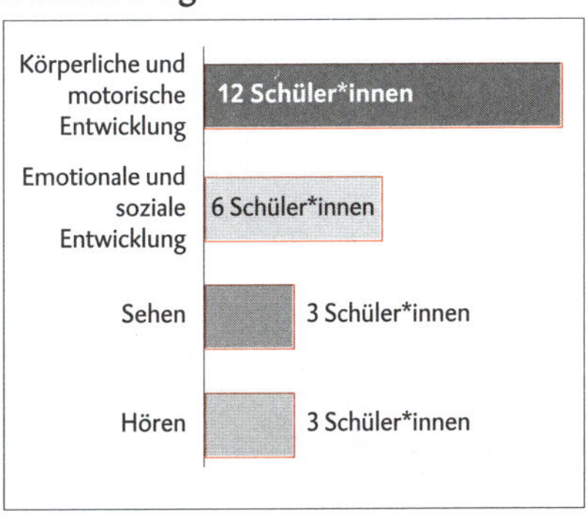

Kreisdiagramm:

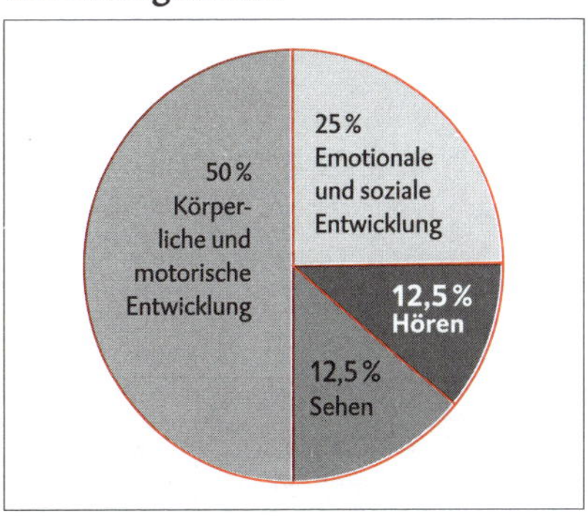

25 Es fehlt die Angabe der Grundgesamtheit. Der Leserschaft wird somit nicht klar, ob diese Aussage z. B. für Kinder in Europa, nur für amerikanische Kinder, deutsche Kinder oder bayerische Kinder gilt. Weitere Fragen bleiben offen: Gilt die Angabe speziell für Kinder im schulpflichtigen Alter oder auch für jüngere Kinder? Sind Jugendliche (ab 16 Jahren) auch erfasst oder nicht? Ohne diese Informationen hat die statistische Angabe keinen Aussagewert.

26

	richtig	falsch	nicht enthalten
1. 15 % Prozent der Gesamtbevölkerung lehnen Inklusion ab.	☐	☐	☒
2. Inklusion in der Freizeit befürworten mehr Befragte als Inklusion an Schulen.	☒	☐	☐
3. Alle drei Aussagen beziehen sich ausschließlich auf Kinder.	☐	☒	☐
4. Jüngere befürworten Inklusion stärker als Ältere.	☐	☐	☒
5. Gut drei Viertel der Eltern mit Inklusionserfahrung befürworten den gemeinsamen Schulunterricht von Kindern mit und ohne Beeinträchtigung.	☒	☐	☐
6. Eltern sind im Vergleich zur Gesamtbevölkerung häufiger der Meinung, dass Kinder mit und ohne Beeinträchtigung gemeinsam unterrichtet werden sollten.	☐	☒	☐

27 Diese Eltern haben an der Schule ihres Kindes möglicherweise die Vorteile der Inklusion erlebt und wünschen sich dieselben Vorzüge auch für andere Schüler*innen. Zudem melden Personen, die Inklusion befürworten, ihr Kind wahrscheinlich häufiger an einer Inklusionsschule an als skeptische Menschen. Deshalb sind in der Gruppe der Eltern mit Inklusionserfahrung überdurchschnittlich viele, die dem Thema positiv gegenüberstehen.

28 Einerseits ist es erfreulich, dass fast alle Befragten sich für gemeinsame Freizeitaktivitäten von behinderten und nicht behinderten Kindern aussprechen. Diese geben Kindern mit und ohne Beeinträchtigung die Möglichkeit, Kontakte zueinander zu knüpfen und voneinander zu lernen. Andererseits ist es schade, dass deutlich weniger Befragte Inklusion an Schulen befürworten. Man sollte herausfinden, warum manche Menschen den gemeinsamen Unterricht von behinderten und nicht behinderten Kindern ablehnen. Welche Nachteile befürchten diese Personen? Welche Maßnahmen könnten Abhilfe schaffen?

29 **a** Die erste Aussage macht deutlich, dass die Lehrkräfte für den Umgang mit behinderten Schülerinnen und Schülern geschult sein müssen. Die zweite Aussage verweist darauf, dass für gelingenden inklusiven Unterricht ausreichend Personal nötig ist.

b Die Befragten sind sich nicht sicher, ob sie der Aussage zustimmen oder nicht. Eventuell wissen sie nicht genug über das Thema oder können sich wegen widersprüchlicher Informationen nicht für eine Seite entscheiden.

c Bei der Aussage, dass es genügend Lehrkräfte gibt, trauen sich die Befragten eher ein Urteil zu. Hier geben nur 22 % die Antwort „teils/teils", während es bei der anderen Aussage 39 % sind.

30 **a** **Vorbereitungen für die Inklusion geistig behinderter Schüler*innen:**
- ausreichend Personal: Verfügbarkeit und finanzielle Förderung von sonderpädagogischen Fachkräften zur Schülerbetreuung
- Aufklärung und Schulung der nicht behinderten Schüler*innen sowie der Eltern und Lehrkräfte
- persönliche Bereitschaft der Schulleiter*innen und Lehrkräfte, sich engagiert für Inklusion einzusetzen

Vorbereitungen für die Inklusion körperlich behinderter Schüler*innen:
- Barrierefreiheit im Schulgebäude und auf dem Schulhof
- ausreichend finanzielle Unterstützung zur Anschaffung spezieller Hilfsmittel
- Aufklärung und Schulung der nicht behinderten Schüler*innen sowie der Eltern und Lehrkräfte

b
- Frustration der Lehrkräfte durch Überlastung/Überforderung → Motivation und Engagement könnten sinken
- Proteste besorgter Eltern nicht behinderter Schüler*innen (Angst, dass durch die Inklusion der Lernstoff nicht mehr geschafft wird)
- überforderte Schüler*innen, die nicht wissen, wie sie mit den behinderten Mitschülerinnen und Mitschülern richtig umgehen sollen → Aggressivität, Spott, Ausgrenzung oder übertriebene Schonung als „Ausweg"
- Frustration der Inklusionsschüler*innen durch Überforderung, Benachteiligung (Barrieren) oder fehlende Akzeptanz durch Mitschüler*innen und Lehrkräfte

c Die Skepsis könnte bewirken, dass Inklusion an Schulen tatsächlich schlechter gelingt. Denn die Zweifel könnten zu folgenden Zuständen und Verhaltensweisen bei den beteiligten Personengruppen führen:

- Ablehnung der Inklusionsschüler*innen seitens der nicht behinderten Mitschüler*innen und deren Eltern
- Ängste und Unsicherheiten auf Seiten der Regelschullehrkräfte → unangemessenes Lehrerverhalten
- Einschüchterung und Zögern seitens der Inklusionsschüler*innen

31 Das Säulendiagramm zeigt die Ergebnisse einer Umfrage aus dem Jahr 2019 in der deutschen Bevölkerung ab 16 Jahren. Die Befragten sollten angeben, ob sie dafür oder dagegen sind, dass geistig behinderte Kinder an Regelschulen unterrichtet werden. Die Grundgesamtheit (Bevölkerung insgesamt) ist zusätzlich unterteilt in Eltern mit Kindern im schulpflichtigen Alter und in drei Gruppen je nach Schulbildung. In allen fünf Gruppen überwiegt die Einstellung (60 % und mehr), dass inklusiver Unterricht für geistig behinderte Kinder nicht so einfach möglich ist. Während diese Meinung in der Grundgesamtheit mit 63 % vertreten ist, sind es in der Gruppe der Eltern mit schulpflichtigen Kindern etwas weniger – aber auch hier noch 60 %. In dieser Gruppe sprachen sich 28 % für den Regelschulbesuch aus. Die Zustimmung zur schulischen Inklusion geistig Behinderter ist umso größer, je höher der Schlussabschluss der Befragten ist (von 18 % bei Volks-/Hauptschule bis 24 % bei Abitur/Studium). Von der Gesamtbevölkerung unterstützen nur 21 % der Bürger*innen den Regelschulbesuch von geistig behinderten Kindern.

32 a Ich denke, diese Frage lässt sich nicht allgemein beantworten. Es hängt stark von dem jeweiligen Kind, der Art der Behinderung und dem familiären Umfeld ab, ob der Regelschulbesuch positiv oder negativ für die Entwicklung ist. Man sollte deshalb Beratungsangebote nutzen, um eine Grundlage für die Entscheidung zu schaffen.

b Ich vermute, dass mehr Bürger*innen für den Regelschulbesuch gestimmt hätten, wenn es um körperbehinderte Kinder gegangen wäre. Das liegt daran, dass es leichter zu sein scheint, körperliche Defizite, wie z. B. eine Sehbehinderung, auszugleichen. Denn geistig unterscheiden sich die Inklusionsschüler*innen dann nicht von ihren nicht behinderten Klassenkameradinnen und -kameraden. Dadurch müsste z. B. der Stoff nicht durch Förderlehrkräfte vereinfacht werden, die behinderten Kinder könnten wie alle anderen an Unterrichtsdiskussionen teilnehmen, Vorträge halten etc. Wenn man dagegen unsicher ist, ob ein Kind gedanklich überhaupt folgen kann, erwartet man vielleicht eher, dass es in einer Regelschule überfordert wird oder seine Mitschüler*innen eventuell sogar beim Lernen stören könnte.

33 Hallo Monika,

ich kann mir vorstellen, dass das hart für dich ist, denn du wünschst dir natürlich das Beste für deine Tochter. — Bezug zum Ausgangspost

Ich denke, es würde auf jeden Fall helfen, wenn du dich gegenüber anderen Schultypen grundsätzlich etwas öffnest und dich über sie informierst. — 1. Argument
Eine Förderschule zu besuchen, hat ja nichts mit „Abschieben" oder „Aussortieren" zu tun, wie du es befürchtest. — Erläuterung mit Beispiel
Vielmehr bieten diese Schulen einfach eine individuelle Förderung in den Problembereichen der Kinder an. Mein 13-jähriger Neffe z. B. hat von dem Wechsel auf eine Sonderschule profitiert. In dem geschützteren Umfeld bekommt er seine Konzentrationsschwierigkeiten besser in den Griff und setzt sich selbst nicht so unter Druck, wenn etwas nicht gelingt. Seine Eltern haben sich vorher beraten lassen, denn auch sie hatten zunächst Bedenken gegenüber Förderschulen. — Rückführung

Für die Lehrkräfte an Regelschulen kann es sicher sehr anstrengend werden, wenn sie mehrere Schüler*innen mit Lernschwächen und Verhaltensauffälligkeiten ganz „nebenbei" noch richtig betreuen sollen. Das muss man wohl auch verstehen. Wenn du überzeugt davon bist, dass Svenja langfristig gut in einer Regelschule zurechtkommen kann, solltest du vielleicht erfragen, ob zusätzliche Förderlehrkräfte eingestellt werden könnten. — 2. Argument
Die Schulleitung wird wissen, wo finanzielle Mittel hierfür zu beantragen sind. Svenja wäre dann mit ihren Problemen in den Kernfächern Deutsch und Mathe nicht allein, sondern würde gezielt unterstützt werden. — Erläuterung

Beziehe Svenja aber auf jeden Fall in deine Überlegungen mit ein! — Abschließender Rat

Ich hoffe, ich konnte etwas helfen.
Viele Grüße
Yasmin

34 **a**
- unzureichende Information der verschiedenen Fachlehrkräfte über Inklusionsschüler*innen → keine passgenaue Förderung möglich
- Unsicherheit und Überforderung der Regelschullehrkräfte
- Leistungs- und Lehrplandruck
- Spott und Hänseleien durch die nicht behinderten Kinder
- unruhige Lernatmosphäre

b **Eventuell übertriebene oder falsche Aussagen:**
- „Von Förderlehrern und Schulbegleitern keine Spur, vielleicht [...] anderweitig beschäftigt, was weiß ich“ (Z. 5–7): fraglich, ob in Regelschulen wirklich zuständige Förderkräfte so einfach fehlen können, und ob eine Vertretungslehrkraft wirklich kaum Informationen vor einer Vertretungsstunde bekommt
- „Einer reißt sich gerade ein paar Haare aus – der Autist? Drei gehen kurz darauf im Gang aufeinander los“ (Z. 8 f.): sehr chaotisches Szenario, wirkt übertrieben, als wenn auch sonst nie Ruhe im Klassenraum herrschen würde
- „Alle lachen und deuten auf einen Schüler“ (Z. 15 f.): unwahrscheinlich, dass sich die gesamte Klassengemeinschaft vor der Lehrkraft rücksichtslos gegen einen einzigen benachteiligten Schüler stellt, ihn verspottet

Mögliche Gründe für falsche Angaben oder Übertreibungen:
- Zuspitzen der Situation, damit die Leserschaft mögliche Probleme erkennt und diese nicht verharmlost werden
- Schilderung einer katastrophalen Unterrichtsstunde aus Lehrerperspektive hilft, sich in die Situation überforderter Lehrkräfte hineinzuversetzen
- durch Übertreibung soll die Szene witzig wirken → Humor, Unterhaltung

c
- Einstellung von ausreichend Förderpersonal zur Unterstützung der Regelschullehrkräfte (Anwesenheit muss stets abgesichert sein)
- Information der Lehrkräfte über Inklusionsklassen und -schüler*innen
- Schulungen zum Umgang mit Inklusionskindern für die Lehrkräfte
- Aufklärung der nicht behinderten Schüler*innen
- Förderung sozialer Kompetenzen wie Rücksichtnahme in Schulungen und speziellen Übungen zur Stärkung der Klassengemeinschaft

35 a/b

Bereich	Textstelle	Stichwort im Nominalstil
Vorteile	„Eine Mitschülerin flüsterte ihr daraufhin etwas ins Ohr, Meryem korrigierte sich." (Z. 5–7)	Unterstützung durch nicht behinderte Schüler*innen
	„Im Vergleich zu Kindern, die auf die Förderschule gehen, sind die drei Mädchen definitiv weiter im Lesen, Rechnen und Schreiben." (Z. 53–56) / „Dadurch kann ich viele Sachen selbständiger machen." (Z. 115 f.)	Größerer Lernfortschritt durch Orientierung an stärkeren Mitschülerinnen und Mitschülern
	„‚Inzwischen werden die Mädchen ganz normal behandelt. Wenn sie etwas anstellen, werden sie auch ausgeschimpft', erzählt Klassenlehrerin Tanja Korn." (Z. 71–74)	Erleben von Akzeptanz und Gleichberechtigung durch Lehrkräfte (und Mitschüler*innen)
	„Auch die 17 nichtbehinderten Schülerinnen profitierten, sagt Korn, sie hätten ‚von Anfang an Rücksichtnahme gelernt'." (Z. 78–81)	Lernen von Rücksichtnahme
Nachteile	„‚Insgesamt haben wir für zwei Schuljahre Mehrkosten von etwa 100 000 Euro', sagt Schulleiterin Marie Luise Trocholepczy." (Z. 65–68)	Hohe Zusatzkosten für Förderpersonal und Umbauten
	„Die einzige Sorge aller Beteiligten ist der Blick in die Zukunft: ‚Wann kommt der Punkt, an dem wir merken: Die Unterschiede werden zu groß?'" (Z. 81–85)	Unsicherheit, ob der Schulbesuch durchgängig an der Regelschule möglich ist
	„In ihrer Klasse ist Luise die einzige Blinde. [...] Die meisten blinden Kinder gehen auf spezielle Schulen und Internate, etwa in Marburg." (Z. 103–107)	Gefühl der Andersartigkeit; Fehlender Kontakt zu Schülerinnen und Schülern mit der gleichen Behinderung
Maßnahmen	„Dafür, dass die drei Inklusionskinder auch etwas lernen, sorgt die Förderschullehrerin Ute Heichen. Unterstützt wird sie von Inklusionshelferin Sarah." (Z. 31–35)	Einstellung von Förderpersonal zur Unterstützung der Inklusionskinder
	„Wo das nicht mehr möglich sei, arbeite sie mit ihren Schützlingen an einem eigenen Lernprogramm." (Z. 43–45)	Erarbeitung individueller Lernprogramme für Inklusionskinder
	„Auf der Tischplatte vor ihr steht ein Laptop. [...] Auf der Braillezeile kann sie in Blindenschrift lesen, was sie auf der Tastatur geschrieben hat." (Z. 90–98)	Bereitstellung spezieller Hilfsmittel

36

Argument	Zitat aus dem Material	Beispiel in eigenen Worten
Förderung von Selbstständigkeit (Vorteil)	Material 1: „Außerdem weiß sie zu schätzen, dass sie an der Regelschule früh gelernt hat, mit einem normalen Computer zu arbeiten und nicht eine spezielle Schreibmaschine für Blinde verwendet. ‚Dadurch kann ich viele Sachen selbständiger machen.'" (Z. 110–116)	Eine blinde Schülerin kann an einer Regelschule zum Beispiel früh lernen, auch mit normalen Computern umzugehen, während sie an einer Blindenschule eher mit einer speziellen Schreibmaschine arbeiten würde.
Überforderung der behinderten Schüler*innen (Nachteil)	Material 2: „Die Kinder müssen sich nicht ständig mit stärkeren Kindern messen. In der Förderschule haben sie Erfolgserlebnisse, die in Regelklassen so nicht möglich sind." (Z. 62–70)	Es kann passieren, dass behinderte Kinder beim gemeinsamen Lernen mit leistungsstärkeren nicht behinderten Kindern keine Erfolgserlebnisse haben. Anders als an Förderschulen werden sie an Regelschulen mit ihren Leistungen immer eher zurückliegen.
Behindertengerechter Ausbau der Regelschulen (Maßnahme)	Material 4: „Inklusion kann nur gelingen, wenn die Umwelt für alle Menschen mit Behinderung zugänglich ist. Für den Rollstuhlfahrer bedeutet das Aufzüge statt Treppen." (Z. 16–2)	Wenn in den Regelschulen Aufzüge und Rampen fehlen, könnten Schüler*innen mit Gehbehinderungen nicht alle Schul- und Klassenräume erreichen.
Öffentlichkeitsarbeit zur Verbesserung der Akzeptanz (Maßnahme)	Material 10c: 63 % der Deutschen ab 16 Jahren sind laut einer Umfrage von 2019 der Meinung, dass „Kinder mit geistiger Behinderung […] nicht einfach zusammen mit anderen Kindern an regulären Schulen unterrichtet werden" können.	Laut einer Umfrage aus dem Jahr 2019 sind 63 % der Deutschen ab 16 Jahren der Meinung, dass geistig behinderte Kinder nicht inklusiv an Regelschulen unterrichtet werden können.

37

W-Frage	Antwort
Wann?	außerhalb der Schulzeit, am Nachmittag, am Abend, am Wochenende, in den Ferien, im Urlaub
Wer?	Grundschüler*innen, Unterstufen-, Mittel- und Oberstufenschüler*innen
Wo?	zu Hause, bei Freundinnen und Freunden, im Verein, im Garten, am See, in der Stadt, in der Disco, in Lokalen, im Ausland

Mit wem?	mit Freundinnen und Freunden, Geschwistern, Eltern, Gleichgesinnten
Wie?	Sport und Hobbys, faulenzen, Freundinnen/Freunde treffen, Engagement außerhalb der Schule
Wozu?	Entspannung, Erholung, Abbau von Stress, Spaß

38 Stoffsammlung zum Thema: „Was hältst du von einer Geschwindigkeitsbegrenzung auf deutschen Autobahnen?“:

- Verringerung der Unfallgefahr
- längere Fahrzeiten
- geringere Umweltverschmutzung
- schnellere Ermüdung wegen monotoner Geschwindigkeit
- Schwächung der Autoindustrie, da Nachfrage nach höher motorisierten Fahrzeugen sinkt
- spart Geld, da weniger Benzinverbrauch
- Einschränkung der eigenen Persönlichkeitsentfaltung
- häufigere Nutzung von Bus und Bahn, da diese dann nahezu gleich schnell sind
- Reduzierung von Stress durch geringere Geschwindigkeit
- „Drängler*innen“ werden weniger, da alle gleich schnell fahren müss(t)en
- Erziehung der Autofahrer*innen zur vernünftigen Verkehrsteilnahme
- besserer Verkehrsfluss

39 W-Fragen zum Thema „Geschwindigkeitsbegrenzung auf Autobahnen“:

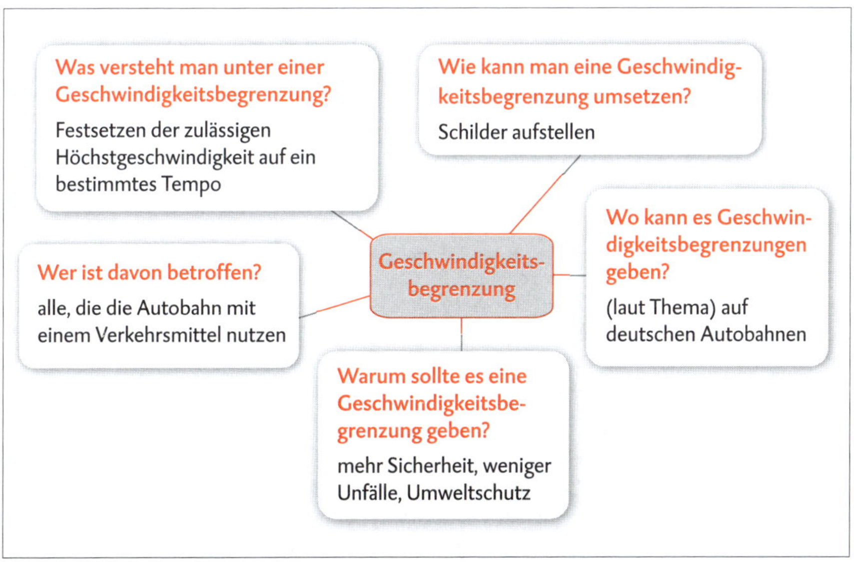

40 „Viele junge Leute wünschen sich mit 16 einen eigenen Motorroller. Sollen die Eltern diesem Wunsch nachgeben? Welche Risiken sind damit verbunden?“

Erörterungsart: mehrgliedrig – dialektisch (nachgeben/pro – Risiken/kontra), mit Entscheidung

Konventionelle Stoffsammlung:

Gründe für einen eigenen Motorroller:	Gründe gegen einen eigenen Motorroller bzw. Risiken:
▶ schneller und bequemer als zu Fuß oder mit dem Rad ▶ Unabhängigkeit von Eltern, Freundinnen/Freunden und öffentlichen Verkehrsmitteln ▶ Anerkennung durch die Freundinnen/Freunde ▶ Freiheit: größerer Aktionsradius, Fahrtwind weht einem um die Nase ▶ vollwertige*r Verkehrsteilnehmer*in: nicht mehr auf dem Bürgersteig, Beachtung der Verkehrsregeln ▶ Stolz: Eigentümer*in, Beherrschen einer Maschine ▶ Freude an der Technik: „herumbasteln“, selbst reparieren	▶ erhöhte Unfallgefahr: rutschig bei Eis und Schnee ▶ keine Erfahrung: zu schnell in die Kurve, schlechte Straßenlage ▶ ungesund: Fahren bei Nässe, Kälte und Wind ▶ Umwelt: Belästigung durch Lärm, Abgase stinken und verpesten die Luft ▶ teuer in Anschaffung und Ausrüstung, Versicherung und Steuern, Pflege und Wartung ▶ als Zweiradfahrer*in wird man von Autos häufig übersehen

41

Eigenes Argument	Begründung mit Erläuterung/Beispiel
Förderung von Toleranz (Vorteil)	Wenn es in einer Gemeinschaft irgendwann selbstverständlich ist, dass vom Kindesalter an Menschen mit ganz unterschiedlichen Voraussetzungen zusammenkommen, gemeinsam lernen und spielen, dann wird ein Umdenken stattfinden. Dann lernen alle früh, aufeinander Rücksicht zu nehmen und individuelle Unterschiede als ganz normal zu erkennen.
Vorbereitung auf Herausforderungen des Alltags (Vorteil)	Ist ein Schüler z. B. motorisch beeinträchtigt, kann er mithilfe entsprechender Geräte lernen, am Unterricht mit nicht behinderten Kindern gleichberechtigt teilzunehmen. Das ist eine gute Vorbereitung auf das Berufsleben, wo er ebenfalls mit nicht behinderten Menschen zusammenarbeiten wird.
Weniger Aufmerksamkeit für nicht behinderte Kinder (Nachteil)	Es könnte passieren, dass sich Regelschullehrkräfte in Inklusionsklassen gerade in der Anfangszeit besonders auf den Lernfortschritt der Schüler*innen mit Förderbedarf konzentrieren. Die individuellen Bedürfnisse der nicht behinderten Kinder könnten dadurch übersehen werden. In meiner Klasse gibt es z. B. zwei

	schüchterne Mädchen, die von den Lehrkräften ab und zu mehr Hilfestellungen und Ermutigung brauchen, obwohl sie keine Behinderung haben.
Nutzen von Fachberatungen (Maßnahme)	Bevor Eltern sich für einen Schultyp entscheiden, sollten sie sich umfassend über die verschiedenen Möglichkeiten informieren und sich beraten lassen. Außerdem sollte der Förderbedarf ihres Kindes von entsprechenden Fachleuten wie Ärztinnen und Ärzten genau festgestellt werden. Hat ein Kind z. B. eine Hörbehinderung, muss überlegt werden, ob es mit einem Hörgerät in der Regelschule zurechtkommen kann oder ob es besser in einer speziellen Einrichtung Gebärdensprache lernen und weitere Unterstützung bekommen sollte.
Erziehung zu Offenheit und Toleranz (Maßnahme)	Wenn Kinder in Familien aufwachsen, in denen die Eltern und Großeltern mit gutem Beispiel vorangehen, werden sehr wahrscheinlich auch die Kinder eine offene Grundhaltung gegenüber behinderten Mitmenschen übernehmen. Familien könnten z. B. behinderte Kinder zum Spielen einladen oder auf inklusive Sportveranstaltungen gehen.

42

	Begründung
▶ Hausaufgabenbetreuung durch Lehrkräfte	
▶ ~~**Entlastung der Eltern**~~	*Vorteil für die Eltern*
▶ familiäres Umfeld fehlt	
▶ Gemeinschaft mit Mitschülerinnen/-schülern	
▶ wenig Zeit für Hobbys	
▶ ~~**Betreuung kostet Geld**~~	*Nachteil für die Eltern*
▶ Stärkung des Klassenklimas	
▶ ~~**organisatorische Probleme der Schule**~~	*Nachteil für die Schule*
▶ sinnvolle Freizeitgestaltung	
▶ ~~**mehr Lehrkräfte können eingestellt werden**~~	*Vorteil für die Schule*

43

fasten; hungern; essen fast nichts; einseitige Ernährung ohne Kohlenhydrate; erbrechen das Gegessene wieder, um schlank zu sein	ungesunde und reduzierte Ernährung
lassen sich die Nase operieren; lassen sich den Busen vergrößern/verkleinern; lassen sich die Lippen aufspritzen, damit sie voller werden	schmerzhafte und oft unnötige Schönheitsoperationen
kaufen Medikamente Abführmittel; besuchen Fitnessstudios; geben viel Geld aus für Hautpflege, Cremes, Kosmetikartikel; lassen sich piercen	hohe Kosten

44

▶ Verlust von Freundschaften ▶ zunehmender Egoismus	Nachteile im sozialen Bereich
▶ hohes Verletzungsrisiko ▶ Zunahme von Stress	Nachteile in gesundheitlicher Hinsicht
▶ kostspielige Ausrüstung ▶ hohe Nutzungsgebühren für Lifte/Areale … ▶ weite Anfahrt mit dem Auto/der Bahn …	Nachteile in finanzieller Hinsicht

45

preiswerte Benutzung von Sportanlagen verbilligte Unterrichtsstunden relativ niedrige Beiträge	? *finanzielle Gründe*
Förderung des Teamgeistes gegenseitige Rücksichtnahme geselliges Vereinsleben	? *soziale Gründe*
Leistungsmessung mit anderen Förderung des Durchhaltevermögens vielfältiges Angebot	? *persönliche Gründe*

46 **a** Mögliche Argumente zur Themenstellung „Welchen Wert hat Familie für dich?“:

- Eltern als Vorbild
- Schutz und Geborgenheit
- Liebe und Zuneigung
- Sicherung der Grundbedürfnisse
- Erlernen von Regeln

b

finanzielle Not *Folgen von Arbeitslosigkeit* *beruflicher Stress*	Belastungen durch berufliche Situation
negativer Einfluss von Medien *Veränderung der Werte* *hohe Ansprüche der Kinder*	ungünstige gesellschaftliche Einflüsse
ungünstige Wohnsituation *unterschiedliche Erziehungsmethoden* *zu hohe gegenseitige Erwartungen*	Konflikte durch das Zusammenleben

47 a Lernen/Förderung von Rücksichtnahme

b **Einstellung von Förderpersonal:**
Inklusionshelfer*innen, Förderlehrer*innen, Schulbegleiter*innen

Behindertengerechter Umbau der Schul- und Klassenräume:
Einbau von Aufzügen und Rampen, Behindertentoiletten, größere Räume, breitere Türen, Markierungen und Schutzvorrichtungen

Anpassung der Lernumgebung:
kleinere Klassen, längere Pausen, Bereitstellung von Hilfsmitteln

48 a Lehrkräfte, Eltern, Freundinnen/Freunde

b Vorteil für die **Gesellschaft**

c Politik, Gesellschaft, Schule, Staat

49 a Ohne Noten würden viele meiner Freundinnen und Freunde in der Schule weniger gehänselt werden.

b Noten von eins bis sechs gibt es in Deutschland bereits seit 1938.

50

Nr.	a Einleitungsart	b Zentraler Gedanke
1.	persönliches Erlebnis	Meine Mitschüler*innen und ich machen uns bereits Gedanken, wie es nach dem Realschulabschluss weitergehen soll.
2.	Zitat/statistisches Material	Zwei Drittel der Realschulabsolventinnen und -absolventen beginnen nach dem Schulabschluss eine Ausbildung, ein Drittel besucht weiter eine Schule.
3.	aktuelles Ereignis	Die Ausbildungsmesse in Nürnberg informiert über Berufe.
4.	geschichtlicher Rückblick	Heute haben junge Schulabgänger*innen mehr Freiheiten bei der Berufswahl als früher.
5.	Zitat	Für viele Schüler*innen ist es eine schwere Entscheidung, welchen Weg sie nach dem Realschulabschluss einschlagen wollen.
6.	Definition	Ausbildung und weiterer schulischer Weg nach der Realschule sind unterschiedlich organisiert.

51

Einleitungsart	Zentraler Gedanke
statistisches Material	Nur 21 % der Deutschen sind davon überzeugt, dass Lehrkräfte an Regelschulen inklusiven Unterricht gut bewältigen können.
Expertenmeinung	Schulpädagoge Jakob Muth hat 1986 gesagt, die Interaktion zwischen nicht behinderten und behinderten Kindern in der Schule sei wichtig.
geschichtliche Fakten	Das Schulsystem hat sich historisch verändert – von den speziellen Förderschulen der 1960er-Jahre hin zu Inklusion an Regelschulen.
persönliches Erlebnis	Eine sehbehinderte Vereinskameradin wünscht sich den Kontakt mit nicht behinderten Kindern in der Schule.

52

1 **Maßnahmen durch den Staat**
- 1.1 Strenge Kontrollen
- 1.2 Hohe Strafen
- 1.3 Schaffung von Arbeitsplätzen

2 **Maßnahmen durch die Medien**
- 2.1 Verstärkte Aufklärung
- 2.2 Abschreckende Informationen
- 2.3 Unterstützung bei der Drogenfahndung

3 **Maßnahmen durch die Familie**
- 3.1 Mehr Verständnis für die einzelnen Familienmitglieder
- 3.2 Mehr Zeit füreinander
- 3.3 Halt und Geborgenheit

53

							V						
		V					E		E				A
		E	G				R		N	I			N
K		R	E				Z		G	N			G
O	Z	Z	F		E	Ü	W		A	F		R	E
M	W	I	Ä		R	B	E		G	O		A	B
M	A	C	H		W	E	I	T	E	R		S	O
U	N	H	R		E	R	F	A	M	M		T	T
N	G	T	D		R	N	L	T	E	A			
I			U		B	A	U		N	T			
K			N			H	N		T	I			
A			G			M	G			O			
T						E				N			
I													
O													
N													

54 1 **Ursachen für den Bewegungsmangel bei Kindern und Jugendlichen**

1.1 Hoher Stellenwert von elektronischen Unterhaltungsmedien

1.2 Fehlende Motivation aufgrund mangelnder Angebote

1.3 ~~Chatten mit Freundinnen und Freunden bei gleichzeitigem Fernsehkonsum~~
Ungesteuerter und permanenter Medienkonsum

1.4 Verhinderung der körperlichen Aktivität in der Schule

1.5 ~~Vorliebe der Eltern für Onlinespiele und Internetshopping~~
Eltern als schlechte Vorbilder

2 **Maßnahmen, um dieser Entwicklung entgegenzusteuern**

2.1 ~~Thematisierung des Problems durch Mediziner*innen, Schulen und Medien~~
Information und Aufklärung

2.2 Erhöhung der Anzahl von Spielplätzen und Sportparks

2.3 Mehr Zeit für Bewegung während des Unterrichts

2.4 Sportliche Vorbildfunktion der Eltern

2.5 ~~Nutzung von Internet und Fernseher für maximal zwei Stunden am Tag~~
Zeitliche Beschränkung des Medienkonsums

55

▸ Sie ist von Sendezeit und Ort unabhängig, also überall lesbar.	*überall lesbar*
▸ Man erfährt viel Aktuelles aus der Gegend, in der man lebt.	*Information über lokale Ereignisse*
▸ Man wird auf dem Laufenden gehalten über aktuelle Reklame, Sonderangebote aus der Gegend.	*Information über aktuelle, lokale Reklame*
▸ Man kann interessante Zeitungsberichte ausschneiden und sammeln, wenn man sie wieder lesen möchte.	*Möglichkeit des Sammelns*
▸ Man kann sich das, was man liest, besser merken, verarbeiten, noch einmal lesen.	*intensivere und bessere Verarbeitung des Gelesenen*
▸ Sie enthält spezielle Spalten mit Kommentaren, Glossen, Reportagen.	*spezielle Spalten für Meinungsbildung*
▸ Die Informationen sind stichhaltig, von seriösen Nachrichtenagenturen, man kann sich auf sie verlassen.	*seriöse Nachrichten*

56 A. **Das Geschäft mit dem Last-minute- und Billigurlaub boomt**

B. **Warum zieht es alljährlich zahlreiche Urlauber*innen nach Mallorca? Was hältst du von der 2016 dort eingeführten Touristensteuer?**

1 **Gründe für die Beliebtheit Mallorcas als Urlaubsziel**

1.1 Klimatische und geografische Gründe

1.1.1 *Angenehme und beständige Witterungsverhältnisse*

1.1.2 *Breite Strände und warmes Meer*

1.1.3 *Relativ schnelle Anreise*

1.2 Finanzielle Gründe

1.2.1 *Zahlreiche billige Pauschalangebote*

1.2.2 *Relativ niedriges Preisniveau im Urlaubsland*

1.3 Touristische Gründe

1.3.1 *Gute Infrastruktur*

1.3.2 *Deutschsprachiges Umfeld*

1.3.3 *Partystimmung rund um die Uhr*

2 **Vor- und Nachteile der neuen Touristensteuer**

2.1 Nachteile der Steuer

2.1.1 *Erhöhung der Reisekosten*

2.1.2 *Unsicherheiten der Reisenden bezüglich der tatsächlichen Steuernutzung*

2.2 Vorteile der Steuer
- 2.2.1 *Modernisierung von Tourismusgebieten*
- 2.2.2 *Nutzung des Geldes zum Umweltschutz*

2.3 Eigene Meinung

C. Trotz Steuer lohnt ein Inselaufenthalt sowohl für Sonnenanbeter*innen als auch für Sightseeing-Fans

57 Nicht Verbote sind entscheidend, sondern die Erziehung

58 **a** Über eine inklusive Beschulung sollte ganz individuell entschieden werden.

b Ich fände es schön, wenn meine Schule mehr Inklusionskinder aufnehmen würde und wir auch zu Hause öfter über dieses Thema reden würden.

59

			T	H	E	M	E	N	A	N	A	L	Y	S	E
	S	T	O	F	F	S	A	M	M	L	U	N	G		
S	T	O	F	F	O	R	D	N	U	N	G				
						G	L	I	E	D	E	R	U	N	G
	A	U	S	A	R	B	E	I	T	U	N	G			

60 **A. Immer mehr Paare entscheiden sich für ein Leben ohne Kinder**

B. Inwiefern ist unsere Gesellschaft kinderfeindlich? Was spricht dennoch dafür, Kinder zu bekommen?

I. Kinderfeindliche Aspekte unserer Gesellschaft

1. Kindergarten
   a) Hohe Gebühren
   b) Zu wenig Plätze
2. Fehlendes Verständnis
   a) Beim Arbeitgeber
   b) Bei der Wohnungssuche
3. Beschwerden
   a) Wegen Kindern auf benachbarten Privatgrundstücken
   b) Über Kinderlärm

II. **Gründe für das Kinderkriegen**

1. Finanzielle Entlastungen
   a) Elterngeld
   b) Kindergeld
   c) Steuerliche Vergünstigungen
2. Soziale Aspekte
   a) Gesellschaftliche Verantwortung
   b) Gegenmaßnahme zur Alterseinsamkeit
   c) Mehr Lebensqualität durch Kinder

C. **Ohne Kinder ist unsere Gesellschaft nicht zukunftsfähig**

61 A. **Mein Bruder wünscht sich zum 16. Geburtstag einen eigenen Motorroller**

B. **Sollen Eltern dem Wunsch nach einem eigenen Motorroller mit 16 nachgeben? Welche Risiken sind damit verbunden?**

1 **Gründe für einen eigenen Motorroller**

1.1 Prestigegründe
1.1.1 Angeben
1.1.2 Suche nach Anerkennung

1.2 Bequemlichkeit und Freiheit
1.2.1 Schnelles Vorwärtskommen
1.2.2 Unabhängigkeit von Dritten

1.3 Steigerung des Selbstbewusstseins
1.3.1 Stolze*r Besitzer*in eines eigenen Fahrzeugs
1.3.2 Vollwertige*r Verkehrsteilnehmer*in

1.4 Freizeitvergnügen
1.4.1 Freude am Fahren
1.4.2 Freude an der Technik

2 **Gründe gegen einen eigenen Motorroller bzw. Risiken**

2.1 Belastung der Umwelt
2.1.1 Lärmbelästigung
2.1.2 Umweltverschmutzung

2.2 Gesundheitliche Gründe
2.2.1 Hohe Unfallgefahr
2.2.2 Ungesunde Fahrbedingungen

2.3 Finanzielle Gründe
2.3.1 Hohe Anschaffungskosten

2.3.2 Hohe Folge- und Wartungskosten

3 Gründe der Eltern für eine Entscheidung gegen einen Motorroller

3.1 Sehr gute Anbindung an das öffentliche Verkehrsnetz

3.2 Eingeschränkte finanzielle Mittel

3.3 Geringes Verantwortungsbewusstsein des Jugendlichen

oder bei umgekehrtem Aufbau:

3 Gründe der Eltern für eine Entscheidung für einen Motorroller

3.1 Sehr abgelegener Wohnort

3.2 Zufriedenstellende Leistungen in der Schule

3.3 Ausreichendes Verantwortungsbewusstsein des Jugendlichen

C. Mit 18 wollen ohnehin viele junge Leute den Führerschein machen

62 **Themenanalyse**

Gerade zur Volksfestzeit wird einem wieder bewusst, wie viel Kultur und Brauchtum unsere Region zu bieten hat. Doch trotz des hohen Ansehens von Musikgruppen und Vereinen mit volkstümlichem Hintergrund lehnen viele Jugendliche es ab, selbst einem solchen Hobby nachzugehen. Woran könnte das liegen? Welche positiven Seiten eines solchen Hobbys müsste man Jugendlichen aufzeigen, damit sie einen Anreiz hätten?

Erörterungsart: mehrgliedrig – linear

konventionelle Stoffsammlung:

- negative Erfahrungen im Musikunterricht
- Auftritte
- mangelndes Interesse
- großer Zeitaufwand
- hohe Kosten (Kauf von Instrumenten)
- Gruppenzwang
- kein Talent
- schlechtes Image im Freundeskreis
- Vorurteile
- keine Übungsmöglichkeiten in der näheren Umgebung
- Eltern haben kein Interesse
- Verpflichtungen durch regelmäßige Proben etc.
- keine Neigung zu dieser Musikart
- Musikschulen fehlen
- schulische Aufgaben nehmen zu viel Zeit in Anspruch
- Möglichkeit einer künstlerischen Karriere
- Erfolgserlebnisse
- bekannt werden
- Fähigkeiten und Talente vertiefen
- Ausgleich und Entspannung
- neue Kontakte knüpfen
- Ansehen steigern
- Gesangskarriere starten
- Teamfähigkeit
- Selbstdisziplin erlernen
- intensive Gemeinschaft erleben
- Instrumente lernen
- Zuverlässigkeit
- Tradition erleben

Mindmaps:

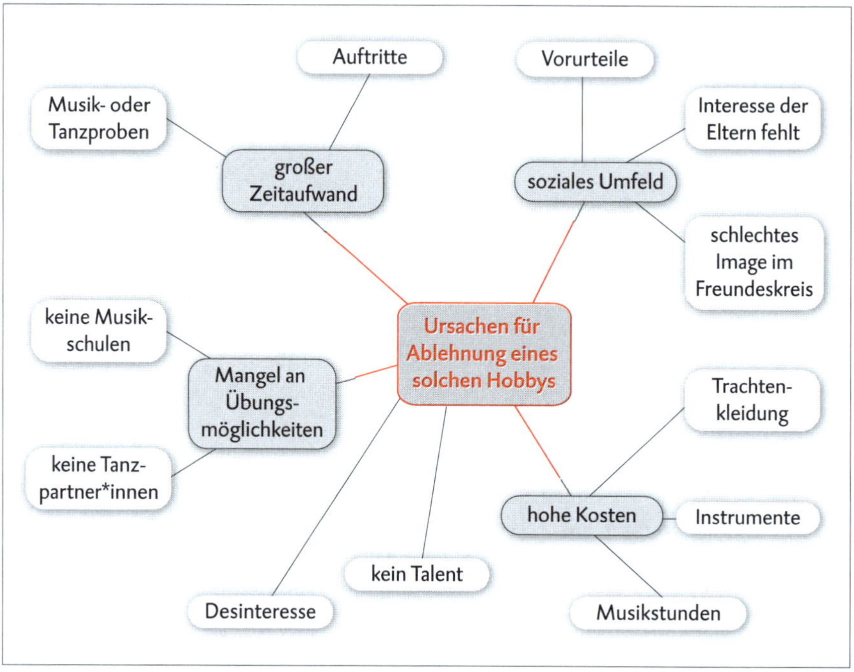
Ursachen für Ablehnung eines solchen Hobbys
großer Zeitaufwand
Auftritte
Musik- oder Tanzproben
soziales Umfeld
Vorurteile
Interesse der Eltern fehlt
schlechtes Image im Freundeskreis
Mangel an Übungs-möglichkeiten
keine Musik-schulen
keine Tanz-partner*innen
hohe Kosten
Trachten-kleidung
Instrumente
Musikstunden
kein Talent
Desinteresse

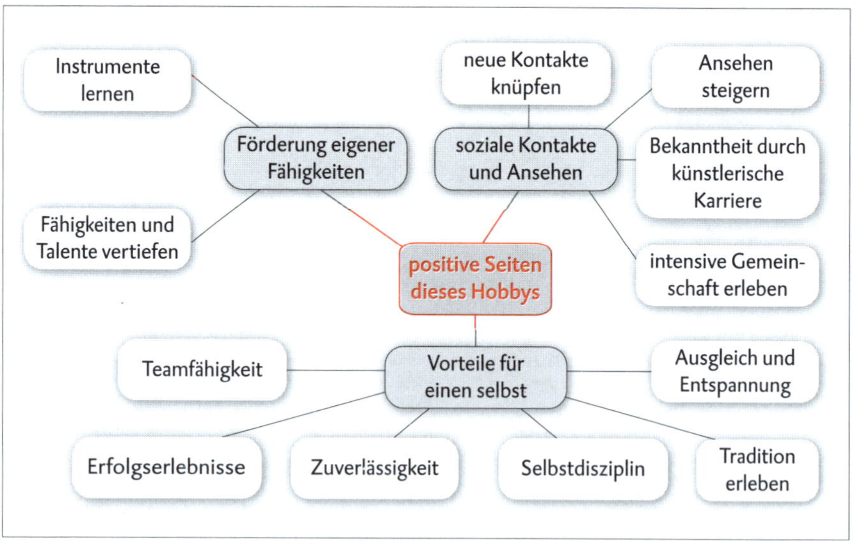
positive Seiten dieses Hobbys
Förderung eigener Fähigkeiten
Instrumente lernen
Fähigkeiten und Talente vertiefen
soziale Kontakte und Ansehen
neue Kontakte knüpfen
Ansehen steigern
Bekanntheit durch künstlerische Karriere
intensive Gemein-schaft erleben
Vorteile für einen selbst
Teamfähigkeit
Ausgleich und Entspannung
Erfolgserlebnisse
Zuverlässigkeit
Selbstdisziplin
Tradition erleben

Stoffordnung:

- negative Erfahrungen im Musikunterricht
- Auftritte
- mangelndes Interesse
- großer Zeitaufwand
- hohe Kosten (Kauf von Instrumenten)
- ~~Gruppenzwang~~
- **kein Talent**
- schlechtes Image im Freundeskreis
- Vorurteile
- **keine Übungsmöglichkeiten in der näheren Umgebung**
- Eltern haben kein Interesse
- Verpflichtungen durch regelmäßige Proben etc.
- **keine Neigung zu dieser Musikart**
- **Musikschulen fehlen**
- schulische Aufgaben nehmen zu viel Zeit in Anspruch
- Möglichkeit einer künstlerischen Karriere
- Erfolgserlebnisse
- bekannt werden
- Fähigkeiten und Talente vertiefen
- Ausgleich und Entspannung
- **neue Kontakte knüpfen**
- **Ansehen steigern**
- ~~Gesangskarriere starten~~
- Teamfähigkeit
- Selbstdisziplin erlernen
- **intensive Gemeinschaft erleben**
- Instrumente lernen
- Zuverlässigkeit
- Tradition erleben

Gliederung:

A. Festumzüge mit Trachtengruppen und Blaskapellen erfreuen sich in meinem Freundeskreis großer Beliebtheit

B. Warum lehnen es viele Jugendliche ab, einem Hobby mit volkstümlichem Hintergrund nachzugehen? Welche positiven Seiten eines solchen Hobbys müsste man Jugendlichen aufzeigen, damit sie einen Anreiz hätten?

   I. Ursachen für das Ablehnen eines Hobbys mit volkstümlichem Hintergrund

      1. Negative Haltung des sozialen Umfelds
         a) Mangelndes Interesse der Eltern
         b) Schlechtes Image im Freundeskreis
      2. Hohe Kosten
      3. Fehlende Möglichkeiten zum Erlernen und Üben eines Musikinstruments
      4. Großer Zeitaufwand
         a) Musik- oder Tanzproben
         b) Auftritte
      5. Fehlen von Talent und Neigung

   II. Positive Seiten dieses Hobbys

      1. Stärkung der sozialen Beziehungen und des Ansehens
         a) Kennenlernen neuer Personen
         b) Erleben einer intensiven Gemeinschaft
         c) Steigerung des Ansehens in der Öffentlichkeit
      2. Förderung von Neigungen und Fähigkeiten
         a) Erlernen von Instrumenten
         b) Vertiefung vorhandener Fähigkeiten
      3. Vorteile für die eigene Person
         a) Erlernen von Selbstdisziplin
         b) Ausgleich und Entspannung
         c) Erlernen von Teamfähigkeit und Zuverlässigkeit

C. Vereine mit volkstümlichem Hintergrund müssen mehr Präsenz in Kindergärten und Schulen zeigen, um Jugendliche anzuwerben

63 A. **Etwa 6 Prozent der schulpflichtigen Kinder und Jugendlichen in Deutschland haben einen sonderpädagogischen Förderbedarf**

B. **Welche Vor- und Nachteile hat es, wenn Kinder mit Behinderung eine Regelschule besuchen? Welche Maßnahmen sollten ergriffen werden, damit der gemeinsame Unterricht von behinderten und nicht behinderten Kindern erfolgreich verläuft?**

1 Nachteile der Inklusion
- 1.1 Für die Regelschulen
  - 1.1.1 Kosten für Umbauten und mehr Personal
  - 1.1.2 Überforderung der Lehrkräfte
- 1.2 Für die nicht behinderten Mitschüler*innen
  - 1.2.1 Weniger Aufmerksamkeit der Lehrkraft
  - 1.2.2 Niedrigeres Unterrichtsniveau
- 1.3 Für die behinderten Schüler*innen
  - 1.3.1 Keine passgenaue Förderung
  - 1.3.2 Überforderung

2 Vorteile der Inklusion
- 2.1 Für die Gesellschaft
  - 2.1.1 Umsetzung eines Grundrechtes
  - 2.1.2 Förderung von Toleranz
- 2.2 Für die nicht behinderten Mitschüler*innen
  - 2.2.1 Übernahme von Verantwortung für Mitschüler*innen
  - 2.2.2 Lernen von Rücksichtnahme
- 2.3 Für die behinderten Schüler*innen
  - 2.3.1 Motivation durch leistungsstarke Mitschüler*innen
  - 2.3.2 Vorbereitung auf Herausforderungen des Alltags
  - 2.3.3 Erfahren von Gleichberechtigung

3 Maßnahmen
- 3.1 Staatliche Seite
  - 3.1.1 Aufklärung und Information der Bevölkerung
  - 3.1.2 Bereitstellung finanzieller Mittel
  - 3.1.3 Angebot zur Schulung von Inklusionspersonal
- 3.2 Familiäre Seite
  - 3.2.1 Nutzen von Fachberatungen
  - 3.2.2 Erziehung zu Offenheit und Toleranz

3.3 Schulische Seite
  3.3.1 Schulung der Klassen
  3.3.2 Elterninformation und -beratung
  3.3.3 Behindertengerechter Umbau der Schul- und Klassenräume
  3.3.4 Einstellung von Förderlehrkräften

C. Inklusion an Schulen sollte eine Selbstverständlichkeit sein

64 Täglich wird man in Zeitungen und Illustrierten, in Internet, Fernsehen und Rundfunk von Werbung für Smartphones überflutet. Die Angebote werden immer vielfältiger, die Auswahl immer größer. Neben den üblichen Funktionen kann man sich auf diese Geräte Apps zu verschiedensten Themen herunterladen, /	Einleitungsgedanke
die ältere Jugendliche ebenso wie Erwachsene gern für Schule, Freizeit und Arbeit nutzen. /	Überleitung
Warum sich nun aber bereits Schüler*innen in der Grundschule ein eigenes Smartphone wünschen und welche Vor- und Nachteile ich darin sehe, werde ich im Folgenden erörtern.	Themafragen als indirekter Fragesatz

65 Es gibt kaum eine Stadt in Deutschland, in der nicht mindestens ein Fast-Food-Restaurant zu finden ist. In größeren Städten trifft man sogar an fast jeder Straßenecke auf eines. Menschen jeglichen Alters, vor allem aber Jugendliche, mögen solche Lokale und gehen des Öfteren zum Essen dorthin. ~~Ihre langen Öffnungszeiten, das schnelle Essen und nicht zuletzt die Tatsache, dass man dort mit hoher Wahrscheinlichkeit Gleichaltrigen begegnet, sind mitunter ausschlaggebend für den Konsum von Fast Food~~. Im Folgenden soll nun erörtert werden, warum man in Deutschland so viele jugendliche Fast-Food-Anhänger*innen findet.

66 Diese Vielfalt übt einen großen Reiz auf Kinder und Jugendliche aus, sodass sie gerne viel Zeit vor dem Computer verbringen. Eltern hingegen sind damit oft nicht einverstanden und sorgen sich um ihre Kinder.

67 Thema: „Warum ist Lesen so wichtig?“

direkte Frage: Deshalb sollte man sich fragen: „Warum ist Lesen so wichtig?“
indirekte Frage: Deshalb stellt sich die Frage, warum Lesen so wichtig ist.

Thema: „Gewalt vor allem von rechts nimmt bedenkliche Ausmaße an. Erörtere mögliche Gründe und überlege dir geeignete Gegenmaßnahmen."

direkte Frage: Aufgrund dieser Zeiterscheinung sollte man sich fragen: „Warum nimmt Gewalt von rechts immer mehr zu und welche Gegenmaßnahmen können ergriffen werden?"

indirekte Frage: Daher sollte man sich überlegen, warum Gewalt von rechts zunimmt und welche Gegenmaßnahmen ergriffen werden können.

68 Begeisterte Skifahrer*innen bedauern es, wenn die Skisaison zu Ende geht. Diesen Gedanken hat ein Unternehmer aufgegriffen und in Bottrop im Ruhrgebiet eine ehemalige Bergbauhalde in eine Halle umfunktioniert, die das ganze Jahr über zum Skifahren geeignet ist. Die Piste ist 640 m lang, 30 m breit und hat ein Gefälle von 24 %, sodass sie etwa den Anforderungen einer roten Piste entspricht. Die Baukosten betrugen 50 Millionen Euro. Auch die Unterhaltskosten sind nicht gerade billig, denn es werden täglich 5 000 Kubikmeter Schnee produziert und der Energieverbrauch beträgt 1 200 Megawattstunden im Jahr. / Obwohl die Skifahrer*innen 28 bis 39 Euro für das ganztägige Vergnügen bezahlen müssen, findet diese Anlage großen Anklang. Natürlich hat sie auch Gegner*innen, / weshalb man sich fragen sollte, welche Vor- und Nachteile dieses ganzjährige Angebot hat.

Einleitungsgedanke

Überleitung

(indirekte) Themafrage

69 Statistisches Material:

Laut einer Umfrage aus dem Jahr 2019 denken nur 21 % der befragten Deutschen ab 18 Jahren, dass Lehrkräfte an Regelschulen inklusiven Unterricht gut bewältigen können (vgl. Material 10b). Angesichts dieser Skepsis in der Bevölkerung stellen sich folgende Fragen: Welche Maßnahmen müssten ergriffen werden, um schulische Inklusion gelingen zu lassen? Welche Vor- und Nachteile bringt der gemeinsame Unterricht von behinderten und nicht behinderten Kindern an Regelschulen mit sich? Diese Fragen sollen im Folgenden erörtert werden.

Expertenmeinung:

Bereits 1986 hat sich der Schulpädagoge Jakob Muth dafür eingesetzt, dass behinderte Kinder an Regelschulen unterrichtet werden sollen. Seiner Meinung nach verliere an Förderschulen nicht nur das behinderte Kind „fast jegliche Kontaktmöglichkeiten mit Kindern allgemeiner Schulen", sondern es verlieren „auch die nichtbehinderten jungen Menschen [...] dadurch die Möglichkeit zur Interaktion mit Behinderten" (Material 3, Z. 1–4). Im Folgenden soll daher einmal näher betrachtet werden, worin die Vor- und Nachteile des gemeinsamen Unterrichts von behinderten und nicht behinderten Kindern an Regelschulen liegen, und welche Maßnahmen nötig sind, damit schulische Inklusion erfolgreich verläuft.

Geschichtliche Fakten:
Das deutsche Schulsystem hat sich seit den 1960er-Jahren gewandelt. Während damals zielgerichtet spezielle Förderschulen für die Bedürfnisse behinderter Kinder und Jugendlicher geschaffen wurden, geht der Trend heute zur Inklusion an Regelschulen (vgl. Material 2, Z. 11–25). Welche Vorteile und Nachteile der gemeinsame Unterricht von behinderten und nicht behinderten Kindern an Regelschulen hat, und welche Maßnahmen zu dessen Erfolg beitragen, soll im Folgenden dargestellt werden.

Persönliches Erlebnis:
In unserem Turnverein gibt es ein Mädchen mit einer starken Sehbehinderung, das auf eine Sehbehindertenschule geht. Vor Kurzem hat es mir erzählt, wie toll es sei, im Verein auch mit nicht behinderten Kindern Kontakt zu haben, und dass es sich das oft auch für die Schule wünscht. Worin genau die Vor- und Nachteile des gemeinsamen Unterrichts von behinderten und nicht behinderten Kindern liegen, und welche Maßnahmen nötig sind, damit dieser erfolgreich ist, soll im Folgenden erörtert werden.

70 Die Freizeitgestaltung ist heutzutage für Kinder und Jugendliche sehr wichtig. Neben der Beschäftigung mit Smartphone, Tablet oder Computer finden dabei auch Aktivitäten unabhängig von der Mediennutzung große Beachtung. Laut der JIM-Studie von 2022, für die 1 200 12- bis 19-jährige Jungen und Mädchen aus Deutschland befragt wurden, liegt vor allem die Pflege der sozialen Kontakte, also das Treffen mit Freundinnen und Freunden ganz vorne. Überraschenderweise gaben zudem 59 % der Befragten an, dass sie ihre Freizeit aktiv für Sport nutzen. Es stellt sich nun die Frage, warum das Sporttreiben für Jugendliche so wichtig ist.

71

Die Gründe, warum sich Verkehrsunfälle nach dem Besuch einer Disco häufen, können sehr vielfältig sein. /	Einleitungsgedanke
Zunächst soll das Hauptaugenmerk auf dem Fahrer oder der Fahrerin liegen. /	Überleitung
Junge Autofahrerinnen und Autofahrer sind nicht selten stark übermüdet, wenn sie nach Hause fahren, /	Behauptung
da der Abend in der Disco erst in den frühen Morgenstunden endet. Dadurch erhöht sich das Risiko, während der Fahrt einzuschlafen und einen Unfall zu verursachen. /	Begründung
Erst neulich ereignete sich auf dem Nachhauseweg von unserer Stammdisco ein schwerer Unfall, nachdem der Fahrer – der bereits in der Disco sehr müde wirkte – in den Sekunden-	Beispiel

schlaf gefallen war und gegen einen Brückenpfeiler fuhr. / Dies zeigt deutlich, dass junge Menschen ihre Fähigkeiten oft überschätzen und nach einem längeren Discobesuch eigentlich nicht mehr in der Lage sind, ein Fahrzeug sicher zu lenken. In der Folge führt dies häufig zu Unfällen. — Rückführung

72

A	2
B	4
C	1
D	3

73 Eine Schulskikurswoche ist gut für die Gesundheit der teilnehmenden Schülerinnen und Schüler. / Die sportliche Betätigung an der frischen Luft verbessert die Fitness. / Dies ist gerade in der heutigen Zeit, in der Kinder und Jugendliche häufig unter Bewegungsmangel leiden, ein wichtiger Aspekt. / Der gesundheitliche Nutzen wird dadurch verstärkt, dass die Schülerinnen und Schüler sich in der Skikurswoche vom Schulalltag erholen können.
Zudem ist dieses Erlebnis auch sehr lehrreich. / In der Gruppe üben alle gegenseitige Rücksichtnahme und Hilfsbereitschaft. / Beim täglichen Kursbetrieb ergeben sich ständig Situationen, in denen man auf die Hilfe oder Rücksichtnahme anderer angewiesen ist. / Eine Schülerin, die sich um einen gestürzten Klassenkameraden kümmert, hat das gute Gefühl, helfen zu können. / Zugleich erleben die Schülerinnen und Schüler, dass die gegenseitige Hilfe allen nützt, weil die Gruppe so schneller weiterfahren kann. /
Auch im Hinblick auf ihre persönliche Entwicklung können die Schülerinnen und Schüler im Skikurs von lehrreichen Erfahrungen profitieren. / Die Skikurswoche ist ein wichtiger Schritt in Richtung Selbstständigkeit. …

Behauptung
Begründung
Beispiel (aktueller Bezug)
Abrundung (Ausweitung des Arguments)
Überleitung zur Behauptung
Begründung
Beispiel
zusätzliche Erläuterung mit Begründung
Überleitung
Behauptung

74 **Behauptung:** Das Fahrrad ist ein günstiges Verkehrsmittel.
Beispiele: geringer Anschaffungspreis, keine Benzin-/Fahrkartenkosten

Behauptung: Radfahren steigert die körperliche Fitness.
Beispiele: mehr Ausdauer, Bewegung verbrennt Kalorien

Behauptung: Eine allgemeine Helmpflicht würde die Sicherheit der Radfahrer*innen erhöhen.
Beispiele: Minimieren von Kopfverletzungen, Helmreflektoren machen Autos auf Radfahrer*innen aufmerksam

Behauptung: Radwege an allen Straßen erhöhen die Sicherheit.
Beispiele: ausreichender Abstand zu fahrenden Autos, weniger Kollisionen mit Fußgänger*innen

75 Eine weitere Möglichkeit, dem allgemeinen Bewegungsmangel der Kinder entgegenzuwirken, liegt bei den Eltern selbst, denn sie haben gegenüber ihrem Nachwuchs eine gewisse sportliche Vorbildfunktion. Wenn sie selbst ihre Freizeit mit Bewegung und sportlichen Aktivitäten verbringen, anstatt zu Hause auf der Couch zu sitzen, können sie dadurch auch ihre Sprösslinge animieren, mitzumachen. Ein Kind, das von klein auf sieht, wie seine Eltern Fahrrad fahren, Ski laufen oder regelmäßig spazieren gehen, wird sich dafür ebenso begeistern können, da es zum Alltag gehört. Üben die Eltern beispielsweise einen Vereinssport wie Fußball oder Volleyball aus, schätzen deren Kinder häufig auch die Teamatmosphäre beim Sport und entscheiden sich für ähnliche Hobbys. Daraus lässt sich schließen, dass die sportliche Vorbildfunktion der Eltern einen hohen Stellenwert hat, will man dem Bewegungsmangel bei Kindern entgegenwirken.

76 2 Ein Tanzkurs in der Schule hat viele Vorteile. Die Teilnehmer*innen profi-
2.1 tieren zum Beispiel in finanzieller Hinsicht. Wenn der Tanzkurs in den
2.1.1 Räumen der Schule stattfindet, fallen keine Kosten für Saalmieten an und der Tanzkurs ist dadurch billiger. Auch in Tanzschulen, die eigene Räume haben, sind die Kursgebühren meistens höher, da für die Veranstalter Kosten anfallen. Eine Schülerin aus der Nachbarschule erzählte mir, dass sie einen Tanzkurs bei einer Nürnberger Tanzschule besuchte. Der Preis war um 20 % höher als das Angebot, das unsere Schule von einem Tanzlehrer für den Schultanzkurs bekam.

2.1.2 Unabhängig vom Veranstaltungsort werden für Schultanzkurse meist geringere Kursgebühren verlangt, da die Tanzlehrer*innen damit rechnen können, dass oftmals die ganze Jahrgangsstufe mitmacht und die Teilnehmerzahl hoch ist. Letztes Jahr nahmen an unserer Schule von 150 Neuntklässler*innen 120 am Tanzkurs teil. Durch die hohe Teilnehmerzahl können die Tanzlehrer*innen günstigere Preise anbieten.

2.2 Aber nicht nur die geringeren Kosten sind ein Vorteil des Schultanzkurses,
2.2.1 sondern es gibt auch soziale Gründe, die dafür sprechen. Wenn man mit Mitschülerinnen und Mitschüler zusammen am Tanzkurs teilnimmt, fällt es einem sicher leichter, jemanden aufzufordern, als wenn man mit fremden Jugendlichen in einer Tanzschule zusammentrifft. Man kennt sich vorher

schon gut und gerät wahrscheinlich nicht an einen Tanzpartner, der nicht so gut zu einem passt oder mit dem man sich nicht gut unterhalten kann. Ein Freund erzählte mir, dass es ihm bei seinem Tanzkurs sehr peinlich war, fremde Mädchen auffordern zu müssen. Das wäre ihm nicht passiert, wenn er zusammen mit seinen Klassenkameradinnen einen Tanzkurs besucht hätte.

77 a/b

Textstellen	Gliederungspunkt	Behauptung – Erläuterung – Beispiel
„Als Förderschullehrerin müsse sie einschätzen, ob die behinderten Kinder dem Stoff noch folgen können, erklärt Ute Heichen. Sie versuche deshalb, den Stoff des Gymnasialunterrichts zu vereinfachen." (Material 1, Z. 38–43)	3.3.4 Einstellung von Förderlehrkräften (Maßnahme)	Die Schulen müssen zusätzliche Förderlehrkräfte einstellen, damit schulische Inklusion Erfolg haben kann. Denn Förderlehrer*innen helfen geistig beeinträchtigten oder lernbehinderten Schülerinnen und Schülern, den Schulstoff zu verstehen, und vereinfachen, wenn nötig, die Inhalte. Kinder mit Trisomie 21 sind z. B. im Normalfall nicht in der Lage, den Stoff des Gymnasiums zu begreifen. In Leistungsfächern lernen sie daher andere Stoffe, die ihnen von zusätzlichen Lehrkräften vermittelt werden (vgl. Material 1).
Junge im Rollstuhl: „Kevin hat endlich auch zu mir ‚Du Arschloch' gesagt!!!" (Material 9)	2.3.3 Erfahren von Gleichberechtigung (Vorteil)	Für behinderte Schüler*innen kann der Besuch einer Regelschule einen gleichberechtigten Umgang mit Kindern und Erwachsenen ermöglichen. Damit ist gemeint, dass es für sie erfüllender sein kann, von Regelschullehrkräften und Klassenkameradinnen und -kameraden wie ein Schüler oder eine Schülerin ohne Beeinträchtigungen behandelt zu werden. So könnte sich ein gehbehinderter Schüler z. B. sogar darüber freuen, wenn ein Mitschüler jede Scheu vor dessen Rollstuhl verliert und ihn einfach beleidigt (vgl. Material 9). Das wäre ein Zeichen dafür, dass in der Klassengemeinschaft keine Unterschiede zwischen Schülerinnen und Schülern mit und ohne Behinderung gemacht werden.

„Die Begleiter sind pädagogisch nicht geschult. Es sind Freiwillige […]. Oft sind sie mit schwierigen Kindern überfordert und dann wird die gut gemeinte Hilfskraft schnell zur zusätzlichen Belastung für die Lehrerin.“ (Material 7, Z. 30–36)	3.1.3 Angebot zur Schulung von Inklusionspersonal (Maßnahme)	Der Staat sollte für Freiwillige, die im Rahmen schulischer Inklusion tätig werden wollen, vorbereitende Schulungen anbieten. Dadurch könnte verhindert werden, dass die Inklusionshelfer*innen in schwierigen Situationen überfordert sind und sie die unterrichtende Fachlehrkraft nicht wirklich entlasten. In solchen Schulungen würden die künftigen Helfer*innen z. B. auf typische Verhaltensauffälligkeiten etwa bei Kindern mit ADHS oder Autismus vorbereitet werden und es könnte durch entsprechende Hilfestellungen und Verhaltenstipps eingeübt werden, wie damit am besten umzugehen ist.

78

	direkter Bezug zum Thema	ohne Bezug zum Thema
1. In kleineren Klassen ist es in der Regel einfacher, behinderte Kinder zu inkludieren, als in großen, da die Lehrkräfte sich dann besser auf die Bedürfnisse der einzelnen Schüler*innen konzentrieren können.	☒	☐
2. Inklusion ist gut, weil man viel davon lernen kann, wie Behinderte trotz körperlicher oder geistiger Einschränkungen ihr Leben meistern.	☐	☒
3. Die Leute haben oft Angst vor einem Nachteil für sie selbst, wenn sie auf andere Menschen Rücksicht nehmen müssen. Manchmal gehen Dinge dadurch etwas langsamer als gewohnt voran. Deshalb muss man die Bevölkerung über die geltenden Rechte von Behinderten aufklären, wie sie unter anderem in der Konvention der Vereinten Nationen geregelt werden.	☐	☒
4. Die Kosten für Barrierefreiheit sind sehr hoch, weshalb der Staat mehr Geld dafür bereitstellen muss. Ohne solche Maßnahmen kann Gleichberechtigung nicht Realität in Deutschland werden.	☐	☒
5. Es ist nötig, Schulen behindertengerecht auszubauen, weil alle Kinder die Räume und sanitären Anlagen erreichen können müssen.	☒	☐

79 **a** Die Umbaukosten für barrierefreie Schulen sind hoch, weshalb die Schulen finanzielle Unterstützung benötigen.

b Es könnte passieren, dass die nicht behinderten Kinder in Inklusionsklassen weniger Aufmerksamkeit durch die Lehrkräfte bekommen.

c Inklusion an Schulen bietet Schülerinnen und Schülern mit Behinderung die Möglichkeit, Gleichberechtigung zu erfahren.

d Es wäre hilfreich, wenn irgendwann alle Lehrkräfte in ihrer Ausbildung Grundlagen des Förderunterrichts lernen, um auch behinderte Schüler*innen inklusiv unterrichten zu können.

80 Zusammenfassend kann man sagen, dass ein Haustier für die Entwicklung eines Kindes wichtig sein kann. Man muss aber bedenken, dass man Verantwortung dafür übernehmen muss. Das heißt vor allem, dass das Tier versorgt werden muss, was nach der anfänglichen Begeisterung der Kinder gerne auf die Eltern abgewälzt wird. Auch wenn man in den Urlaub fahren will, muss man erst jemanden finden, der das Tier in Pflege nimmt. Doch insgesamt ist ein Tier eine Bereicherung für die ganze Familie.

81 All diese Gründe haben gezeigt, dass die Menschen weniger Vertrauen in die Kirche haben. Wenn dann noch die hohen Steuerabgaben hinzukommen, ist es für viele eine leichte Entscheidung, sich von der Kirche zu lösen. Auch die innerkirchlichen Skandale lassen den Trend zum Kirchenaustritt voranschreiten. So erwartet die katholische Kirche bis zum Jahr 2050 einen Rückgang um weitere 50 % aller Mitglieder.

82 Abschließend kann man sagen, dass Kinder überall in ihrem Leben mit ungesunden Lebensmitteln konfrontiert sein werden, unabhängig davon, ob diese öffentlich beworben werden oder nicht. Es ist also nicht sinnvoll, wenn zwar Schokoriegel in der Werbung ausgeschlossen werden, aber z. B. die Eltern mit Schokolade und Chips vor ihren Kindern sitzen. Ein Kind muss vor allem durch Erziehung und gute Vorbilder das richtige Essverhalten erlernen.

83 Wie man sehen konnte, wünschen sich schon Grundschüler*innen aus den verschiedensten Gründen ein eigenes Smartphone. In den nächsten Jahrzehnten wird dieser Trend wohl noch extremer werden, denn die Weiterentwicklung auf dem medialen Sektor schreitet voran. In Zukunft dürfte es immer modernere Geräte auf dem Markt geben, sodass Smartphones dann so veraltet sind, dass sie niemanden mehr interessieren.

84 **a** Die Ausführungen haben gezeigt, dass Inklusion an Schulen einen großen Gewinn für die Beteiligten darstellen kann, aber auch, dass bestimmte vorbereitende und begleitende Maßnahmen umgesetzt werden müssen, damit sie gelingt. Wichtig erscheint dabei, dass über eine inklusive Beschulung ganz individuell entschieden werden sollte, damit sich der betroffene Schüler oder die Schülerin bestmöglich entwickeln kann.

b Ich fände es schön, wenn künftig auch meine Schule mehr Inklusionskinder aufnehmen würde und wir auch zu Hause öfter über dieses Thema reden würden. Durch die verschiedenen Informationsmaterialien habe ich mich zum ersten Mal richtig mit dem Thema beschäftigt und viel gelernt. In meinen Augen überwiegen die Vorteile und Chancen von schulischer Inklusion mögliche Nachteile deutlich.

85 ~~Dann~~ sind Regional- und Fernzüge klimaschonende Fortbewegungsmittel, ~~außer~~ unter ökologischem Aspekt immer die beste Wahl. ~~Obwohl~~ man den Kohlendioxidausstoß in Kilogramm je Person und Reise bei der Bahn mit dem bei einer Autofahrt vergleicht, liegen die Ausstoßwerte beim Auto deutlich höher. ~~Dennoch~~ sollte man, ~~wobei~~ es einem möglich ist, die Bahn als Transportmittel wählen.

Darüber hinaus
also
Wenn
Folglich *falls*

86 **Themafrage (indirekt):**
Daraus ergibt sich die Frage, welche Vorteile der Ausbau der Windenergie eigentlich bringt und inwieweit man auch Einwände dagegen erheben kann.

Erster Satz des Hauptteils:
Es gibt verschiedene Gründe für den Ausbau der Windenergie.

87 **Daneben darf man nicht vergessen**, dass viele junge Menschen wenig Erfahrung im Straßenverkehr besitzen. **Dadurch, dass / Da** sie noch kaum Fahrpraxis haben, geraten sie leicht in Panik, **wenn** etwa ein Auto trotz Überholverbots an ihnen vorbeifährt oder ein anderer Fahrzeuglenker sie durch dichtes Auffahren bedrängt. **Dadurch / Aus diesem Grund / In dieser Situation** werden manche jugendlichen Autofahrer*innen nervös oder lassen sich zu schnellem Fahren verleiten, **statt / anstatt** sich ruhig zu verhalten. Routinierte Autofahrer*innen **hingegen / jedoch** lassen sich in solchen Situationen nicht aus der Ruhe bringen.

88 3.1 zu 3.2: Neben den Konzertbesuchen sind auch Reisen sehr beliebt.

3.2 zu 3.3: Entspannung und Erholung hat man aber auch zu Hause.

3.3 zu 4: Die vorhandene Freizeit wird auch oft genutzt, um soziale Kontakte zu stärken. Möglich ist dies bei Ausflügen mit der Familie.

4.1 zu 4.2: Des Weiteren stärkt man seine sozialen Kontakte bei Treffen mit Freundinnen und Freunden.

89 **Thema:** „Welche Vor- und Nachteile hat es, wenn Kinder mit Behinderung eine Regelschule besuchen? Welche Maßnahmen sollten ergriffen werden, damit der gemeinsame Unterricht von behinderten und nicht behinderten Kindern erfolgreich verläuft?"

Gliederung: s. Lösung zu Aufgabe 63, S. 211 f.

A. In Deutschland haben etwa **6 Prozent aller Schüler*innen einen sonderpädagogischen Förderbedarf** (Material 5). Diese Kinder und Jugendlichen sind zum Beispiel in den Bereichen Hören, Sehen oder in ihrer geistigen Entwicklung beeinträchtigt und benötigen deshalb im Alltag und in der Schule spezielle Unterstützung. Im Folgenden möchte ich mich damit auseinandersetzen, welche Vor- und Nachteile es hat, wenn behinderte Kinder gemeinsam mit nicht behinderten Kindern eine Regelschule besuchen. Außerdem gilt es zu fragen, welche Maßnahmen ergriffen werden sollten, damit der inklusive Unterricht erfolgreich verläuft.

B.1 Zunächst soll näher auf mögliche **Nachteile** des gemeinsamen Unterrichts
1.1 von behinderten und nicht behinderten Kindern eingegangen werden. **Für**
1.1.1 **die Regelschulen** bedeutet Inklusion zum einen **höhere Kosten**. Denn sie müssen in der Schule und auf dem Schulgelände häufig Umbauten vornehmen lassen, um Barrierefreiheit zu gewährleisten. Außerdem müssen zusätzliche Fachkräfte, vor allem Förderlehrkräfte und Inklusionshelfer*innen, eingestellt werden, was Geld kostet. So hat zum Beispiel in einer Reportage die Schulleiterin einer katholischen Mädchenschule in Offenbach angegeben, dass durch ihre Inklusionsklasse in zwei Schuljahren Mehrkosten von ca. 100 000 Euro entstanden seien (vgl. Material 1, Z. 65–68).

1.1.2 Ein weiterer Nachteil ist, dass manche **Lehrkräfte** an Regelschulen **überfordert sein könnten**, wenn sie im Unterricht zusätzlich auf den Förderbedarf und eventuelle Verhaltensauffälligkeiten der Inklusionskinder eingehen müssen. Das kann daran liegen, dass sie in ihrer Lehramtsausbildung nicht auf den Umgang mit behinderten Schülerinnen und Schülern vorbereitet wurden. Die unter dem Namen „Frau Klüger" bloggende Lehrerin hat beispielsweise von einer Vertretungsstunde berichtet, in der sich ein autistischer Junge wild die Haare ausriss und die Klasse plötzlich laut über eine lernbehinderte Klassenkameradin lachte. Die Lehrerin fühlte sich in dieser Stunde nach eigener Aussage hilflos und glaubte nicht, dass sie in diesem Unterricht jemandem etwas beibringen konnte (vgl. Material 12, Z. 17–23).

1.2 Auch **für die nicht behinderten Schüler*innen** sind Nachteile möglich,
1.2.1 wenn behinderte Schüler*innen am Regelunterricht teilnehmen. Es könnte passieren, dass gerade in der Anfangszeit Schüler*innen ohne Beeinträchtigung **weniger Aufmerksamkeit** durch die Regelschullehrkräfte bekommen. Es erfordert nämlich Zeit und Engagement, die individuellen Defizite der behinderten Schüler*innen zu verstehen und sich auf den bestmöglichen Umgang mit ihnen vorzubereiten. Dadurch könnten aktuelle Schwierigkeiten und Bedürfnisse der Schüler*innen ohne Förderbedarf eventuell auch einmal übersehen werden.

1.2.2 Ebenso könnte es nachteilig für sie sein, wenn durch den inklusiven Unterricht das **Unterrichtsniveau sinkt**, weil es an die eingeschränkten Möglichkeiten einiger Inklusionsschüler*innen angepasst wird. Denkbar wäre hier zum Beispiel, dass eine Regelschullehrerin, vielleicht ohne es zu merken bzw. ohne es zu beabsichtigen, den Stoff des Deutschunterrichts für die ganze Klasse vereinfacht und in Tests plötzlich niedrigere Anforderungen stellt, als sie es in Klassen ohne Inklusionsschüler*innen tun würde. Wird ein bestimmter Unterrichtsstoff aber nicht ausreichend behandelt, wäre das für die nicht behinderten Mitschüler*innen nachteilig, denn er könnte an der weiterführenden Schule oder in der Abschlussprüfung von ihnen verlangt werden.

1.3 Auch **für die behinderten Kinder** kann der Besuch einer Regelschule Pro-
1.3.1 bleme und Nachteile bedeuten. An speziellen Förderschulen, wie sie in Deutschland seit den 1960er-Jahren ausgebaut wurden, denken die Lehrkräfte „in Förderkategorien statt in Leistungskategorien" (Material 2, Z. 105 f.). Das heißt, dass die Beschulung sehr individuell auf den einzelnen Förderbedarf, zum Beispiel Probleme im Sehen oder bei der motorischen Entwicklung, ausgerichtet ist. An Regelschulen scheint eine solch **passgenaue Förderung** in allen Fächern **kaum möglich** zu sein, da die personellen Ressourcen und das Wissen zum Umgang mit beeinträchtigten Schülerinnen und Schülern begrenzt sind (vgl. ebd., Z. 111–116).

1.3.2 In engem Zusammenhang damit steht die Gefahr, dass die behinderten Schüler*innen von dem Lernalltag und Leistungsanspruch an Regelschulen **überfordert** sein könnten. So hat der Sonderpädagoge Dieter Rensing in einem Interview darauf hingewiesen, dass sich behinderte Kinder an Regelschulen ständig mit leistungsstärkeren Kindern messen müssen, wodurch ihnen wichtige Erfolgserlebnisse fehlen könnten (vgl. ebd., Z. 62–70).

2 Diesen möglichen Nachteilen schulischer Inklusion stehen allerdings auch
2.1 viele **Vorteile** gegenüber. Als Erstes können die positiven Auswirkungen
2.1.1 **für die Gesellschaft** angeführt werden. Artikel 24 der UN-Behindertenrechtskonvention regelt, dass Menschen mit Behinderungen „Zugang zu einem integrativen, hochwertigen und unentgeltlichen Unterricht an Grundschulen und weiterführenden Schulen" haben müssen (Material 6).

Der Deutsche Bundestag hat sich mit der Unterzeichnung des Gesetzes im Jahr 2009 (vgl. Material 4, Z. 4–6) dazu verpflichtet, dieses **Grundrecht** durch das Angebot inklusiven Regelschulunterrichts **umzusetzen**. Für die Gesellschaft ist es insgesamt wichtig, dass die Rechte jedes einzelnen Bürgers und jeder Bürgerin gewahrt werden.

2.1.2 Grundsätzlich kann durch schulische Inklusion zudem **Toleranz** in der Gesellschaft **gefördert** werden. Wenn man in einem Land lebt, in dem es selbstverständlich ist, dass Menschen mit ganz unterschiedlichen Voraussetzungen von klein auf gemeinsam lernen und spielen, dann wird Verschiedenheit, wie sie äußerlich zum Beispiel bei einem Kind im Rollstuhl sichtbar wird, ganz normal sein. Der gemeinsame Unterricht von behinderten und nicht behinderten Kindern und Jugendlichen kann durch den alltäglichen Umgang also die Akzeptanz und Toleranz untereinander fördern.

2.2 Auch **die nicht beeinträchtigten Schüler*innen** können von inklusivem
2.2.1 Unterricht profitieren, denn sie übernehmen oftmals ganz automatisch **Verantwortung für ihre behinderten Mitschüler*innen**. Die Lehrerin Tanja Korn hat in der FAZ davon berichtet, wie sich ihre Fünftklässlerinnen auf der Klassenfahrt um die drei geistig behinderten Mitschülerinnen gekümmert haben. Sie lasen ihnen abends vor und deckten sie zu (vgl. Material 1, Z. 77 f.). Das zeigt, dass sie sich für das Wohl der Inklusionskinder in der Gemeinschaft mitverantwortlich fühlten.

2.2.2 Ein weiterer Vorteil liegt darin, dass die nicht behinderten Schüler*innen im täglichen Miteinander meist schnell lernen, auf ihre behinderten Mitschüler*innen **Rücksicht zu nehmen** und dies auch gerne tun. In der Inklusionsklasse an unserer Schule werden so jede Woche andere Mitschüler*innen, die sich freiwillig melden, eingeteilt, um bestimmte Dinge, die diese nicht können, für ihre Klassenkameradinnen und -kameraden mit Förderbedarf zu erledigen. Ein Schüler leidet zum Beispiel an Lähmungserscheinungen. Bei einem Lernzirkel oder während der Freiarbeit bringt ihm sein Tutor deshalb die Arbeitsmaterialien an seinen Tisch.

2.3 Schließlich können insbesondere die **behinderten Schüler*innen** – je
2.3.1 nach Persönlichkeit – davon **profitieren**, wenn sie eine Regelschule besuchen. Zum einen bietet der gemeinsame Unterricht mit gesunden Kindern, die in Mathematik, Deutsch oder Sport gegebenenfalls leistungsstärker sind, eine Chance: Es kann die Inklusionsschüler*innen nämlich auch **motivieren**, wenn Klassenkameradinnen und -kameraden bessere Schulleistungen erbringen. Ein Junge, der zum Beispiel eine Lernbehinderung hat, wird dadurch vielleicht viel eher angespornt, an seinen Problembereichen zu arbeiten, da er gerne mit den anderen mithalten will.

2.3.2 Zum anderen kann der Regelschulbetrieb behinderte Kinder unter Umständen besser **auf die Herausforderungen des Alltags vorbereiten** als der Besuch einer Förderschule. Luise Dieter, die seit ihrer Geburt blind ist, ist zum Beispiel glücklich darüber, dass „sie an der Regelschule früh gelernt hat, mit einem normalen Computer zu arbeiten und nicht eine spezielle Schreibmaschine für Blinde verwendet“ (Material 1, Z. 111–115). Dadurch kann sie laut eigener Auskunft viele Dinge bereits sehr selbstständig machen (vgl. ebd., Z. 115 f.) und das dürfte ihr in Zukunft, zum Beispiel bei der Berufsausbildung oder im Studium, sicher nützlich sein.

2.3.3 Ein weiterer Vorteil liegt darin, dass Kinder mit Behinderung an Regelschulen **Gleichberechtigung** in einer heterogenen Gemeinschaft **erfahren** können. An einer speziellen Förderschule, wo alle Schüler*innen in irgendeiner Form beeinträchtigt sind, ist das nicht unbedingt möglich. Material 9 setzt diesen Aspekt humorvoll um, indem gezeigt wird, wie sich ein Junge im Rollstuhl unheimlich darüber freut, von seinem nicht behinderten Klassenkameraden ohne Scheu vor der Behinderung mit „Du Arschloch“ beschimpft worden zu sein. Das ist ein Zeichen dafür, dass in der Klasse keine übertriebene Zurückhaltung gegenüber dem Inklusionsschüler herrscht und alle gleichberechtigt miteinander umgehen.

3 Damit der gemeinsame Unterricht von behinderten und nicht behinderten
3.1 Schülerinnen und Schülern auch erfolgreich verläuft, müssen allerdings
3.1.1 wichtige **Maßnahmen ergriffen** und Rahmenbedingungen erfüllt werden. Die **Bevölkerung** muss von **staatlicher Seite** grundlegend besser über Inklusion an Schulen **informiert und aufgeklärt werden**. So ergab eine Umfrage aus dem Jahr 2019, dass 63 % der Deutschen der schulischen Inklusion geistig behinderter Kinder skeptisch gegenüberstehen (Material 10 c).

3.1.2 Die Regierung muss zudem **ausreichend finanzielle Mittel bereitstellen**, um die zusätzlichen Kosten für barrierefreie Schulen und gut ausgebildetes Personal, wie Förderlehrkräfte und Inklusionsbegleiter*innen, decken zu können. Die Schulen dürfen damit nicht alleingelassen werden, sonst sinkt das Engagement der Schulleitung und der Lehrkräfte, Inklusion gut umzusetzen.

3.1.3 Wichtig ist schließlich, dass der Staat auch dafür sorgt, dass **freiwillige Helfer*innen** bei der schulischen Inklusion vorab **geschult werden.** Dadurch kann verhindert werden, dass die Inklusionshelfer*innen in schwierigen Situationen überfordert sind und sie die unterrichtende Fachlehrkraft dann nicht wirklich entlasten können, wie es die Lehrerin Jutta Gerstl in einer Reportage schildert (vgl. Material 7, Z. 30–36). Die Helfer*innen sollten hierbei auf typische Verhaltensauffälligkeiten zum Beispiel bei Kindern mit ADHS oder Autismus vorbereitet werden, und es könnten Hilfestellungen und Verhaltenstipps eingeübt werden, wie damit am besten umzugehen ist.

3.2 Auch die **Familien** können zum Gelingen von schulischer Inklusion beitragen.
3.2.1 So sollten sich die Eltern behinderter Kinder zum einen gründlich über den genauen Förderbedarf und die unterschiedlichen Beschulungsmöglichkeiten **informieren** und sich **beraten lassen**. Denn erst wenn feststeht, in welchen körperlichen oder geistigen Bereichen ein sonderpädagogischer Förderbedarf besteht, und inwiefern an der jeweiligen Regel- oder Förderschule darauf eingegangen werden kann, lässt sich eine gewissenhafte Entscheidung bei der Schulwahl treffen. Ärztinnen und Ärzte, Sonderpädagoginnen und -pädagogen und staatliche Beratungsstellen stehen hierzu bereit.

3.2.2 Zum anderen sollte allen Familien daran gelegen sein, Kinder – ob behindert oder nicht behindert – **zu Offenheit und Toleranz zu erziehen**. Wenn nämlich Eltern in ihrem täglichen Verhalten und in Gesprächen mit gutem Beispiel vorangehen, werden sehr wahrscheinlich auch die Kinder eine tolerante Grundhaltung entwickeln und auf Klassenkameradinnen und -kameraden mit Behinderung offen und einfühlsam zugehen.

3.3 Zuletzt sind ganz entscheidend die **Regelschulen**, die Kinder mit Behinderung aufnehmen, gefragt, vorbereitende und begleitende Maßnahmen umzusetzen.
3.3.1 So sollten die **Schüler*innen ohne Behinderung in Schulungen** darauf eingestellt werden, was es bedeutet, wenn auch geistig oder körperlich behinderte Kinder Teil der Klassengemeinschaft sind. Damit kann man Spott und Hänseleien (vgl. Material 12, Z. 20 f.) aus Unsicherheit oder fehlendem Verständnis vorbeugen. Für die behinderten Schüler*innen und die Lernatmosphäre in der Klasse ist dies sehr wichtig.

3.3.2 Weiterhin müssen auch die **Eltern** der Regelschulkinder umfassend über die Integration beeinträchtigter Kinder **informiert und aufgeklärt werden**. Dadurch könnten ihnen mögliche Ängste und Unsicherheiten genommen werden. Manche Eltern befürchten zum Beispiel, dass schulische Inklusion den Lernfortschritt der nicht behinderten Kinder stören könnte oder die Noten aller Schüler*innen sinken würden (vgl. Material 7, Z. 45–49). Für die Fragen und Sorgen der Elternschaft sollten die Regelschulen deshalb als Ansprechpartner jederzeit bereitstehen.

3.3.3 Darüber hinaus muss von schulischer Seite allgemein **Barrierefreiheit gewährleistet** werden. Weil alle Kinder die Klassen- und Fachräume sowie die sanitären Anlagen erreichen können müssen, ist es nötig, die Regelschulen behindertengerecht auszubauen. Fehlen beispielsweise Rampen und Aufzüge, könnten geh- und sehbehinderte Kinder sind nicht frei und ohne Unfallgefahr im Schulgebäude und auf dem Schulhof bewegen.

3.3.4 Eine weitere sehr wichtige Maßnahme ist die **Einstellung zusätzlicher Förderlehrkräfte**, die sich speziell um die behinderten Schüler*innen in der Klasse kümmern. Vor allem für Kinder mit Lernschwierigkeiten oder geistigen Behinderungen vereinfachen sie bei Bedarf den Schulstoff oder führen mit ihnen ein angepasstes Lernprogramm durch. „In Mathe zum Beispiel rechnet die Klasse mit wahnsinnig hohen Zahlen, da können die Mädchen nicht mehr mitmachen", berichtet Förderlehrerin Ute Heichen (Material 1, Z. 45–48). Hier sind die drei geistig behinderten Schülerinnen an einem Offenbacher Gymnasium gemeint, für die Ute Heichen deshalb einfache Rechnungen anbietet, um sie dennoch mathematisch zu schulen.

C. Wie die Ausführungen gezeigt haben, kann der gemeinsame Unterricht von behinderten und nicht behinderten Kindern an Regelschulen viele Vorteile für die beteiligten Schüler*innen und für die Gesellschaft insgesamt mit sich bringen. Meines Erachtens sollte schulische Inklusion daher eine **Selbstverständlichkeit** sein. Ich würde mir wünschen, dass an den Schulen und in den Familien offen mit diesem Thema umgegangen wird und dass die nötigen finanziellen und personellen Maßnahmen nach Kräften in die Tat umgesetzt werden.

Erschließen eines pragmatischen oder literarischen Textes

90 Inhalt – Sprache – besondere Merkmale – argumentierend – begründeten Stellungnahme – produktive

91 Schwarze Menschen werden in unseren Breiten häufig angestarrt oder auf ihre Herkunft angesprochen, obwohl sie Deutsche sind. Um dieses Thema geht es in der Kurzgeschichte „Luise“, die 1982 in dem Band „Dezemberbriefe. Geschichten & Miniaturen“ im Mitteldeutschen Verlag erschienen ist.

92 **a** Die US-amerikanische Autorin Delia Owens wurde 1949 in Georgia geboren. Als studierte Zoologin beschäftigte sie sich viele Jahre mit dem Verhalten von Wildtieren. Ihr erster Roman, „Der Gesang der Flusskrebse“, wurde weltweit ein Bestseller. Das Buch erschien 2019 in deutscher Übersetzung. Der vorliegende Auszug daraus handelt von einem sechsjährigen Mädchen, das fürchtet, dass seine Mutter nicht zurückkehren wird, nachdem diese mit unbekanntem Ziel und einem Koffer weggegangen ist.

b Heutzutage haben viele Menschen in wohlhabenden Ländern mit Übergewicht zu kämpfen. Einige versuchen, ihre überzähligen Pfunde durch Sport loszuwerden. In der Süddeutschen Zeitung berichtet Michael Brendler am 16.12.2022 unter der Überschrift „Die beste Uhrzeit für Sport“ über eine neue Studie. Deren Ergebnisse legen nahe, dass man mit Sport in den Morgenstunden mehr abnimmt und das Herz-Kreislauf-System stärkt, als wenn man sich zu anderen Tageszeiten bewegt.

93 Ein Mann und eine Frau kommen aus dem Kino, wo sie einen Liebesfilm gesehen haben. Der Mann eilt zornig davon, ohne auf die Frau zu warten~~, was ich ziemlich gemein von ihm finde~~. [Wertung] Sie bemüht sich keuchend, mit ihm Schritt zu halten. ~~Sie antwortet, sie könne nichts dafür, dass sie weinen müsse, wenn sie etwas schön finde.~~ [falsche Reihenfolge] Der Mann sagt zu ihr~~: „eine Affenschande, wie du geheult hast“.~~*, es sei eine Schande, dass sie während des Films geweint habe.* [direkte Rede, fehlende Information: „während des Films“] *Sie antwortet, sie könne nichts dafür, dass sie weinen müsse, wenn sie etwas schön finde.* Daraufhin äußert der Mann, ihr sei nicht zu helfen, wenn sie romantische Filme möge. Abschließend ~~kritisierte~~ *kritisiert* [Präteritum] die Frau gedanklich die Gefühlskälte des Mannes.

94 Die sechsjährige Kya wird mit der Angst konfrontiert, dass ihre Mutter nie mehr nach Hause zurückkehren wird, nachdem diese die Familienhütte ohne Abschied verlassen hat.

An einem Morgen im August ist Kya in der Hütte ihrer Familie in der Marsch mit Spülen beschäftigt. Dabei hört sie die Außentür zuschlagen. Von der Veranda aus sieht sie, wie ihre Mutter in schicken Schuhen und mit einem Koffer in der Hand weggeht. Kya ahnt, dass etwas nicht stimmt, denn bei ihren üblichen Besorgungsgängen in die Stadt trägt die Mutter andere Schuhe und nimmt kein Gepäck mit. Außerdem winkt sie ihrer Tochter nicht zu, was ungewöhnlich ist. Das Mädchen beobachtet, wie die Mutter sich auf einem Waldweg immer weiter entfernt. Als sie kaum noch zu sehen ist, läuft es zu einer Stelle, von der aus es den Pfad besser überblicken kann. Kyas Hoffnung, dass die Mutter ihr dort zuwinkt, erfüllt sich jedoch nicht. Deshalb kehrt Kya enttäuscht und besorgt zur Hütte zurück, in der sie mit ihren Eltern und vier älteren Geschwistern lebt. Ihr dreizehnjähriger Bruder Jodie versucht, sie mit der Behauptung zu trösten, die Mutter werde zurückkommen. Kya konfrontiert ihn jedoch mit einer Geschichte, die er ihr erzählt hat. In dieser lässt eine verletzte Füchsin ihre Jungen hilflos zurück. Jodie führt seiner Schwester vor Augen, dass der Fall bei ihrer Mutter ganz anders läge. Er bekräftigt nochmals, dass sie zu ihrer Familie zurückkehren werde. In Wahrheit zweifelt er jedoch selbst daran. Abschließend weist Kya mutlos auf den Koffer hin, der den Schluss nahelegt, dass die Mutter nicht so bald wiederkommen wird.

95 **a**

Sinnabschnitt	Zeilen	Inhalt
1	1–14	Einleitende Beschreibung des Projekts und der Beteiligten
2	15–46	Informationen über die momentane Brennstoff- und Stromversorgung in Gambia
3	49–67	Erläuterung der Grundidee des Projekts
4	68–98	Hintergrundinformationen zur Waldrodung in Gambia
5	99–135	Beschreibung des Herstellungsverfahrens der Laub-Briketts
6	138–144	Verweis auf den wissenschaftlichen Hintergrund der Studierenden
7	145–171	Darstellung der Vorteile der Laub-Briketts und der Probleme bei der Herstellung
8	172–179	Fazit; Ausblick in die Zukunft

b Gerade in armen Ländern ist die Bevölkerung häufig gezwungen, auf Brennstoffe zurückzugreifen, die für Umwelt und Gesundheit schädlich sind. In der am 01.07.2022 in der Frankfurter Rundschau erschienenen Reportage „Ab-

holzung in Gambia: Laub-Briketts statt Feuerholz“ stellt Andreas Sieler ein Projekt vor, das Abhilfe schaffen könnte. Eine Gruppe Studierender im afrikanischen Land Gambia stellt brennbare Briketts aus Laub her, welche den Menschen dort eine Alternative zu Holz und Kohle bieten sollen.
Einleitend (Z. 1–14) beschreibt der Autor kurz die Entstehung des Uni-Projekts, die beteiligten Studierenden und deren Ziel, den Bedarf an Feuerholz und Kohle zu senken.
Anschließend (Z. 15–46) bietet der Text Informationen über die momentane Brennstoffversorgung in Gambia. Es wird erklärt, dass die Bevölkerung Brennstoffe zur Zubereitung von Speisen und Heißgetränken auf offener Flamme benötigt. Mit Gas, Strom oder Solarenergie zu kochen, sei aufgrund der hohen Kosten beziehungsweise des instabilen Stromnetzes keine Alternative.
Als Nächstes (Z. 49–67) erläutert Sieler die Grundidee hinter dem Projekt der Studierenden. Diese pressen aus Laub kostengünstige, brennbare Briketts, für deren Herstellung keine Bäume abgeholzt werden müssen. Zudem seien die Laub-Briketts besser für Umwelt und Gesundheit als Kohle.
Der folgende Sinnabschnitt (Z. 68–98) liefert Hintergrundinformationen zur Waldrodung in Gambia und untermauert sie mit Statistiken. Demnach sind bereits 91 % des ursprünglichen Waldbestandes abgeholzt worden, unter anderem, um Feuerholz zu gewinnen.
Danach (Z. 99–135) erklärt Sieler, wie die Herstellung der Laub-Briketts abläuft. Das Laub werde erst angezündet, dann gelöscht und anschließend gesiebt, sodass kleine schwarze Partikel entstehen. Aus Wasser und einem pflanzlichen Stärkepulver kochen die Studierenden eine Art Klebstoff, den sie mit den Partikeln vermischen. Zuletzt werde die Masse zu Briketts gepresst und getrocknet. Maschinen kommen bei der Herstellung aus finanziellen Gründen nicht zum Einsatz, sodass nur in geringen Mengen produziert werden kann.
Der nächste Abschnitt (Z. 138–144) informiert über den wissenschaftlichen Hintergrund der Studierenden. Das Projekt profitiert davon, dass sie Kenntnisse aus unterschiedlichen Studienfächeren wie z. B. Physik, Wirtschaft oder Klimaforschung einbringen.
Daran anschließend (Z. 145–171) erfährt die Leserschaft Näheres über die Vorteile der Laub-Briketts. Diese sind nach Aussage der Studierenden umweltfreundlicher, günstiger und effektiver als Kohle. Der Autor geht aber auch auf Probleme ein, die bei der Herstellung auftreten. Fehlendes Startkapital sei in dem afrikanischen Land ein generelles Problem, das viele Projekte behindere.
Zum Schluss (Z. 172–179) gibt Sieler einen Ausblick in die Zukunft. Gambia müsse auf lange Sicht auf Solarenergie zurückgreifen, um den Holz- und Kohleverbrauch zu reduzieren. Bis dieser Umstieg gelinge, könnten Laub-Briketts aber eine Alternative zu den herkömmlichen Brennstoffen sein.

96

Satzarten:	Wirkung:
▸ überwiegend Aussagesätze (z. B. Z. 1 f., 12 f., 15 f., 40–44)	präsentieren Tatsachen, beschreiben Zustände, stellen Behauptungen auf: unterstreichen die Sachlichkeit des Beschriebenen, lassen es überzeugend wirken
▸ Ausrufesätze (z. B. Z. 31–33, 66 f., 70 f., 74)	drücken Emotionen wie Empörung oder Verwunderung aus
▸ Fragesatz (Z. 87 f.)	bezieht die Leser*innen mit ein, weckt Neugier und regt zum Mitdenken an: Werden unsere Überzeugungen Bestand haben?

Satzstruktur:	Wirkung:
▸ überwiegend Satzgefüge (z. B. Z. 23–28, 45–48, 75–78)	Ausdruck komplizierter Gedankengänge, anspruchsvoll, fordert Leser*innen zum Mitdenken auf

Satzlänge:	Wirkung:
▸ überwiegend lange Sätze (z. B. Z. 6–11, 15–23)	anspruchsvolle Sprache, erfordert genaues Lesen: orientiert sich an Wissenschaftssprache
▸ zum Teil im Wechsel mit kürzeren Sätzen (z. B. Z. 1 f., 12 f., 59 f.)	lockern auf; Ausdruck einfacherer, teils persönlicher Ansichten

97 **Ellipsen:** z. B. „Der Normalfall." (Z. 13 f.) statt „Der Irrtum ist der Normalfall"; „Tja, konnte er […]." (Z. 33) statt „Tja, das konnte er […]."; „Faktisch falsch, moralisch falsch." (Z. 59 f.) statt „Vieles wird sich als faktisch und moralisch falsch erweisen."; „[…] nicht zu fassen!" statt „Das ist nicht zu fassen!" (Z. 74)
Wirkung: salopp; auflockernder Kontrast zu den komplexen Sätzen

Parenthesen: z. B. Z. 17–21, Z. 56–58: Einschub erläuternder Beispiele;
Z. 60 f.: Selbstberichtigung; wirkt wie gesprochene Sprache, spontanes Sprechen, stellt Nähe zum Lesepublikum her;
Z. 75 f.: eingeschobene Zusatzinformation; bekräftigt die Aussage

98

Substantiv:	Verfassung, Diskussion, Parade, Konditionen, Spurensuche
Verb im Infinitiv:	strahlen, beenden, ausbessern, lagern, verzichten
Verb im Partizip Präsens:	zähneknirschend, umfassend, gähnend, schädigend, ermutigend, überraschend

Verb im Partizip Perfekt: gewachsen, ausgeklügelt, verblüht, gewählt

Adjektiv: gründlich, überflüssig, traditionell, weltweit, umfangreich, wissenschaftlich

99 In dem Auszug aus dem Roman „Der Gesang der Flusskrebse“ fallen vor allem die vielen beschreibenden Adjektive und Partizipien auf wie z. B. „sengend heißer Augustmorgen“ (Z. 1), „leisen, bedächtigen Flügelschlag“ (Z. 3), „hochhackigen Schuhen [...] mit der abgeflachten Spitze“ (Z. 10 f.), „wackeligen Holzstufen“ (Z. 13 f.). Besonders häufig kommen dabei Farbadjektive vor wie z. B. „blauen Koffer“ (Z. 14), „fettiges braunes Packpapier“ (Z. 16), „weiße[s] Kopftuch“ (Z. 24), „schwarzer Baumwollschlamm“ (Z. 27 f.). Neben den Farben, die beschreiben, was zu sehen ist, werden aber auch weitere Sinneseindrücke geschildert, z. B. „ungewöhnliche Stille“ (Z. 2) = hören, „lauwarme[s] Spülwasser“ (Z. 6) = fühlen. Durch diese Wortwahl entsteht ein intensives Stimmungsbild. Man kann sich den Ort der Handlung, die geschilderte Situation und die beteiligten Personen sehr genau vorstellen, so als wäre man mit allen Sinnen selbst direkt vor Ort.

100 **a** Doch die Sprache ermöglicht noch mehr, als sich in gesprochener und geschriebener Form mitzuteilen. Wie wir die Welt wahrnehmen bzw. erleben, unser gesamtes Bewusstsein ist ebenfalls sprachlich geprägt.

b Durch den Nominalstil wirkt der Text sehr verdichtet. Es werden Nebensätze eingespart, um die Sätze zu verkürzen und damit möglichst viele Informationen im Text unterzubringen.

101 **Fremdwörter:** Linguistik (Sprachwissenschaft), Alarmismus (unnötige oder übertriebene Warnung vor Problemen), effizient (wirksam, wirtschaftlich), komplex (umfassend, vielschichtig), kommunizieren (sich verständigen), Interaktion (Wechselbeziehung zwischen Personen und Gruppen), Reflexion (Vertiefung in einen Gedankengang, prüfendes Nachdenken), Emotion (Gefühl, Gemütsbewegung), Sozialisation (Prozess der Einordnung des heranwachsenden Individuums in die Gesellschaft), Assoziation (unwillkürliche Verknüpfung von Vorstellungen), Identität (hier: als „Selbst“ erlebte innere Einheit der Person), existenziell (lebenswichtig), irrational (mit dem Verstand nicht fassbar, unvernünftig), kontinuierlich (stetig, fortdauernd), nostalgisch (rückwärtsgewandt, vergangenheitssehnsüchtig), archaisch (altertümlich, veraltet), statisch (stillstehend, ruhend), national (die Nation betreffend), Generation (Gesamtheit der Menschen ungefähr gleicher Altersstufe), Interpunktion (Zeichensetzung), propagieren (verbreiten, für etwas werben), Ideal (Inbegriff der Vollkommenheit)

Wirkung:
Durch die Verwendung zahlreicher Fremdwörter wirkt der Text sehr gehoben und anspruchsvoll. Der Sinn vieler Sätze erschließt sich erst beim zweiten Lesen. Der Autor setzt die Kenntnis der Begriffe voraus und wendet sich somit in erster Linie an eine erwachsene und gebildete Leserschaft.

102 a **Fachbegriffe aus dem Bereich Gesundheit/Medizin, z. B.:**
„Genverteilung" (Z. 3), „Gen[e]" (Z. 12), „Darmbakterien" (Z. 13), „Fettgewebe" (Z. 31), „Kalorien verbrenn[en]" (Z. 35), „humane Probanden" (Z. 51 f.), „Labor" (Z. 54), „Organismus" (Z. 55), „Aktivitätsprofil" (Z. 63 f.), „koronare Herzkrankheit" (Z. 69), „Metabolismus" (Z. 73), „Fitnesslevel" (Z. 73)

Fachbegriffe aus dem Bereich Energiegewinnung und Klimaschutz:
„Brennstof[f]" (Z. 15), „Stromnetz" (Z. 25 f.), „Strombedarf" (Z. 31), „Dieselgeneratoren" (27 f.), „Solarkocher" (Z. 33), „emissionsfre[i]" (Z. 35), „Rohmaterial" (Z. 60), „Laub-Briketts" (Z. 99 f.), „organisch" (Z. 111), „karbonisier[en]" (Z. 105)/„Karbonisierung" (Z. 153 f.), „Luftzufuhr" (Z. 158 f.), „Rauchentwicklung" (Z. 159), „Filter" (Z. 161), „Holzkohlebedarf" (Z. 173 f.), „Solarenergie" (Z. 175)

b **Wirkung:**
Die Autoren wirken kompetent und überzeugen durch breites Fachwissen aus den Bereichen Gesundheit und Medizin bzw. Energiegewinnung und Klimaschutz. Beide Artikel setzen ein gewisses Grundverständnis der Thematik bei der Leserschaft voraus. Der Einsatz von Fachbegriffen hält sich aber in Grenzen und diese sind so in den Text eingebunden, dass sie leicht verständlich sind. Auf diese Weise sind die Texte auch für ein fachlich nicht vorgebildetes Publikum und jugendliche Leser*innen interessant.

103 Die **Natur** ist ein zentrales Motiv in dem Textauszug. Gleich zu Beginn wird die Marsch mit ihren Pflanzen und Tieren sehr genau und eindringlich dargestellt (vgl. Z. 1–4). Auch der Vergleich mit der **Tierwelt** ist ein wichtiges Element. Es heißt beispielsweise, dass Kya normalerweise das „Vertrauen eines jungen Hundes" (Z. 15) hat. Zudem vergleicht sie das Verhalten ihrer Mutter mit dem einer verletzten Fuchsmutter, die ihre Jungen verlässt (Z. 41: „Du hast mir erzählt, die Fuchs-Mama hat ihre Babys allein gelassen.").

104 Ein Leitmotiv ist die **Burg**, auf der die Hauptfigur steht und nachdenkt: Sie bietet Sicherheit und Distanz (dicke Mauern, Abstand durch Höhe). In dem Moment, in dem man sie verlässt und in die normale Umgebung zurückkehren muss, erlischt der Schutz.

Zudem wird die Wendung „**und doch nicht** …“ leitmotivisch verwendet; sie steht schon im Titel. Die drei Auslassungspunkte drücken das Zögern und die schwere Entscheidung aus, die die Figur trifft. Das negative „nicht“ verstärkt dabei das Scheitern des Mannes bei der Jobsuche bzw. bei dem Versuch eines Neuanfangs.

105

Umgangssprache	**Hochsprache**
Lass mal hör’n!	Erzähl mir doch (bitte) einmal davon!
Geh rein!	Geh hinein!
Ich hab da so ’ne Ahnung.	Ich habe eine (bestimmte) Ahnung.
ausgelatscht	ausgetreten
jeder kriegt es mit	jeder erfährt es
kapieren	verstehen
sich am Riemen reißen	sich beherrschen, sich zusammennehmen
schmeißen	werfen

106 **Wortwahl:**

- viele Nomen: Präzisieren von Sachverhalten, viele Beispiel
- Fremdwörter: z. B. „Provisorium“ (Z. 77), „prekär“ (Z. 82)
- Fachbegriffe: z. B. „geozentrisches Weltbild“ (Z. 18), „Relativitätstheorie“ (Z. 49 f.), „Quantengravitation“ (Z. 51)
- Anglizismen: „Common Sense“ (Z. 25), wirkt aktuell, modern
- umgangssprachliche Ausdrücke wie „supi“ (Z. 20), „Tja“ (Z. 33), „aber echt mal“ (Z. 36 f.), „wie irre“ (Z. 67)

Zielgruppe:

In dem Text überwiegt eine gehobene Wortwahl (Hochsprache). Die Autorin verwendet zahlreiche Fachbegriffe und Fremdwörter und zeigt damit umfassende Sprachkenntnisse sowie ein breites Allgemeinwissen. Es werden aber auch umgangssprachliche Ausdrücke und Formulierungen eingesetzt, die den Text auflockern und witzig wirken lassen. Der Text richtet sich damit in erster Linie an eine Leserschaft, die sich für die aktuelle gesellschaftliche Entwicklung interessiert und eine gewisse Vorbildung mitbringt. Man muss aber auch nicht jedes Fremdwort im Text kennen, um die Gesamtaussage zu verstehen, sodass er auch ein breiteres Publikum und jugendliche Leser*innen ansprechen kann.

107 **a** Kya und Jodie verwenden eine einfache Wortwahl, umgangssprachliche Formulierungen und Auslassungen („’ne“ statt „eine“, „is nich“ statt „ist nicht“). Damit wird betont, dass es sich um eine private Unterhaltung handelt, die in Alltagssprache stattfindet. Man kann aus ihrer Sprache auch schließen, dass sie einer einfachen sozialen Schicht angehören. (Es wird zuvor beschrieben, dass die beiden mit vielen Geschwistern in einer Hütte leben.)

b Obwohl der Mann zahlreiche Schimpfwörter verwendet („Affenschande“, Z. 6; „elende[r] Mist“, (Z. 11); „Liebesgewinsel“, Z. 11), wirkt sein Sprachstil eher standardsprachlich als locker umgangssprachlich. Das passt zu seinem Verhalten: Die Art, wie er über den Film und die Reaktion seiner Frau schimpft, charakterisiert ihn als gefühlskalt oder zumindest als eine Person, die keine Gefühle zeigen will. Sein Sprachstil unterstreicht dieses distanzierte, gefühllose Verhalten. Bei seiner Frau ist es umgekehrt: Ihre umgangssprachliche Wortwahl (Z. 10: „wenns schön ist, muss ich halt heulen“) betont ihre gefühlvolle Reaktion.

108 **a**

Text	Stilmittel
„Ich irre mich in Wahlprognosen, Regenwahrscheinlichkeit, zulässiger Höchstgeschwindigkeit, Kleidergrößen und Abfahrtszeiten [...]. “ (Z. 2–6)	**Aufzählung** *(zur Verdeutlichung, Verstärkung des Gesagten)*
„Das gilt nicht nur für mich im Kleinen, sondern für die ganze Menschheit.“ (Z. 15 f.)	**Gegensatz/Antithese** *(das einzelne Ich vs. die ganze Menschheit)*
„einen historischen Wimpernschlag entfernt.“ (Z. 34 f.)	**Personifikation** *(Ein Merkmal von Lebewesen wird herangezogen, um einen kurzen zeitlichen Moment zu veranschaulichen.)*
„Dann kam Newton. Dann kam die Relativitätstheorie.“ (Z. 48–50)	**Anapher, Parallelismus**
„selbst gelenkt[e] Blechcontaine[r]“ (Z. 64 f.)	**Metapher** *(Bild für Auto)*
„Menschliche Erkenntnis ist [...] ein ungemein wackliges Provisorium, das jederzeit umgepustet werden kann.“ (Z. 75–78)	**Verdinglichung** *(Die menschliche Erkenntnis wird wie ein wackeliges Gebilde z. B. aus Bauklötzen dargestellt.)*

b **Die beste Uhrzeit für Sport:**

Stilmittel	Funktion/Wirkung
Übertreibung: „Während Partner oder Kollege das Essen nur so in sich hineinzuschaufeln scheinen [...]“ (Z. 4–6)	lockerer Einstieg; soll Lust zum Weiterlesen machen; ernstes, wissenschaftliches Thema wird humorvoll verpackt; der Autor signalisiert, dass er „im gleichen Boot sitzt“
Personifikation, Übertreibung: „offenbart die Skala in aller Brutalität“ (Z. 8 f.)	betont das Gefühl der Machtlosigkeit im Kampf gegen Fettpolster (die Waage als brutaler Gegenspieler); Autor zeigt, dass er das Gefühl kennt, macht sich gleichzeitig darüber lustig

Wiederholung/Wortspiel: „verschlankte Prozesse“ (Z. 20 f.), „Gebrauchsanleitung zum schlanken Schlankerwerden“ (23 f.)	leichter Spott; versteckter Hinweis darauf, die Frage nach der perfekten Uhrzeit für Sport nicht zu ernst zu sehen
Metapher: „argumentative Munition“ (Z. 58 f.)	Begriff aus dem Militär; die wissenschaftliche Debatte wird als harter Kampf um die richtige Theorie dargestellt; der Autor macht sich über die verhärteten Positionen lustig

„Und doch nicht …!“

Stilmittel	Funktion/Wirkung
Personifikationen: „Die Sonne tanzte auf den kleinen Wellen.“ (Z. 4 f.), „reckten sich Birken und Weiden“ (Z. 6 f.), „drückten sich die Konturen der Stadt gegen das helle Herbstlicht“ (Z. 7 f.)	zeichnen ein lebendiges Bild der Umgebung
Metaphern: „das dunkle Gewirr der Großstadt“ (Z. 8 f.), „Die Stadt […], eine graue Diva“ (Z. 19 f.)	Verbildlichung der alten, farblosen, aber stilvollen Stadt im Kontrast zur hellen, lebendigen Natur um sie herum
Inversion: „Schön sah das aus!“ (Z. 7)	Betonung des vorangestellten Adjektivs; unterstreicht Begeisterung, bringt Emotionen zum Ausdruck
Wortwiederholungen „ernst[e] Augen“ (Z. 10 f., 11 f., 17), „ernst“ (Z. 50)	Betonung einer wichtigen Charaktereigenschaft
Ellipsen „Zutiefst, von Anbeginn. Sein neuer Chef.“ (Z. 52 f.)	Hervorheben der entscheidenden Worte/ Unterstreichen einer zentralen Textstelle (Begründung, warum er die Stelle nicht antritt)

109 Der Autor oder die Autorin der „Streiflicht“-Glosse wendet auffällig viele Stilmittel an und zeigt so, dass er/sie sich sprachlich gewandt, **anschaulich** und unterhaltsam ausdrücken kann:

Stilmittel	Funktion/Wirkung
Metapher: „Startrampe für folgende Gedankenrakete“ (Z. 9 f.)	lustige und anschauliche Vorbereitung darauf, dass etwas „Gewaltiges“ folgt

Neologismus: „Flitzpiepen-Satz" (Z. 6)	Aufmerksamkeit wecken durch ungewöhnliche Wortzusammensetzung
rhetorische Fragen: „Sollten wir nicht gerade im öffentlichen Personennahverkehr vermehrt darauf achten, einigermaßen elegant rüberzukommen?" (Z. 10–13), „[W]er hätte das einer älteren, noch dazu hart arbeitenden Dame verübelt?" (Z. 34–36)	Einbeziehung der Leserschaft bzw. Aufforderung zum Mitdenken; Verstärkung der Aussagen, die die Meinung des Autors/der Autorin ausdrücken
Übertreibung, Wortwitz, Ironie: „viele vergessen sogar, dass man die Beine auch schließen kann" (Z. 14–16), „Aber Helen, nein, wir wollen sie jetzt doch Dame Mirren nennen [...]" (Z. 36–38)	Aufmerksamkeit und Verstärkung; Doppeldeutigkeit der Ironie regt zum Mitdenken an
Alliteration: „Fährnissen ihres Familienlebens" (Z. 20 f.)	Verstärkung durch Gleichklang der Ausdrücke; einprägsam
Beispiele: „Andere wiederum haben es gerne, wenn die Welt Zeuge ihrer oft sehr würzigen Mahlzeiten wird" (Z. 17–19)	Veranschaulichung zum besseren Nachvollziehen; Wiedererkennungswert (erzeugt Emotionen)

Die folgenden Textbeispiele zeigen, dass im „Streiflicht" wiederholt zwischen umgangssprachlichen Ausdrücken und gehobenem Vokabular gewechselt wird. Durch die Umgangssprache wirken die Ausführungen **locker** und **ungezwungen**. Die Vermischung mit zum Teil gestelzten hochsprachlichen Ausdrücken und Fremdwörtern steht dazu in einem witzigen Gegensatz. Hier wird auf sprachlicher Ebene gewissermaßen das Thema des Textes – locker-lässig oder elegant – widergespiegelt. Der **Autor**/die **Autorin** weist sich zugleich als **gebildet** aus.

Wortwahl und Sprachebene	Textbeispiele
Umgangssprache, Redensarten	„um die Ohren hauen" (Z. 7), „rüberzukommen" (Z. 13), „Nörgelei" (Z. 23), „krümelfrei und ladylike" (Z. 50)
Hochsprache bzw. deutlich gehobene Sprache	„umso schmerzlicher spürt" (Z. 3 f.), „geschmäcklerisc[h]" (Z. 5), „die Bürde des Tages, gepaart mit der Last des fortgeschrittenen Alters" (Z. 31 f.), „in reizender Manierlichkeit" (Z. 39), „feinste, anmutigste, sublimste Weise" (Z. 48 f.)
Fremdwörter	„Fährni[s]" (Z. 20), „Manierlichkeit" (Z. 39), „subli[m]" (Z. 49)

110 a

	trifft zu	trifft nicht zu
1. Die Sprache des Textes ist durch den Verzicht auf Fachbegriffe und Fremdwörter leicht verständlich. Der Autor will dadurch ein breites Publikum ansprechen.	☐	☒
2. Manfred Glauninger will über die möglichen Gründe und Formen des Sprachwandels informieren.	☒	☐
3. Ziel des Textes ist es, über die oft verzerrte Wahrnehmung sprachlicher Veränderungen in einer Gesellschaft aufzuklären und diese zu berichtigen.	☒	☐
4. Der Autor macht sich über den Sprachwandel lustig.	☐	☒
5. Der Text soll auch unterhalten und amüsieren, z. B. durch Übertreibungen und witzige Beispiele.	☐	☒
6. Der Autor fordert die Leser*innen auf, Veränderungen in der Sprache gelassener zu sehen und als einen wichtigen Prozess zu akzeptieren, der Sprache lebendig hält.	☒	☐

b Marc Hecht will mit seiner Kurzgeschichte …

- unterhalten:
  - anschauliche Sprache (viele beschreibende Adjektive und Verben, einprägsame Wendungen, sprachliche Bilder)
  - interessantes Thema (Herausforderungen der Arbeitswelt, innerer Kampf eines Mannes)
- zum Nachdenken über das Verhalten des Protagonisten anregen:
  - Autor bietet keine Wertungen, Deutungen oder Lösungen an und überlässt eine Stellungnahme zur Jobabsage so den Leserinnen und Lesern
  - Verwendung von Symbolen (anspruchsvoll)

c Der unbekannte „Streiflicht"-Autor bzw. die unbekannte Autorin versucht mit ironischen und witzigen Formulierungen die angebliche Verrohung der Sitten im städtischen Raum zu veranschaulichen, indem konkrete Negativbeispiele angeführt (vgl. Z. 13–21) werden. Er/sie kritisiert fehlende Manieren im sozialen Umgang, im Besonderen in den öffentlichen Verkehrsmitteln (vgl. Z. 10–21). Anhand der amerikanischen Schauspielerin Helen Mirren wird gezeigt, wie ein vorbildhaftes Verhalten aussieht – jedoch auch, dass niemand frei von Fehlern ist („in der U-Bahn Pringles gegessen", Z. 47 f.). Durch das Alltagsthema, die lockere Sprache und die Quelle (Süddeutsche Zeitung) spricht der Text eine breite Leserschaft an. Der witzige Grundton zeigt dabei, dass die Forderungen nach einer Verfeinerung unserer Alltagssitten nicht zu ernst genommen werden sollen.

111

W	D	B	E	D	K	I	H	G	Z	I	R	L	M
H	B	N	E	T	X	E	T	E	B	R	E	W	D
G	L	O	P	S	R	A	G	T	U	G	Z	S	A
X	F	E	R	T	C	S	L	O	A	M	E	J	B
E	R	T	Z	U	I	H	O	T	P	A	N	D	E
F	R	F	I	G	T	F	R	I	K	E	S	E	R
A	A	S	N	D	F	O	G	E	H	J	I	L	I
X	T	C	T	V	P	B	N	M	I	W	O	R	C
R	N	T	E	E	Z	U	I	O	P	B	N	H	H
F	E	I	R	B	R	E	S	E	L	A	U	S	T
D	M	F	V	G	H	J	K	I	K	U	H	N	K
L	M	N	I	B	V	C	D	E	S	S	O	L	G
E	O	R	E	T	Z	U	I	J	H	G	B	N	K
J	K	J	W	L	E	R	F	C	V	B	N	M	H

112 Die **Überschrift/Headline** des Zeitungsartikels „Abholzung in Gambia: Laub-Briketts statt Feuerholz“ sticht sofort ins Auge, da sie viel größer ist als der übrige Text. Auffällig ist der Doppelpunkt, der den zweiten Teil der Überschrift ankündigt. Dadurch wird gleich in der Headline die Kernaussage des Textes knapp auf den Punkt gebracht. Darunter folgt der **Name des Autors**. Indem dieser gleich zu Beginn und nicht erst am Ende des Textes genannt wird, wird er besonders hervorgehoben. Links unter der Überschrift ist ein **Foto** zu sehen, das zwei Männer zeigt, die Holz zersägen. Durch dieses Bild bekommt man sofort, ohne dass man zu lesen beginnt, einen Eindruck, um was es in dem Text gehen könnte. Es veranschaulicht zudem den Textinhalt und lockert die Textstruktur auf. Rechts neben dem Bild ist der **Vorspann (Lead)** angeordnet, der das Thema des Textes präzisiert. Gleichzeitig macht er neugierig und regt zum Lesen des Textes an. Überschrift, Bild und Vorspann sind grau hinterlegt und heben sich dadurch von dem zweiseitigen und zweispaltig gesetzten **Lauftext** ab. Dieser ist durch zwei **Zwischenüberschriften** sowie zahlreiche Absätze unterteilt, die es leichter machen, sich in dem umfangreichen Text zu orientieren. Die äußere Gestaltung des Artikels, das heißt die Mischung aus Text, Abbildung und Hervorhebungen, wirkt insgesamt sehr harmonisch. Durch sie wird zum einen das Interesse der Leser*innen geweckt und zum anderen ein schneller Zugang zu den wichtigsten Informationen ermöglicht.

113 a

	trifft zu	trifft nicht zu
1. Der Text informiert konkret und anschaulich über einen bestimmten Sachverhalt bzw. Zustand.	☒	☐
2. Der Text soll zum Kauf der „Briketts“ verführen.	☐	☒
3. Im Mittelpunkt steht die persönliche Meinung des Autors.	☐	☒
4. Die Darstellung enthält auch subjektive Elemente wie Augenzeugenaussagen und Erfahrungsberichte.	☒	☐
5. Es werden Stilmittel wie Wortwitz und Ironie eingesetzt, um das Lesepublikum zu erheitern.	☐	☒
6. Bilder illustrieren und veranschaulichen das Gesagte.	☒	☐
7. Es wird umfassend über beteiligte Personen, Zusammenhänge und Hintergründe aufgeklärt.	☒	☐

Der Text „Abholzung in Gambia“ ist **eine Reportage.**

b *Mögliche Antworten:*

- typisches Layout mit hervorgehobener Überschrift, Vorspann/Lead, Foto, Zwischenüberschriften (vgl. Aufgabe 112)
- aktuelles Thema: Rohstoffgewinnung und Umweltschutz
- Recherchestil: der Autor war selbst vor Ort, hat mit den Studierenden gesprochen, schildert seine Eindrücke (z. B. Z. 16–21, 49–64)
- Zahlen, Daten, Fakten, Erläuterungen als Hintergrundwissen (z. B. Z. 21–46, 73–81, 82–98)
- Expertenaussagen zum Thema (z. B. Z. 60–73, 129–133, 148–153)
- Perspektivwechsel: die Beteiligten kommen in Form von Zitaten immer wieder zu Wort (z. B. Z. 119, 168–171)
- Autorenkommentar, Fazit (Z. 172–179)
- Zeitform überwiegend Präsens

114 Glossentypische Merkmale:

- nimmt eine aktuelle/**allgemeine Zeiterscheinung** aufs Korn: die menschliche Überheblichkeit, immer zu glauben das Richtige zu tun, alles zu wissen und der Vergangenheit weit überlegen zu sein
- große **Sachkenntnis** der Autorin: historische Zusammenhänge, wissenschaftliche Erkenntnisse werden durch viele Beispiele erläutert (z. B. Z. 18–21, 45–54)

- **salopper, abwechslungsreicher Sprachstil:** Wechsel zwischen standard- und umgangssprachlichen Elementen (z. B. Z. 36–44), Verwendung von Ellipsen, Parenthesen, Ausrufen (z. B. Z. 59 f., 16–21, 74)
- die Autorin nutzt glossentypische Stilmittel:
  - **anschaulich-bildhafte Darstellungen:** z. B. „in selbst gelenkten Blechcontainern" (Z. 64 f.), „ein ungemein wackliges Provisorium" (Z. 77)
  - **Übertreibung:** „Der Irrtum ist eine der großen Konstanten meines Lebens. Der Normalfall." (Z. 12–14)
  - **Ironie, Spott:** „Unvorstellbar, dass ein Mann seiner Frau verbieten konnte zu arbeiten!" (Z. 31–33), „Jede Generation glaubt, jetzt aber echt mal alles Wesentliche kapiert und auf die Reihe gekriegt zu haben [...]." (Z. 36–38), „In 100 Jahren – ach was, in 50 – werden die Leute über uns den Kopf schütteln" (Z. 60–74)
- **Absicht** der Autorin: auf humorvolle Art zum Nachdenken anregen

115 Der Text„Schieß Ball her!" ist ein **Kommentar:** Der Kommentar liefert eine Meinung zu einem aktuellen Sachverhalt, einer Debatte oder gesellschaftlichen, politischen oder kulturellen Entwicklungen und stützt diese Meinung mit Argumenten. Typische Merkmale der Textsorte sind erfüllt:

- Der Autor wird genannt.
- **Headline/Lead:** Die Überschrift weckt Aufmerksamkeit, der Lead spricht die Leser*innen mit einer provokanten Frage direkt an („Warum eigentlich?").
- **Einleitung:** Der Sachverhalt, auf den sich der Kommentar bezieht, wird zusammenfassend dargestellt. Es geht um die aktuelle und immer wiederkehrende Sorge, dass durch den Wandel der Sprache das Deutsche als Standardsprache ausstirbt.
- **Hauptteil:** Der Autor ordnet das Thema zunächst in einen größeren Zusammenhang ein und erklärt die Gründe für die ablehnende Haltung der Menschen gegenüber sprachlichen Veränderungen. Daraus leitet er Argumente ab, warum der Sprachwandel keine Bedrohung darstellt: Die Sprache hat sich immer schon verändert, es gibt keine „Ursprache". Modernisierung, Migration, Internet und Chat-Sprache haben großen Einfluss, aber das ist nichts Negatives, sondern macht Sprache lebendig.
- **Schluss:** Der Kommentator bekräftigt als Fazit seine Auffassung, dass sich sprachlicher Wandel nicht aufhalten lässt und die Aufregung um den angeblichen Verfall der Sprache unbegründet ist.
- **Sprache:**
  - ernsthaft, sachlich
  - gehobener Sprachstil (Fremdwörter, Nominalstil, überwiegend Satzgefüge)
  - überwiegend Präsens: betont Aktualität bzw. Zeitlosigkeit des Themas

- wertende Adjektive und Formulierungen (z. B. Z. 19: „schrill[e] Tön[e]“, Z. 50 f.: „klischeehafte Vorstellungen“, Z. 127: „dem Ganzen Würze verleihen“)

▶ **Absicht:** die Leser*innen auf ernsthafte Art zum Nachdenken anregen und von der dargestellten Haltung überzeugen

116

1	K	U	R	Z	G	E	S	C	H	I	C	H	T	E
2	T	R	A	G	Ö	D	I	E						
3	P	A	R	O	D	I	E							
4	M	Ä	R	C	H	E	N							
5	B	A	L	L	A	D	E							
6	K	O	M	Ö	D	I	E							
7	S	A	T	I	R	E								
8	R	O	M	A	N									
E	P	I	K		D	R	A	M	A	T	I	K		

117 „Luise“:

▶ **personale Erzählperspektive:** Es wird aus Luises Sicht erzählt. Man ist beim Lesen „ganz nah an ihr dran“ und erfährt nur ihre Gedanken und Gefühle, nicht die der anderen Beteiligten.

▶ **Sprechsituation:**
- keine direkte Figurenrede, Äußerung einer der Frauen in indirekter Rede: Betonung der Aussage, dass Gesten oft mehr sagen als Worte
- Erzählerrede und erlebte Rede (z. B. Z. 7 f.: „Sollte sie jetzt sagen, dass sie aus Zerbst sei und keine Vorstellung von Mali hätte?“) gehen ineinander über: Betonung der Innensicht von Luise

„Der Gesang der Flusskrebse“:

▶ **auktoriale Erzählperspektive:** erzählt wird allwissend, von außen; die Leser*innen erfahren die Gedanken und Gefühle aller Figuren (Kya, Jodie).

▶ **Sprechsituation:**
- Erzählerrede überwiegt: Beschreibung der Umgebung, der familiären Situation, der Gedanken und Handlungen der Figuren
- erlebte Rede (Z. 7 f.: „Wer hatte die Hütte verlassen? Bestimmt nicht Ma.“): Hervorheben der Gedanken, Ängste der Hauptfigur
- direkte Rede: Gespräch zwischen Kya und Jodie; zeigt ihr Sprachniveau (vgl. Aufgabe 107); gibt Einblick in ihr Verhältnis zueinander

118 Merkmale einer **Kurzgeschichte** in „Und doch nicht ...!“:

- **begrenzte Personenzahl:** erzählt wird ein knapper Ausschnitt aus dem Leben eines Mannes
- **Hauptfiguren** sind „einfache“, meist namenlose Menschen, hier: ein Mann mittleren Alters, der nach einer neuen Arbeitsstelle sucht
- **Thema:** alltägliche, aber krisenhafte Situation im Leben eines Menschen; der Mann lehnt die Arbeit ab, weil er sich nicht respektvoll behandelt fühlt, obwohl er die neue Anstellung eigentlich dringend braucht
- **typischer Aufbau:** Handlung beginnt unmittelbar, keine Einleitung, die Personen werden nicht vorgestellt; Handlung strebt auf einen Wendepunkt zu: die Leser*innen erfahren, dass der Mann die Arbeitsstelle nicht antritt; keine Nebenhandlungen
- **wörtliche Rede:** Gespräch zwischen dem Mann und seinem neuen Chef; wirkt lebendig, realitätsnah; ist zugleich der Höhepunkt/entscheidende Punkt der Geschichte
- **einfache Sprache:** keine komplexen Satzkonstruktionen, einfache Wortwahl
- **Zeitform:** Präteritum
- **Erzählzeit/erzählte Zeit:** kurzer Zeitraum, über den erzählt wird; kurze Erzähl-/Lesezeit

119 Das vorliegende Gedicht ist ein **Lied**. Das erkennt man vor allem an dem Refrain („Stolpersteine, Stolpersteine [...]“), der nach jeder der insgesamt drei Strophen wiederkehrt. Es handelt sich aber um keine feste Liedform. Die Strophen haben keine einheitliche Verszahl und die Verse sind unterschiedlich lang. Auch Reimform und Metrum sind uneinheitlich. Immer wieder finden sich Paarreime (z. B. V. 4/5, V. 31/32) und identische Reime (z. B. V. 41/42, V. 70/72, V. 73/74), die bestimmte Aussagen besonders hervorheben.

120
a rücksichtslos, egoistich
b pflichtbewusst
c hilfsbereit, selbstbewusst, intelligent
d geduldig, hilfsbereit
e ungebildet
f rücksichtslos, aggressiv
g schüchtern
h aggressiv, gefühllos
i ehrlich
j treu, ehrlich
k gefühllos, rücksichtslos
l hilfsbereit, geduldig, besorgt

121 a

Äußere Figurenhandlung	Er	Sie	Niemand
wartet, blickt sich um	☐	☐	☒
läuft hinterher	☐	☒	☐
beginnt eine ruhige Unterhaltung	☐	☐	☒

bricht in Tränen aus	☐	☒	☐
macht Vorwürfe	☒	☐	☐
Innere Figurenhandlung	Er	Sie	Niemand
Frustration	☐	☒	☐
Zufriedenheit	☐	☐	☒
Wut	☒	☐	☐
Hilfsbedürftigkeit	☐	☒	☐
Enttäuschung	☐	☒	☐
Unverständnis	☒	☒	☐

b Der dominante Mann, der mit seiner Frau im Kino gewesen ist, verhält sich nicht wie ein liebevoller Ehemann (stürmt einfach aus dem Kino, vgl. Z. 2–4). An diesem Abend hat er nur Zorn für seine Frau übrig (vgl. Z. 4) und läuft „ohne sie abzuwarten" (Z. 4) einfach voraus. Er kritisiert sie schroff für ihre „Heulerei" (Z. 7) während des Films, denn er schämt sich für seine Frau. In Gedanken beschimpft er sie sogar als fette Gans (vgl. Z. 9 f.), was von Respektlosigkeit gegenüber der Partnerin zeugt. Der Mann glaubt offensichtlich, nur er sei stark und habe sich im Griff. Sein Wutausbruch spricht jedoch dagegen.

Die Frau hat während des Kinobesuches mit ihrem Mann geweint, weil das Happy End des Liebespaares im Film „so schön" (Z. 10) gewesen sei. Auf die aggressiven Äußerungen ihres Mannes reagiert sie mit verzweifelten Erklärungsversuchen (vgl. Z. 9 f.), doch ihr unterwürfiges Verhalten besänftigt ihn nicht. Die Enttäuschung über ihren Mann äußert sie nicht offen, sondern nennt ihn nur im Geiste „Klotz" (Z. 13). Das macht deutlich, dass sie einem weiteren Streit aus dem Weg gehen möchte, was einerseits klug sein kann, denn sie weiß vielleicht aus Erfahrung, dass Diskussionen nichts bewirken. Andererseits könnte es auch als Zeichen ihrer Schwäche verstanden werden, da sie ihre Ansichten ihm gegenüber nicht durchsetzen kann.

Die Leser*innen erfahren die abschätzigen Gedanken der beiden Partner und fragen sich, was die beiden noch miteinander verbindet. Ihr Handeln steht in deutlichem Gegensatz zu der Romantik, die zu Beginn der Kurzgeschichte in dem Kinofilm vermittelt wird: „Sie umarmen sich, und alles ist wieder gut" (Z. 1). Liebende Partner sollten verständnisvoll miteinander umgehen, selbst wenn es manchmal schwerfällt. Die Beziehung dieses Paares scheint allerdings zerrüttet, da hier schon Kleinigkeiten wie das Weinen im Kino zu Wut, Enttäuschung und Beschimpfungen führen.

122 **a**

Äußere Kennzeichen	▶ „hagerer Mann“ (Z. 1), „schütteres Haar“ (Z. 11), 45 Jahre alt (vgl. Z. 35), trägt einen „hellen Trenchcoat“ (Z. 2) und eine runde Brille ohne Rand (vgl. Z. 11) ▶ „ernste Augen“ (Z. 10 f.) ▶ verheiratet (vgl. Z. 35 f.) und seit längerer Zeit arbeitslos (vgl. Z. 33) ▶ Raucher (vgl. Z. 38 f., 59 f.)
Charakterzüge	▶ „Den gesamten Vormittag schon war er durch die Stadt gelaufen.“ (Z. 14), „Alles hatte er sich angesehen [...].“ (Z. 16 f.) → *ausdauernd, geduldig, interessiert* ▶ „Schön sah das aus!“ (Z. 7), „Die Stadt war gut, sehr alt – und das gefiel ihm“ (Z. 20 f.) → *empfänglich für die Schönheit seiner Umgebung, für das historische Ambiente* ▶ „den Wirt still angesehen und genickt“ (Z. 29) → *schweigsam, verschlossen* ▶ „Er hatte zugehört“ (Z. 29), „er passte immer auf“ (Z. 47) → *aufmerksam, konzentriert* ▶ „Lange hatte er nicht überlegt“ (Z. 32), „Er wusste sofort“ (Z. 46) → *unbedacht, kurzentschlossen, unvernünftig* ▶ „er wusste nicht, was er seiner Frau sagen sollte“ (Z. 35), „Was sollte er sagen?“ (Z. 40) → *unsicher, unbeholfen* ▶ „Der hat ständig mit dem Finger auf mich gezeigt“ (Z. 40), „man sollte ihn schon ansehen, wenn man mit ihm sprach“ (Z. 47 f.), „man sollte doch lieber beim Sie bleiben“ (Z. 48 f.) → *auf korrekte Umgangsformen bedacht, prinzipientreu, sensibel* ▶ „ernst“ (Z. 50) ▶ „trat [die Zigarette] aus“ (Z. 60) → *sorgfältig*

b Der Protagonist ist ein 45-jähriger, hagerer Mann mit schütterem Haar mit hellem Trenchcoat und runder, randloser Brille, der Zigaretten raucht (vgl. Z. 1 f., 11, 35, 38 f.). Er tritt nach längerer Arbeitslosigkeit eine neue Stelle an, die er jedoch direkt am ersten Morgen kündigt. Grund dafür ist die Art seines Chefs, die auf den **ernsten, sorgfältigen Protagonisten** respektlos wirkt (vgl. Z. 46–51). Die kurzentschlossene Kündigung wegen einer scheinbaren Nebensächlichkeit zeigt, dass er **großen Wert auf korrekte Umgangsformen** legt und bereit ist, drastische Konsequenzen zu ziehen, wenn seine Prinzipien verletzt werden (vgl. Z. 32, 46). Gleichzeitig offenbart seine Handlung jedoch auch einen unbedachten und **wenig vernünftigen Wesenszug**.

Anderen Menschen hört der Protagonist zwar stets aufmerksam zu, ist selbst jedoch schweigsam und verschlossen (vgl. Z. 29). Diese **Kommunikationsschwäche** zeigt sich auch in seiner Unsicherheit, wie er seiner Frau die Kündigung erklären soll (vgl. Z. 35, 40). Vermutlich ist er wegen dieser Un-

sicherheit im Umgang mit anderen Menschen stark auf Regeln des Miteinanders angewiesen, die ihm Orientierung geben. Deshalb fühlt er sich rasch vor den Kopf gestoßen, wenn jemand diese Grundsätze missachtet, wie sein Chef es getan hat.
Während die übereilte Kündigung eher für ein **ungeduldiges Wesen** spricht, erweist sich der Protagonist bei seiner Stadtbesichtigung als **ausdauernd** (vgl. Z. 14, 16 f.). Zudem ist er beim Alleinsein empfänglich für die Schönheit seiner Umgebung (vgl. Z. 3–5, 19–21), was unterstreicht, dass er sehr **sensibel** ist und sich allein wohler fühlt als unter Menschen. Seine Kündigung könnte deshalb als **Flucht vor einer Kommunikationssituation**, die ihn verunsichert, zu verstehen sein.

123 Das Lied „Stolpersteine“ erinnert an die Menschen, insbesondere die Juden, die von den Nationalsozialisten in Konzentrationslager deportiert und ermordet wurden. Darauf weisen die Informationen hin, die das lyrische Ich einem Erinnerungsstein entnimmt: „Geboren in ’n zwanziger Jahren / Abgeschoben nach Polen / Deportiert April / Ermordet in den letzten Tagen“ (V. 10–13). Offensichtlich wurde die Frau (vgl. V. 8), von der die Rede ist, in ein Konzentrationslager in Polen verschleppt und dort kurz vor Kriegsende umgebracht. Dieses Schicksal widerfuhr in der Endphase der nationalsozialistischen Herrschaft unzähligen Juden.
Später im Liedtext malt sich das lyrische Ich die Szene aus, als die Frau aus dem Haus geholt wurde: „Ob es wohl so ’n Morgen wie dieser war / […] / Als der Wagen kam / Reifen quietschen / […] / Alle schauen / Doch kein Licht geht an“ (V. 52–59). Diese Vorstellung entspricht dem gängigen Ablauf der Deportation. Die Gestapo suchte die betroffenen Menschen früh am Morgen zu Hause auf und zwang sie zum Mitkommen. Zeugen griffen in der Regel nicht ein.
Der titelgebende Begriff „Stolpersteine“ wird im Refrain viele Male wiederholt. Dieser ist die Bezeichnung für kleine Metallplatten im Boden, die an die Opfer des Nationalsozialismus erinnern sollen. Stolpersteine befinden sich meist vor dem ehemaligen Wohnhaus der betroffenen Menschen und sind mit Namen und Lebensdaten beschriftet. Dem lyrischen Ich fallen solche Erinnerungssteine auf („Steine aus Messing auf meinem Weg“, V. 6), was es zu seinen Überlegungen veranlasst.
Die Gedanken des lyrischen Ichs beschränken sich nicht nur auf die schreckliche Vergangenheit. Es denkt auch darüber nach, ob solche grausamen Taten in Zukunft wieder geschehen könnten. Dabei kommt es zu dem Schluss, dass es jederzeit so weit kommen könnte: „Schlingen werden wieder geknüpft / Messer wieder gewetzt / Nein, nicht woanders / Hier und jetzt / Der Schoß ist noch fruchtbar / Aus dem das [Unheil] kroch“ (V. 65–70). Das Lied „Stolpersteine“ ist demzufolge mehr als eine bloße Erinnerung an das Schicksal der Juden im Nationalsozialismus. Es ist zugleich eine Mahnung, gegen Unrecht und gefährliche Überzeugungen vorzugehen, damit sich die Schrecken der Vergangenheit nicht wiederholen.

124 Morton Rhues Jugendroman „Die Welle“ handelt von einem Klassenexperiment zum Thema Faschismus im Nationalsozialismus. Er beruht auf einem Versuch, der in den späten Sechzigerjahren an einer Schule in Kalifornien tatsächlich durchgeführt wurde. Im Roman wird in einer Klasse die Gemeinschaft „Die dritte Welle“ gegründet, die einer faschistisch regierten Gesellschaft nachempfunden ist.
Im vorliegenden Auszug macht sich der Lehrer Ben Ross auf den Weg zum Direktor, weil dieser ihn sprechen möchte. Es ist anzunehmen, dass Ross das Experiment angestoßen hat, denn er geht sofort davon aus, dass es im Gespräch um die Welle gehen wird. Ross wäre in gewisser Weise erleichtert, wenn der Direktor ihn auffordern würde, das Experiment zu beenden. Das weist darauf hin, dass es bei der Durchführung Probleme gibt. Diese werden im Auszug aber nicht benannt.
Im Romanausschnitt wird deutlich, dass die Schülerschaft sich rege an dem Experiment beteiligt („mehr als ein Dutzend Schüler [...] grüßten ihn mit dem Gruß der Welle“, Z. 9–11). Die Verwunderung des Lehrers über die rasche Ausweitung des Experiments auf mehrere Jahrgangsstufen kommt ebenfalls zum Ausdruck: „Er hatte wahrhaftig nicht erwartet, dass die Welle sich so sehr ausbreiten würde. Die Nachricht, dass jetzt auch Schüler anderer Klassen und sogar anderer Klassenstufen daran beteiligt waren, hatte ihn verwundert. So hatte er sich das alles nicht vorgestellt“ (Z. 17–23).
Die Schülerschaft ist schnell bereit, die ihnen zugewiesene Rolle als Mitglied der herrschenden Klasse oder der unterdrückten Minderheit anzunehmen und sich entsprechend zu verhalten. Dies führt zu verstärkter Gewaltbereitschaft, die jedoch im Romanauszug nicht erwähnt wird. Stattdessen ruft sich Ross die positiven Auswirkungen des Versuchs in Erinnerung. Durch den ihnen zugewiesenen Platz fühlen sich ehemalige Außenseiterinnen und Außenseiter nun als Teil der Gemeinschaft („Zum ersten Mal in seinem Leben war Robert ein Gleicher unter Gleichen, ein Mitglied, war er Teil einer Gruppe“, Z. 26–28).
Im vorliegenden Romanausschnitt werden die Probleme, die das Experiment verursacht, nur angedeutet oder gar nicht erwähnt. Stattdessen wird eine positive Folge des Versuchs hervorgehoben. Damit versucht der verantwortliche Lehrer, sein Handeln zu rechtfertigen.

125 Ich bin nicht der Meinung, dass die Anzahl der Menschen, die ihren Mitmenschen in der Öffentlichkeit rücksichtslos begegnen, überwiegt. Die meisten Menschen verhalten sich meines Erachtens umsichtig. Sie lümmeln in der U-Bahn nicht auf ihren Sitzen, essen keine üppigen Mahlzeiten und husten ihrem Gegenüber nicht ins Gesicht. Ich habe auch schon oft beobachtet, dass älteren Personen ein Platz angeboten oder Familien mit Kinderwagen beim Einsteigen geholfen wird. Natürlich gibt es Einzelne, deren Verhalten unangenehm ist. Sie drängen sich beim Einsteigen vor, hören laut Musik, belegen mehrere Plätze mit ihren Taschen oder telefonieren ununterbrochen. Das sind aber Einzelfälle und ist nicht die Mehrheit. Darüber hinaus denke ich, dass sich die wenigsten Menschen bewusst rücksichtslos benehmen. Oft beruhen negative Verhaltensweisen mehr auf Gedankenlosigkeit als auf böser Absicht. Mir ist es selbst schon passiert, dass ich nach einem langen Praktikumstag müde im Bus saß und gar nicht darauf geachtet habe, dass ich meine Beine weit ausgestreckt hatte. Jeder von uns sollte auf solche Situationen selbstverständlich noch mehr achten und so unser gutes Miteinander weiter verbessern.

126 In der Kurzgeschichte „Und doch nicht …!" von Marc Hecht geht es um einen Mann, der gleich am Morgen des ersten Arbeitstages seine neue Stelle kündigt, weil er sich von seinem Chef nicht genügend respektiert fühlt. In meinen Augen handelt er dabei überstürzt, ohne die Folgen seiner Entscheidung zu bedenken.

Arbeitslosigkeit bringt zahlreiche Nachteile mit sich. Der Mann muss mit wenig Geld auskommen und könnte zudem psychische Probleme entwickeln, weil er sich nutzlos, gelangweilt oder aus der Gesellschaft ausgeschlossen fühlt. Demgegenüber stehen die Vorteile, die die neue Stelle mit sich gebracht hätte. Der Mann hätte sich von seinem Verdienst einen besseren Lebensstandard leisten können, zum Beispiel mit einer größeren Wohnung oder einem kostspieligen Hobby. Außerdem hätte er aus einer Festanstellung heraus bessere Chancen gehabt, eine andere Arbeitsstelle zu finden, die ihm mehr zusagt. Der Protagonist hätte also die Nachteile der Arbeitslosigkeit und die Vorteile der Berufstätigkeit bedenken sollen.

Außerdem hätte der Mann sich bewusst machen können, dass alles im Leben gute und schlechte Seiten hat, so auch seine neue Arbeitsstelle. Mit der Zeit hätte er sicher Punkte gefunden, die ihm daran gefallen, zum Beispiel interessante Aufgaben oder freundliche Kollegen. Des Weiteren hätte der Mann das Gespräch mit seinem Chef suchen können. Beispielsweise hätte er ihm mitteilen können, dass er lieber gesiezt werden möchte. Ein offenes Gespräch hätte beiden die Chance gegeben, den jeweils anderen besser zu verstehen und das eigene Verhalten zukünftig anzupassen.

Meiner Ansicht nach hätte der Protagonist seine neue Arbeitsstelle zumindest so lange behalten sollen, bis er eine andere gefunden hat. Damit hätte er sich eine erneute Arbeitslosigkeit und die damit einhergehenden Probleme erspart.

127 Leserbrief zu dem Artikel „Kollektiver Irrtum" (*stern.de* vom 05.08.2017)

Bezugnahme auf den Artikel

Erläuterung der Sachlage

In dem Artikel schreibt Ihre Autorin Meike Winnemuth, dass alle Menschen sich fortwährend irren. Innerhalb weniger Jahrzehnte würden einst unumstößlich erscheinende Gegebenheiten und Überzeugungen auf den Kopf gestellt werden. Im Rückblick verstehe niemand mehr, wie das Vergangene einst Normalität gewesen sein konnte. Jede Generation denke, sie habe alles verstanden und erreicht. Doch es folge unausweichlich eine Zeit, in der die Nachkommen dieser Generation verständnislos auf die längst überholte Lebensweise ihrer Vorfahren zurückblicken.

Der Artikel hat mich zum Nachdenken gebracht. Schlussendlich muss ich sagen: Liebe Frau Winnemuth, ich kann Ihnen nur von ganzem Herzen zustimmen! Ihre Sichtweise eröffnet die Möglichkeit, vergangene Lebensmodelle, Werte und Normen zu betrachten, ohne ein negatives Urteil über frühere Generationen zu fällen. Diese neutrale Betrachtung des Vergangenen erleichtert es, Verständnis für Menschen aufzubringen, die in einer anderen Zeit sozialisiert worden sind.

Begründung der eigenen Position mit verschiedenen Argumenten

Zudem regt die im Artikel geschilderte fortlaufende Veränderung dazu an, Neuerungen zu begrüßen, statt sich an das Alte zu klammern. Was uns heute normal erscheint, war schließlich für unsere Eltern oder Großeltern eine ungewohnte Neuheit. Vielleicht sitzen wir gegenwärtig sogar einem Irrtum auf, der sich „haargenau wie Rechthaben anfühl[t]“ (Z. 86 f.)? Diese Perspektive auf Veränderungen ermöglicht es, die gegenwärtigen Gegebenheiten immer wieder infrage zu stellen und stetige Fortschritte zu erzielen.

Ich wünsche mir, dass mehr Menschen anfangen, vergangene und zukünftige Umbrüche so entspannt zu sehen wie Frau Winnemuth.

pointierter Schluss mit persönlichem Wunsch

Alina Wüstow, München

Name und Wohnort

128 Ungenügendes Angebot beim Pausenverkauf

Gegenstand der Beschwerde

Sehr geehrter Herr Rektor Semmelmann,

Höfliche Anrede

ich bin Schüler der Klasse 9b und möchte mich über die Situation des Pausenverkaufs an unserer Schule beschweren.

Darstellung der Ausgangslage

In diesem Schuljahr wurde der Preis für eine Wurstsemmel auf 2,50 Euro erhöht. Das halte ich für viel zu teuer, denn wir Schüler*innen haben nur ein kleines Taschengeld. Noch dazu herrscht eine geringe Auswahl an Produkten. Der Schwerpunkt liegt auf Leberkäs- und Wurstsemmeln, warmen Wienern und Pizza-Ecken mit Salami oder Schinken.

Begründungen für die Beschwerde

Gerade in einer Zeit, in der man immer wieder von Skandalen in der Tierhaltung und Fleisch- und Wurstverarbeitung hört, sollte es doch ein Alternativangebot geben. Immer mehr Schüler*innen ernähren sich zudem vegetarisch. Hinzu kommen sehr lange Warteschlangen, sodass fast die gesamte 15-minütige Pause für den Kauf der Pausenverpflegung benötigt wird.

Vielleicht könnte man das Angebot um Käsesemmeln erweitern und sie auch mit Salat, Gurken, Eiern oder Tomaten

Alternativmöglichkeiten

belegen. Auch Müsli-Riegel und verschiedenes Obst würden bestimmt Abnehmer*innen finden. Wenn noch ein zweiter Pausenstand eröffnet wird, geht der Verkauf schneller voran und wir Schüler*innen haben dann Gelegenheit, unser Pausenbrot zu genießen.

Ich hoffe, diese Vorschläge lassen sich verwirklichen, denn viele meiner Mitschüler*innen sind derselben Meinung. *Erwartungshaltung*

Mit freundlichen Grüßen
Benedikt Schmidl *Schlussformel mit Unterschrift*

129 Die gleißende Mittagssonne brennt auf meiner Haut. Der Lärm des Publikums rauscht in meinen Ohren. Noch eine Minute bis zum Start in den Sprint. Meine Beine zittern. Staksig begebe ich mich in Position. Automatisch findet mein Körper in die Starthocke. Meine schärfste Konkurrentin Constanze ist auf der Bahn rechts neben mir. Ihre wohlproportionierten Muskeln spielen unter ihrer zartgebräunten Haut. Habe ich überhaupt eine Chance gegen sie? Mein Herz schlägt bis zum Hals. Constanze lächelt mich siegessicher an. Ich versuche, ebenso selbstbewusst zurückzulächeln, doch es fühlt sich an wie eine Grimasse. Nur 100 Meter trennen mich vom Sieg. Das werde ich doch wohl schaffen, auch mit Wackelpudding-Beinen.

Links von mir hebt der Starter die Flagge. Es erscheint mir wie eine Ewigkeit, ehe das Startsignal ertönt. Ich schnelle hoch. Meine Beine fühlen sich mit einem Mal stark und geschmeidig an. Stakkatoartig trommeln meine Füße auf dem Boden. Verwischte Gesichter auf der Tribüne sausen seitlich durch mein Blickfeld. Schräg vor mir peitscht ein blonder Pferdeschwanz hin und her. Constanze hat zwei Meter Vorsprung! Jemand ruft meinen Namen, aufmunternd und drängend, wieder und wieder. Ist das die Stimme meiner besten Freundin Paula? Schweiß rinnt über mein Gesicht. Ich muss schneller laufen! Ich zwinge meine Beine dazu, in noch schnellerem Rhythmus auf die Laufbahn zu trommeln. Meine Oberschenkel brennen. Constanzes pinkfarbenes Sportoutfit ist jetzt auf gleicher Höhe mit mir. Ich kann den schnellen Atem meiner Konkurrentin hören. Da vorne ist schon die Ziellinie. Ich bündele all meine Kraftreserven. Meine Lunge protestiert. Rechter Fuß, linker Fuß, rechter Fuß.

Unter mir saust die Ziellinie vorbei. Das Publikum johlt und klatscht. Hat es gereicht? Ja! Constanze ist einen halben Schritt hinter mir ins Ziel gerannt. Die anderen Sprinterinnen haben wir abgehängt. Wie von selbst entweicht meiner Kehle ein durchdringender Jubelschrei.

130 „Der Teilnehmer ist zurzeit nicht erreichbar“, erschallte es blechern aus meinem Handy. Dieser Tag drohte, sich zu einer Katastrophe zu entwickeln.
Zwei Stunden zuvor war noch alles in bester Ordnung. Mein Kumpel Lars und ich waren auf einem Konzert unserer Lieblingsrockband. „Der letzte Zug fährt um zehn vor elf“, stellte ich fest.
Pünktlich um viertel vor elf ließen Lars und ich uns auf die Wartebank am Bahnhof fallen. Um elf warf Lars einen Blick auf die Anzeigetafel und wurde kreidebleich. „Du, Jan, ich glaube, es kommt kein Zug mehr. Erst um 5:23 Uhr wieder.“ Entsetzt überprüfte ich den Fahrplan. „Oh, Lars, der Zug ist schon um 22:40 Uhr gefahren. Ich habe mich wohl in der Abfahrtszeit geirrt“, erklärte ich kleinlaut.
Weit und breit war niemand zu sehen. „Wir müssen uns abholen lassen. Schließlich sind es fast 70 Kilometer bis nach Hause“, stellte ich fest. Lars erwiderte: „Meine Ma hat Nachtschicht. Und mein Vater … naja, du weißt ja.“ Ich nickte. Lars' Vater war mit seiner Neuen durchgebrannt. „Mein Paps ist auf Montage. Also muss ich Ma anrufen. Die wird sich aufregen!“
Ungeduldig lauschte ich dem Freizeichen, doch es folgte nur die automatische Bandansage. Nach dem fünften vergeblichen Anruf fragte Lars ängstlich: „Meinst du, hier laufen schlimme Typen rum?“ Er blickte sich um, als rechnete er damit, dass sich jeden Moment ein Monster auf ihn stürzte. „Quatsch“, entgegnete ich. Nach dem achten Anruf fügte Lars hinzu: „Weißt du, ich habe neulich auf Instagram gesehen, wie zwei 16-Jährige abends …“ „Ich will es gar nicht wissen“, unterbrach ich ihn. Allmählich wurde ich auch nervös. Wann würde meine Mutter mich vermissen? Erst beim zwölften Anruf hörte ich endlich ihre erlösende Stimme.
Den nächsten Tag verbrachte ich mit Putzen und Einkaufen. „Du übernimmst heute meine Aufgaben. Das wird dir eine Lehre sein, in Zukunft besser aufzupassen“, hatte meine Mutter gesagt. Während ich die Badewanne schrubbte, dachte ich: „Sie hat recht. Ich sollte bei wichtigen Details wirklich sorgfältiger sein.“

131 Luise starrte in den Spiegel. Sie erlebte die Situation noch einmal wie im Zeitraffer. Am Ende sah sie gebannt auf den dreizinkigen Kamm in ihrer Hand. Wer waren diese Frauen? Luise war sich nicht sicher, was sie jetzt machen sollte.
Auf dem Nachhauseweg kam sie am Jugendamt vorbei, das ihre Familienangelegenheiten als Kind bearbeitet hatte. Es war noch geöffnet. Luise trat ein, zog eine Nummer und meldete sich im ersten Stock. Sie erinnerte sich wieder: Genau hier hatte sie beim letzten Mal einen Rückzieher gemacht, die Nummer weggeschmissen und den Gedanken an ihren Vater verworfen.
Heute war es anders. Sie wollte jetzt wissen, woher sie stammt.
Die Sachbearbeiterin empfing Luise freundlich und suchte die alten Unterlagen heraus. Luise stellte einen Antrag auf Vaterschaftsermittlung. Es werde ungefähr drei Monate dauern, alle erforderlichen Papiere zusammenzustellen.
Luise ging nach Hause, in Gedanken war sie wieder bei den drei Frauen aus Mali.

2 München, 16. 07. 20XX

Liebe Ida,

nächste Woche müssen meine Eltern endlich die Einwilligungserklärung für meine Mitarbeit an dem Laub-Projekt in Gambia unterschreiben, dann kann ich zu dir kommen! Ich bin schon so gespannt. Wie gehts dir denn, was gibts Neues? Habt ihr immer noch keine Maschinen und müsst alles in mühsamer Handarbeit erledigen? Ich kann es kaum erwarten, selbst zu sehen, wie aus einem Haufen Blätter wertvolles Brennmaterial entsteht, und dann auch genau zu verstehen, welche Prozesse bei der Karbonisierung ablaufen. Das ist sicher auch eine gute Vorbereitung für meine Ausbildung, ich möchte ja gerne Technische Assistentin für chemische und biologische Laboratorien werden. Das wird echt aufregend! Hoffentlich kann ich euch bei den vielen Arbeitsschritten bald behilflich sein und so auch einen kleinen Beitrag zum Umweltschutz leisten.
Wie kommst du denn mit den Leuten klar? Und mit der Sprache? Ich mache mir Sorgen, dass mein Englisch nicht gut genug ist.
Danke für deine Tipps in Sachen Ausrüstung. Regenfeste Trekkingkleidung habe ich inzwischen gekauft und festes Schuhwerk besitze ich noch von den Wanderungen im letzten Sommer.
Meine Eltern waren letzte Woche mit deinen Essen, um über ihre Ängste zu sprechen, was meine Reise zu dir betrifft. Natürlich machen sie sich viele Gedanken, mich allein so weit wegfahren zu lassen. Hauptsächlich sind sie beunruhigt wegen möglicher politischer Unruhen. Hast du im letzten halben Jahr so etwas mitbekommen?
Ich hoffe, es geht dir gut. Schokolade bringe ich dir natürlich mit! Wenn du noch weitere Wünsche hast, schreib mir einfach noch schnell eine Mail.
Ich freue mich auf dich!

Liebe Grüße

Yesna

133 20. September
Es ist nicht zu fassen, wie sich Holger gestern Abend bei unserem ersten Kinoabend seit Ewigkeiten aufgeführt hat! Stürmt wutentbrannt aus der Vorstellung. Und ich bin natürlich die Blöde, die ihm hinterherrennen muss. Warum wartet er nicht? Und warum laufe ich ihm eigentlich nach? Soll er doch an der Haustür warten, ich habe ja den Schlüssel. Hätte ich das gemacht, hätte ich mir aber wieder was anhören können.
Er könnte doch einfach den Mund halten und mich heulen lassen. Es war so eine schöne Stimmung, doch immer macht Holger alles kaputt. Er weiß genau, dass ich immer weinen muss. Er hätte ja gar nicht erst mitkommen müssen. Es ist immer so anstrengend, wenn wir gemeinsam etwas unternehmen. Allerdings: Nur so unter-

nehmen wir überhaupt etwas zusammen, hatten ja noch den Kinogutschein … Es war schon schwierig, sich überhaupt auf einen Film zu einigen.
Ich frage mich ehrlich, warum es bei uns nicht ganz normal laufen kann. Warum können wir nicht reden? Holger versteht nie, was ich wirklich denke, immer legt er mir Worte in den Mund, die ich nicht gemeint habe, der Klotz! Er ist so auf sich fixiert, dass ich langsam nicht mehr weiterweiß. Trennen – nach so langer Zeit? Das sagt auch Tanja. Will ich das? Eigentlich nicht. Das geht auch nicht, man denke nur an das Haus, die Verpflichtungen … und es ist ja auch nicht alles schlecht. Irgendwie mag ich es schließlich auch, dass wenigstens Holger immer weiß, was er will. Vielleicht sollte ich morgen doch noch mal mit ihm darüber reden …

134 Wo ist Ma bloß hin? Mit den schönen Schuhen und dem Koffer geht sie doch nicht bloß in die Stadt. Ich habe ein schlechtes Gefühl. Bestimmt kommt sie nie wieder. Aber würde sie wirklich ihre Familie im Stich lassen? Uns fünf Kinder und Pa? Wir brauchen sie doch! Ich habe solche Angst. Wie soll es bloß ohne Ma werden? Am liebsten würde ich mich jetzt auf den Boden setzen und heulen. Aber ich muss mich zusammenreißen. Ich darf mir auf keinen Fall was anmerken lassen. Kya zuliebe muss ich stark sein. Sie ist doch erst sechs, die arme Kleine! Ich muss sie beruhigen, sie davon überzeugen, dass Ma wiederkommt. Sie soll sich doch keine Sorgen machen. Aber wie geht es dann weiter? Bald merkt sie doch, dass Ma nicht zurückkommt. Wie lange kann ich ihr eine heile Welt vorgaukeln? Ich habe doch selbst solche Angst! Nie wieder Umarmungen und Rat von Ma. Wie soll ich bloß damit klarkommen? Aber jetzt Schluss mit dem Gejammer! Ich sollte mich wirklich um Kya kümmern. Ich muss für mein Schwesterchen da sein. Auch wenn für mich ist jetzt niemand mehr da ist …

135 FRAU: Hallo, Schatz! Wie war es auf der Arbeit? Hach, wie gut das klingt, „auf der Arbeit“. Aber was ist denn los? Du guckst so bedröppelt.

MANN: Ich … Es tut mir leid. Ich habe gekündigt.

FRAU: Du hast was?

MANN: Es ging nicht anders. Der Chef war so was von respektlos. Das hätte ich keine Minute länger ausgehalten.

FRAU: Was hat er denn gemacht?

MANN: Der hat ständig mit dem Finger auf mich gezeigt. „Pass auf“ hat er zu mir gesagt. Schon zur Begrüßung, ohne mich dabei anzusehen. Du weißt doch, wie sehr ich das hasse! Und geduzt hat er mich auch. Eine bodenlose Frechheit ist das!

FRAU: Aber das ist doch kein Grund gleich zu kündigen. So sind Chefs eben, da muss man sich nicht so anstellen.

MANN: Doch, für mich ist es ein Grund zu kündigen. Es ist immer das Gleiche … Wie oft soll man sich das denn gefallen lassen? Immer nur dastehen und runterschlucken? Nein, das geht nicht mehr. Ich bin 45 und kein kleiner Lehrling. Und selbst wenn ich noch einer wäre... Jeder hat das Recht, respektvoll behandelt zu werden, egal wie alt und in welcher Position er ist.

FRAU: Ja, ja, das stimmt schon. Aber meinst du, bei mir ist das anders? Hast du eine Vorstellung, was ich mir in meinem Job als Sekretärin schon alles anhören musste? Soll ich auch gleich kündigen? Du hast schließlich so lange eine Stelle gesucht. Jetzt geht das Ganze wieder von vorne los. Und ich dachte, wir könnten uns endlich mal wieder was gönnen.

MANN: Weine doch nicht, Liebling! Wir finden schon eine Lösung. Ich schreibe gleich morgen neue Bewerbungen.

136 Am 02.02.2015 wird im „Streiflicht" in der Süddeutschen Zeitung ironisch die angebliche Verrohung der Sitten im öffentlichen Raum, speziell in der U-Bahn, kommentiert. Die Beispiele, die dabei angeführt werden, erkenne ich auf jeden Fall wieder. Allerdings sehe ich das viel lockerer als der Autor oder die Autorin, der/die hinter seiner/ihrer humorvollen Schreibweise letztlich doch zu mehr „Manierlichkeit" (Z. 39) auffordert. Übertrieben finde ich vor allem die Äußerungen zur Schauspielerin Helen Mirren, deren gute Sitten uns als Vorbild dienen sollen. Das hat nichts mit U-Bahn-Alltag zu tun, denn die öffentlichen Verkehrsmittel werden überwiegend von ganz „normalen" Leuten benutzt, um etwa zur Schule, zur Arbeit oder zu Freunden zu fahren. Ich fühle mich von dem Text daher nicht angesprochen, auch wenn ich selbst schon Döner im Bus gegessen habe. Das heißt aber schließlich nicht, dass ich keine Manieren habe, sondern nur, dass der Hunger groß war.

137 Der Text „Happy end" von Kurt Marti erinnert an eine Zeit, in der die Rollen zwischen Ehemann und -frau klar verteilt waren und der Mann über seine Frau zu bestimmen hatte. Aus unserer heutigen Sicht erscheint es kaum mehr vorstellbar, dass ein Mann seine Frau so „herunterputzen" kann und sie sich das gefallen lässt. Man möchte der Frau zurufen: Widersprich ihm mehr! Sag ihm ins Gesicht, dass er ein Klotz und nur nicht mutig genug ist, seine Gefühle zu zeigen! Hetze nicht hinter ihm her, sondern bleib stehen und gehe dann ruhig weiter! Sei selbstbewusst! Du musst dich nicht für dein Verhalten verteidigen! Natürlich ist das leichter gesagt als getan. Die Frauen waren von ihren Männern meist finanziell abhängig und haben es oft nicht gewagt, sich zur Wehr zu setzen. Und sicher gibt es weltweit noch sehr viele Partnerschaften, wo es nach wie vor so ist. Aber die Entwicklung in den letzten Jahrzehnten hat gezeigt: Es geht auch anders, und wir sollten uns immer weiter für einen gleichberechtigten Umgang miteinander einsetzen!

138 Janne Tellers umstrittener Roman „Nichts. Was im Leben wichtig ist“ ist 2010 in deutscher Übersetzung erschienen. Der vorliegende Auszug handelt von dem Jungen Pierre Anthon, der mitten im Unterricht die Schule verlässt, weil er erkannt zu haben glaubt, dass nichts im Leben von Bedeutung ist.

1. Im hier behandelten Romanausschnitt gehen die Erzählerin und ihre Klassenkameradinnen und -kameraden am ersten Schultag nach den Sommerferien zur Schule. Dabei folgen sie ihrer üblichen Routine, ohne weiter darüber nachzudenken. Der Schüler Pierre Anthon jedoch steht nach der Begrüßung der Klasse durch den Lehrer unvermittelt auf. Er sagt, ihm sei bewusst geworden, dass nichts im Leben eine Bedeutung habe und sich deshalb kein Tun lohne. Mit diesen Worten packt er seine Sachen und verlässt das Klassenzimmer. Die Erzählerin betrachtet anschließend die Tür, die Pierre Anthon offen gelassen hat. Sie ist versucht, es ihrem Klassenkameraden gleichzutun, aber sie weiß, dass dies weitreichende Folgen hätte. Gleichzeitig spürt sie, dass ihre Mitschüler*innen ähnliche Gedanken haben. Daraufhin reflektiert sie die unausgesprochene Erwartung des Umfelds, die jungen Menschen sollten etwas aus ihrem Leben machen. Diesem Anspruch steht nun Pierre Anthons rigorose Aussage gegenüber. Die Erzählerin erahnt den inneren Zwiespalt, den das gerade Geschehene in ihr und den anderen ausgelöst hat, was ihr Angst macht.
2. Im Folgenden möchte ich zunächst die sprachliche Gestaltung des Romanauszugs untersuchen. Es überwiegt die Erzählerrede, nur am Höhepunkt des Textauszugs kommt direkte Rede vor, als Pierre Anton aufsteht und dem Lehrer mit seiner provokanten Aussage antwortet. Damit hebt sich diese Textstelle vom Rest des Erzählten ab und ihre Bedeutung wird unterstrichen. Darüber hinaus fallen die zahlreichen rhetorischen Mittel auf, die der Romanauszug enthält. Die Ellipsen „Aber nicht heute!“ (Z. 16) und „Mir, uns allen.“ (Z. 28 f.) lassen das erregte und gefühlsbetonte Sprechen der Erzählerin erkennen. Zudem findet sich im Text eine Inversion: „Ganz ruhig bückte er sich“ (Z. 22 f.). Durch die ungewöhnliche Satzgliedstellung wird die Aufmerksamkeit auf „ganz ruhig“ und damit auf das besondere Verhalten Pierre Anthons gelenkt. Zudem enthält der Text eine Personifikation („Die Tür lächelte“, Z. 26) und einen bildhaften Vergleich („Mir kam die angelehnte Tür wie ein breit grinsendes Maul vor, das mich verschlingen würde“, Z. 26 f.), welche der Darstellung mehr Anschaulichkeit verleihen. Der Romanauszug endet mit der Klimax „Angst. Mehr Angst. Am meisten Angst“ (Z. 40). Diese betont zum einen die Furcht der Erzählerin, wirkt zum anderen durch die ungebräuchliche Steigerung „Am meisten Angst“ aber auch übertrieben.
3. Janne Tellers Roman „Nichts. Was im Leben wichtig ist“ wurde für die negative Haltung zum Leben, die in ihm zum Ausdruck kommt, kritisiert. Diese zeigt sich im vorliegenden Textauszug deutlich, unter anderem an den zahlreichen negativ besetzten Wörtern. Die Schüler*innen werden beispielsweise als „faul und leicht reizbar“ (Z. 7 f.) beschrieben. Die ordentlich stehenden Tische im

Klassenzimmer werden mit „Krankenhausflure[n]“ (Z. 13) verglichen, in denen sich bekanntlich kaum jemand gerne aufhält. Zudem herrscht eine „ungemütliche Stille“ (Z. 29). Auch die Erwähnung einst geliebter Kuscheltiere, die inzwischen achtlos und verstaubt ein trauriges Dasein fristen (vgl. Z. 34–36), unterstreicht die schlechte Grundstimmung. Die negativen Begriffe gipfeln in der mehrfach wiederholten „Angst“ (Z. 39 f.), die die Erzählerin empfindet. Wird einmal ein positiv besetztes Wort verwendet („lächelte“, Z. 26), wird dessen Aussage sogleich ins Gegenteil verkehrt („ein breit grinsendes Maul [...], das mich verschlingen würde“, Z. 27). Eine negative Haltung zum Leben zeigt sich darüber hinaus in der Gleichgültigkeit der Schüler*innen („Wir schauten weder links noch rechts“, Z. 9 f.; „ohne uns über die vorgegebene Ordnung aufzuregen“, Z. 15.; „Mit gleichgültiger Miene“, Z. 24). Des Weiteren vermittelt die resignierende Aussage „Nichts bedeutet irgendetwas. [...] Deshalb lohnt es sich nicht, irgendetwas zu tun“ (Z. 21 f.) eine zutiefst negative Einstellung.

4. Zu dieser Aussage des Protagonisten Pierre Anthon möchte ich im Folgenden Stellung nehmen. Meiner Meinung nach ist solch eine negative Sichtweise auf das Leben ungerechtfertigt.

   Alle Menschen haben es nämlich selbst in der Hand, das Beste aus ihrem Leben zu machen. Wer Freude am Leben empfindet, verleiht seinem Dasein allein dadurch einen unschätzbar hohen Wert. Geht man mit offenen Augen durch die Welt, entdeckt man eine Menge schöner Dinge, die das Leben lebenswert machen. Dies können beispielsweise Kontakte zu lieben Menschen, Hobbys, eine köstliche Mahlzeit oder ein Spaziergang durch eine traumhafte Landschaft sein.

   Zudem kann man durch sein Tun dazu beitragen, das Leben anderer Menschen zu verschönern. Dies betrifft zum einen Personen aus dem direkten Umfeld, denen man durch gemeinsam verbrachte Zeit und freundliche Gesten eine Freude machen kann, zum Beispiel Familienmitglieder oder gute Freunde. Zum anderen hat man die Möglichkeit, auch Fremde zu erfreuen oder ihnen das Leben zu erleichtern. Dazu reichen oft schon Kleinigkeiten, etwa ein Lächeln, ein Dank oder ein Lob. Verteilt man solche Freundlichkeiten oder kleine Gefallen, erwidern andere Menschen diese. Dadurch hebt sich wiederum die eigene Stimmung.

   Zudem kann man anderen Personen nicht nur im Kleinen, sondern auch im Großen helfen. Dies kann sowohl durch den Beruf, zum Beispiel als Notärztin, als auch im Rahmen eines Ehrenamts geschehen, etwa als freiwilliger Helfer bei einer Flutkatastrophe. Menschen, die sich zum Wohle anderer engagieren, empfinden dadurch oft eine große Befriedigung.

   Zusammenfassend lässt sich festhalten, dass unser eigenes Tun durchaus große Auswirkungen hat, sowohl auf uns selbst als auch auf andere. Pierre Anthons gleichgültiger Sichtweise kann ich daher nicht zustimmen. *(262 Wörter)*

5. Fortfahren möchte ich mit einer E-Mail, in der Pierre Anthon einem Freund von seinem Verhalten berichtet:

   Hej Ben,

   ich brauche dich! Ich habe Angst, denn nichts auf der Welt scheint irgendetwas zu bedeuten. Als einzelner Mensch bin ich doch unwichtig im großen Ganzen. Ein Fliegenschiss. Deshalb lohnt es auch nicht, etwas zu machen. Und trotzdem habe ich etwas getan: Ich habe heute, am ersten Tag nach den Sommerferien, die Schule wieder verlassen. Bin einfach aufgestanden, habe meine Sachen gepackt und das Klassenzimmer verlassen, ohne die Tür hinter mir zu schließen. Was sagst du dazu? Ich will mein Leben nicht verschwenden, indem ich „jemand werde", wie es unsere Lehrer*innen und Eltern immer predigen. Ich bin doch schon jemand – oder nicht? Ich muss mich erst mal wieder ordnen, meine Eltern wissen noch nichts von meiner Aktion. Sicher wird Eskildsen oder der Direktor heute Nachmittag noch anrufen und nachfragen. Doch das ist mir jetzt egal! Ich frage mich: Bin ich der Einzige, der erkannt hat, dass nichts etwas bedeutet, oder hast du vielleicht auch solche Gedanken?
   Hilf mir bitte und antworte schnell!

   Dein Freund
   Pierre Anthon

Abschließend möchte ich meine Meinung zum Textinhalt äußern. Dass es der Erzählerin und ihren Mitschülerinnen und Mitschülern in den Fingern juckt, wie Pierre Anthon das Klassenzimmer zu verlassen, kann ich gut verstehen. Der Beweggrund dafür sollte jedoch nicht Resignation sein, sondern die pure Lust, draußen etwas zu erleben. Wenn man sich dann vor Augen führt, dass Schule langfristig dazu befähigt, das eigene Leben zu gestalten, sollte das Motivation genug sein, um weiterhin zur Schule zu gehen. Ich hoffe, dass auch die Erzählerin und die anderen Schüler*innen im Laufe des Romans zu dieser Erkenntnis gelangen werden.

Bist du bereit für deinen Einstellungstest?

Hier kannst du testen, wie gut du in einem Einstellungstest zurechtkommen würdest.

1. Allgemeinwissen
Der Baustil des Kölner Doms ist dem/der … zuzuordnen.

a) Klassizismus b) Romantizismus
c) Gotik d) Barock

2. Wortschatz
Welches Wort ist das?

N O R I N E T K T A Z N O

3. Grundrechnen
-11 + 23 - (-1) =

a) 10 b) 11 c) 12 d) 13

4. Zahlenreihen
Welche Zahl ergänzt die Reihe logisch?

17 14 7 21 18 9 ?

5. Buchstabenreihen
Welche Auswahlmöglichkeit ergänzt die Reihe logisch?

e d f f e g g f h ? ? ?

a) h i j b) h g i c) f g h d) g h i

Lösungen: 1 c; 2 Konzentration; 3 d; 4 27; 5 b

Alles zum Thema Einstellungstests findest du hier:

www.stark-verlag.de

STARK

Lernlücken schließen

Online-Diagnosetest für zuhause

5. – 7. Klasse
- Deutsch
- Mathe
- Englisch

Für alle Schulformen

www.stark-verlag.de/online-diagnose

www.stark-verlag.de

STARK